U0652639

SOUTHWEST UNIVERSITY FOR NATIONALITIES

# 西南民族大学
# MBA案例集

## ——市场营销卷

西南民族大学MBA教育中心编

本卷负责人 刘德昌 付 勇

中国社会科学出版社

图书在版编目（CIP）数据

西南民族大学 MBA 案例集／西南民族大学 MBA 教育中心编.
北京：中国社会科学出版社，2009.10
　ISBN 978 - 7 - 5004 - 8274 - 1

　Ⅰ. 西…　Ⅱ. 西…　Ⅲ. 工商行政管理－案例－中国
Ⅳ. F203.9

　中国版本图书馆 CIP 数据核字（2009）第 186274 号


出版策划　任　明
特邀编辑　赵金孔
责任校对　曲　宁　王兰馨
技术编辑　李　建

出版发行　中国社会科学出版社
社　　址　北京鼓楼西大街甲 158 号　　邮　编　100720
电　　话　010 - 84029450（邮购）
网　　址　http：//www.csspw.cn
经　　销　新华书店
印　　刷　北京奥隆印刷厂　　　　装　订　广增装订厂
版　　次　2009 年 10 月第 1 版　　印　次　2009 年 10 月第 1 次印刷
开　　本　710×1000　1/16
印　　张　74.5　　　　　　　　　插　页　2
字　　数　1202 千字
定　　价　125.00 元（全五卷）

凡购买中国社会科学出版社图书，如有质量问题请与本社发行部联系调换
版权所有　侵权必究

本卷成员　　冯　旭　　刘德昌　　刘　卉　　李双龙
　　　　　　付　勇　　吕怀珍　　王雨魂　　王昊展
　　　　　　赵新军

# 前　　言

工商管理硕士（master of business administration，简称 MBA）是我国改革开放以后，经济建设快速发展过程中兴起的第一个专业硕士学位。我国 MBA 教育从无到有，从小到大，走过了不平凡的发展历程，取得了令人欣慰的斐然成绩。1991 年由清华大学等 9 所著名高校率先在国内试办 MBA 教育，截至 2008 年，全国已有 127 所 MBA 培养单位，每年招生从 1991 年的不足百人，发展到 2008 年 9 月全国累计招收 MBA 学生 21.2 万人，其中 10 万余人获得了 MBA 学位。MBA 教育已经成为我国培养现代化高层次管理人才的重要渠道，为提高我国企业管理水平和促进经济又好又快地发展发挥了积极作用。

国务委员、国务院秘书长、全国第四届 MBA 教育指导委员会主任马凯同志在 2008 年 11 月 12 日召开的第四届全国 MBA 教育指导委员会会议上的讲话指出："实现建设全面小康社会的目标，需要一大批掌握经济规律、精通市场规则、熟悉企业实情、恪守职业道德的经济管理人才。要立足国情，紧密联系改革开放的伟大实践，走出一条中国特色 MBA 教育发展道路，为世界管理教育作出贡献。"教育部部长周济同志对我国 MBA 教育也给予了高度评价，提出了更高的殷切期望。

办好 MBA 教育项目是高校实践"培养高层次人才"和"服务社会"的重要表现。作为民族高校，西南民族大学坚决贯彻落实胡锦涛总书记提出的"各民族团结奋斗，共同繁荣发展"这一新世纪新阶段民族工作的主题，根据国家"西部大开发"的战略部署，主动努力承担为西部地区少数民族和民族地区培养高层次人才的社会责任。作为首批民族高校的 MBA 培养单位，西南民族大学 MBA 教育按照国家民族事务委员会和教育部《关于进一步办好民族院校的意见》（民委发〔2005〕240 号）的精神和全国 MBA 教育指导委员会的要求，坚持正确的办学方向，遵循教育规律，逐步形成具有多民族 MBA 的教育特色，为西部地区培养更多的、多民族的优秀 MBA 学员。作为新增 MBA 培养单位，我们面临机遇与挑战并存的形势。"西部大开发"关键是人才，我们的机遇是国家对西部开发和少数民族事业的帮扶政策，我们将通过 MBA 教育项目平台承担为少数民族和民族地区培养高层次经营管理人才的社会责任；同时，我们也面临着师资数量和教学经验相对不足等方面的挑战，对此，我们愿意在全国 MBA 教育指导委员会的指导和兄弟院校的帮助下，以尽可能短的时间和采取多种有效措施解决新增 MBA 培养单位面临的主要问题。

MBA 教育是一种职业性的专业学位教育，创新精神和能力的培养是 MBA 教育的灵魂。实践证明，案例教学法是 MBA 培养过程中常用的有效方法。为提高 MBA 培养质量，规范案例教学，西南民族大学 MBA 教育中心根据《工商管理硕士研究生培养过程的若干基本要求》和 MBA 的培养方案，组织和邀请老师编写了《西南民族大学 MBA 案例集》，共包括基础平台、战略管理、市场营销、人力资源管理和金融与财务五个分册。以此作为 MBA 课程案例教学的基本素材，在此基础上开展案例教学和提升案例教学的质量。

在案例集的编写过程中，各位老师按照课程和案例名称独立地完成案例素材收集、整理和编写工作。各分册负责人主要承担组织统稿和协调，并尊重各位老师的案例编写工作，对案例的内容未作实质性修改。各分册作者排序按姓氏笔画，排名不分先后。本案例集各分册的内容都参考了案例企业和国内外的一些相关文献，特向所涉及企业和作者表示感谢。中国社会科学出版社对本案例集出版提供了大力支持，责任编辑任明老师给予了很大帮助，并提出了许多宝贵意见，在此表示衷心感谢。由于作者经验和能力所限，书中错误之处在所难免，欢迎读者对本书的不足之处批评指正。

西南民族大学 MBA 教育中心

2009 年 8 月

# 目　　录

## 市场营销

# 销售管理

# 渠道管理

# 市场研究

# 品牌与运营

# 市场营销

# 独家经销商为何渐行渐远

## 付 勇

**摘 要** 四川江口醇集团公司选择四川星罗经贸发展有限公司作为四川市场的独家经销商，几年来，双方的合作取得了良好的业绩。然而慢慢地厂商双方却在目标和客户归属两方面出现了严重的对立与冲突，导致双方的合作受阻和利益受损。

**关键词** 独家经销商 冲突 现状 教训 结果

## 1 案例背景

四川江口醇集团公司的江口牌江口醇酒享有四川第一醇的美誉，是该公司的主要产品。经过几年快速的成长，2004 年该公司的营业收入达到了 3 亿元，成为当地最大工业企业和利税大户。该公司在四川地区的酒类产品的销售采用独家经销的方式，这家独家经销商就是四川星罗经贸发展有限公司。双方从 1998 年开始合作，四川江口醇集团公司生产的江口系列酒在四川市场的销售，客户服务，新市场的开发都是通过四川星罗经贸发展有限公司独家来完成的。经销商四川星罗经贸发展有限公司在经营江口产品时，努力做到精耕细作，保证市场渠道的畅通，为江口产品的销售立下汗马功劳：2004 年为江口醇集团公司在四川实现近 1 亿元的营业收入，占江口醇集团公司总收入的 1/3，并使江口品牌在四川成为酒类第二集团的知名品牌（第一集团是由茅台和四川六朵金花等高档酒组成）。同样，四川江口醇集团公司给予了这家经销商良好的经济回报：星罗经贸发展有限公司从白手起家，发展到目前拥有资产 3000 多万元，无不与江口醇集团公司紧密相连。可以说没有江口醇集团公司就不会有今天的星罗经贸发展有限公司，当然没有星罗经贸发展有限公司，江口醇集团公司在四川这片战略市场的地位也没有那么牢固。

良好的合作业绩本应让双方更加珍惜这种互利关系，但事实并不是这样。四川江口醇集团公司发现，现在江口系列酒不仅受到同一战略集团的"小角楼"、"丰谷"的竞争，同时还受到自己经销商的严重威胁，这种威胁甚至比来自竞争对手的压力还要直接和强大。

## 1.1　厂商冲突

独家经销的主要优势就在于厂商之间能更好地合作与协调，能充分调动经销商的积极性。在过去几年，江口醇集团公司和星罗经贸发展有限公司的合作将这一优势进行了充分诠释，取得了优良的绩效。但是，现在江口醇集团公司发现，独家经销已经对公司形成了严重的制约，而这一切都源于双方之间的根本冲突：目标冲突和客户归属冲突。

## 1.2　目标冲突

经销商星罗经贸发展有限公司的 2005 年工作计划中这样写道：2005年工作重点是为"布衣"系列酒做好铺市、上架销售工作，辅以江口系列等传统产品。经销商销售重心的变化引起子片区经销商经营重心相应的变化，他们都调整了管辖区域内产品的库存和资金。在每个子片区经销商的心目中四川星罗经贸发展有限公司的工作重点是"布衣"系列。但四川江口醇集团公司却以江口系列为重点辅以其他产品，其经营目标是把"鸿福"江口醇培育成市场的主导产品。目标不一致，使双方行为出现分歧，双方都仅关心自己核心产品的销售，做广告、搞活动、增加入场费用针对的仅仅是各自的产品。在广告的投入上，江口醇集团公司把大量的费用投入到"鸿福"系列；经销商星罗经贸发展有限公司则为"布衣"精心设计了一系列的广告。在成都市场，经销商星罗经贸发展有限公司围绕"布衣"系列产品在三圣乡花博会、公交 23 路和 45 路、成都电视台 33 频道做广告宣传。四川江口集团的广告投入大部分则围绕"鸿运当头，福气常在"的"鸿福"江口醇系列广告。

为什么会出现厂家和经销商主推产品完全不同的情况呢？事情得由2000 年说起，随着公司的不断发展和资金实力的增强，独家经销商星罗经贸发展有限公司不再满足于把全部希望都寄托在四川江口醇集团公司身上了，它希望拥有自己品牌的产品。于是向江口醇集团公司提出了开发"布衣"系列的要求。后来，江口醇集团公司同意帮助经销商星罗经贸发展有限公司贴牌生产，这样就出现了在酿造工艺、调酒以及酒体的风格与江口集团其他产品如出一辙的"布衣"品牌系列，也就出现了"布衣"

系列和其他江口系列的品牌分属于经销商星罗经贸发展有限公司和厂家江口醇集团公司的情况。而且，"布衣"系列与其他系列没有进行刻意区分，片区经销商、干杂店的老板、大型商场、普通的消费者都认为"布衣"系列和其他江口系列同是四川江口醇集团公司的姊妹产品。2004年4月，经销商星罗经贸发展有限公司的业务员们乘着由江口醇集团公司提供的汽车，汽车上印有江口醇集团公司的标志和广告，开始了"布衣"系列酒的铺市工作。结果借用原有江口系列酒良好客户影响力和口碑获得圆满成功。有了"布衣"的成功，星罗经贸发展有限公司依样画葫芦推出了另一品牌"韩滩液"，该品牌的推广同样利用了江口醇集团公司资源，把"韩滩液"称为江口系列酒的姊妹酒。但事实上，该品牌与四川江口醇集团公司毫不相干。

显然，经销商星罗经贸发展有限公司的利益与目标取向已经明显倾向"布衣"系列，其实质是以培育属于自己的品牌作为工作重点。自己的孩子最心疼，独家经销商的行为不难理解。但是，作为合作者的四川江口醇集团公司却看在眼里急在心里：我的孩子谁来心疼啊？

## 1.3　客户归属冲突

2004年4月"布衣"系列成功上市，江口醇集团公司还没来得及享受成功的喜悦，就痛苦地发现，自己犯下了多么愚蠢的错误：独家经销商星罗经贸发展有限公司渐渐将工作重心和目标转移到"布衣"和"韩滩液"这两个自有的品牌上，对属于江口醇集团公司的产品品牌的销售工作渐渐松懈。江口醇集团公司知道，四川市场是公司的基础和战略性市场，占有江口醇集团公司营业收入的1/3以上，容不得丝毫闪失。如果任由经销商星罗经贸发展有限公司这样继续下去，自己的战略市场必然要被实力强大的"丰谷"、"小角楼"等竞争对手侵蚀。因此，2004年11月，江口醇集团公司设立了四川办事处，开始向四川市场派出公司代表和协销员，参与四川市场的销售网络开发、建设和客户关系维护。

目标客户是渠道成员最为关注的对象，是最重要的资源，拥有目标客户就拥有销售机会，在竞争激烈的买方市场就获得一定的优势。四川江口醇集团公司设立四川办事处参与四川市场的管理，目的是通过参与四川市场的管理掌握客户资源，同客户建立联系，最后力争从独家经销商星罗经贸发展有限公司的手中接管四川市场。针对这一点，四川星罗经贸发展有限公司心知肚明。因此，从四川江口醇集团四川办事处设立的那天起，一场架空与反架空的斗争就开始了：江口醇集团公司想通过掌握客户资源来架空经销商；经销商认为，客户是自己开发的，是自己的资源。为了维护利益，星罗经贸发展有限公司采用多种方法反击江口醇集团公司，阻击江口醇集团公司在四川市场的行为和活动。客户归属产生的冲突使双方协作关系名存实亡。

以四川最大的销售区域成都市区为例，四川独家经销商星罗经贸发展有限公司将成都市区分为双楠、玉林、东门、北门、西门、簇桥等片区。在每个片区设立一个片区经销商，同时公司为每一片区经销商配 3 名业务员，包括干杂业务员，C 级餐饮业务员，AB 级餐饮业务员，通常每个片区还会有商场业务员，几年运作下来取得了良好的业绩。而 2004 年 11 月才派来负责同一片区的江口醇集团公司的厂方代表只有一个。厂方代表到达的那天起，客户争夺就开始了。

首先，四川星罗经贸发展有限公司针对江口醇集团公司向其片区派出销售代表，明文规定不允许公司业务员同厂方代表共同拜访客户，如果遇到问题需要双方共同协商，应分头报批，涉及的费用由双方共同承担。这一规定明显是经销商采用的反架空的行为，目的是给江口醇集团公司掌握与接管市场设置阻碍。

其次，经销商业务员从内心将厂方代表视为争夺客户的竞争对手，心理上排斥厂方代表。经销商业务员和厂方代表的业绩都是以片区经销商出货为标准，二者之间形成竞争的态势。经销商业务员同顾客合作多年，客户关系基础牢固而稳定，"先入为主"的优势明显，再加上经销商业务员占有人员上的数量优势，可以相互协作和支持，厂家办事处代表明显处于不利的位置。

最后，更重要的是，要进入一家店销售产品，必须收集很多资料，如店方的信用情况，资金实力；店方接受该产品的意愿；竞争品牌情况；店方内部权力结构等等。这些资料需要花费大量的人力物力进行收集整理。即使正常情况下，四川江口醇集团公司每片区仅有的 1 名销售代表在短期内也不可能完成这一工作，现在又加上星罗经贸发展有限公司业务员向客户负面的宣传，影响客户与厂方代表的沟通和联系，使四川江口醇集团公司无法掌握客户资源，无法接管四川市场。

## 2　现状与难题

在独家经销商销售目标与公司渐渐不一致的情况下,四川江口醇集团公司派出了自己的销售代表,以加强产品和品牌的销售管理。但是,这反而进一步加剧了与经销商之间的矛盾和对立,形成了难解的局面。

### 2.1　销售代表被经销商架空

厂方派出销售代表的目标是为了掌握客户资源,同客户建立联系,最后力争从独家经销商星罗经贸发展有限公司的手中接管四川市场。从销售代表进入四川市场起,四川独家经销商就如临大敌,对销售代表进行重点防范:一方面从制度上规定,不许自己业务员与厂家代表一起去访问经销商,给厂家代表识别与掌握客户设置阻碍;另一方面利用业务员与厂家销售代表之间的竞争,激化双方的对立心理和情绪,让业务员不愿与厂家销售代表合作,阻碍厂家销售代表开展业务;最后,独家经销商和业务员利用"先入为主"的优势,向客户发布不利于厂家销售代表的信息,大大增加了厂家销售代表开发市场的难度。这些措施使厂家销售代表面临被架空的现状。

### 2.2　相互推脱责任

虽然两个公司两批人同时管理一个市场,多数情况下会相互争夺客户,但也会出现经销商业务员与厂家代表相互推诿责任,形成客户无人管理的市场空隙,给竞争者提供渗透机会的情形。满江红餐厅由星罗经贸发展有限公司玉林片区业务员负责日常的管理,并在该店派有促销员进行促销活动,销售业绩不断攀升。2005 年 1 月,四川星罗经贸发展有限公司同满江红餐厅的协议到期,需要续签合同。星罗经贸发展有限公司业务员同店方协商达成一致,以 1500 元入场费续签 1 年并且可以用酒水支付。星罗经贸发展有限公司在审批的过程中发现该店的"鸿福"江口比自己的"布衣"系列畅销,便希望厂家办事处方面投入费用。厂家办事处不愿意且怀疑星罗经贸发展有限公司业务代表的谈判能力,并且双方对费用的分摊问题分歧很大,因此满江红的入场问题被一拖再拖。2 月,星罗经贸发展有限公司业务代表再次同满江红代表进行谈判,对方的要求是3000 元现金,谈判再次进入僵持阶段。2 月 28 日,玉林子片区经销商到满江红结算账款时被拒绝,理由是业务员必须兑现承诺后才结货款。到底是哪个公司的业务员,双方互相怀疑对方,都要求对方就此事负责。最后发现店方只是想利用双方沟通的空隙获得额外的利益。由于办事处和四川星罗经贸发展有限公司的互相推诿,导致最佳时机失去,该店费用超过了能够接受的最高上线,最后不得不撤场,把一个非常好的客户拱手让给了竞争对手。

### 2.3 资源使用效果差

人力资源成本高昂。独家经销商四川星罗经贸发展有限公司的利益重心转移到自有品牌后,四川江口醇集团公司不得不派遣销售协助人员去管理传统江口系列产品的市场。以往由星罗经贸发展有限公司负责的部分业务,现在由新设的厂家办事处完成,增加了人员投入费用。另外,厂家人员与经销商业务员之间没有明确分工,造成人员的工作重复安排,浪费人力资源。而且,厂家销售代表与经销商业务员之间竞争所引起的相互猜忌和防范,导致资源大量内耗不能产生效益。

资金使用效率低下。厂家办事处和四川星罗经贸发展有限公司都给子片区经销商做促销活动,但是办事处的活动只是针对"鸿福"产品,而四川星罗经贸发展有限公司的促销活动则是针对"布衣"系列产品的,在执行的时候分别由各自的业务人员执行。这种没有协同作用的同一笔资金扶植两个品牌的做法,造成资金的重复投入,降低了资金的使用效率。在餐饮店的入场谈判中,两个公司的人各做各的,分别与同一餐饮店进行谈判,重复谈判的直接后果就是费用的重复发生,增加了销售成本,影响厂商双方的收益。

## 3 冲突可能的结果

这场由目标不同引起的厂商冲突现仍在演化之中,我们虽然不能确切知道结果会如何,但可预见的结果不外三类。

### 3.1 保持现状

如果仍按照目前的方式进行渠道管理,两个公司各自以自己的品牌为经营重点,相互之间不信任不合作,最终的结果可能是两败俱伤。本来竞争对手"小角楼"和"丰谷"的发展势头就咄咄逼人了,现在又加上厂商的矛盾和冲突,这必然会给竞争对手更多的机会抢夺市场和顾客,厂商双方的利益都会受到伤害。

### 3.2　终止合作关系

一种可能是四川江口醇集团公司直接接管四川市场。好处是：四川江口醇集团公司有了自营地区，可以进行多种经营方式的尝试；掌握四川这一重要的销售市场；可以避免厂商之间的目标与利益冲突所造成的市场空缺。坏处是：需要重建销售网络，投资大；可能在接管过渡期被竞争对手利用，乘虚而入夺占市场；"布衣"系列酒不由四川江口醇集团生产，失去一定的利润。

另一种可能是寻求新的经销商取代星罗经贸发展有限公司。好处是：新经销商容易管理；利用已有名气可以寻找到条件很好的经销商；可以开发更易控制的经销体系。坏处是：新经销商可能没有市场开发的能力和经验，需要更多支持；失去原有的销售体系；交接与磨合期产生的市场空隙被竞争对手利用和占领。

### 3.3　重新合作

双方在充分交流意见寻求共识的基础上，重新订立合同，规定双方的权利与义务，对双方目标进行协调，解决目标冲突问题。好处是：利用网络深度开发市场；减少过渡期引起的动荡；利用多年的销售经验和客户资源。问题是：双方现在的目标差异过大，要实现目标的整合和协调需要双方的诚心、耐心和妥协，但这些在双方言行中似乎都难以体察得到。

## 思考与讨论

1. 选择经销商需要考虑的因素。

2. 案例中厂家在当初选择经销商时，你认为有哪些问题？

3. 案例揭示的问题能带来什么样的启示？

4. 如果你是四川江口醇集团公司的决策者，你准备如何处理与经销商的问题？

# 冰鳌冷饮食品的一次价格调整

## 李双龙

**摘　要**　原材料涨价，产品涨价似乎是顺理成章的。冰鳌公司一次经过精心策划的价格调整活动，最后引发危机。该案例引发我们思考现实中应该如何制定和调整价格。

**关键词**　冰鳌公司　价格调整　失败

## 1　公司背景

冰鳌冷饮食品（辽宁）有限公司，是一家集研发、生产、销售于一体的私营冷饮食品专营企业。成立于 1988 年，经过 20 余年的市场洗礼，"冰鳌"已经成为食品行业影响深远的品牌，在产品研发、销售网络建设等方面处于国内食品行业领先的水平。为保障产品质量，公司引进高精度的理化卫生检测设备及质量监控装置，对生产过程中的每一道工序进行严格控制，在高温杀菌的同时又严格控制温度，从而使营养成分在每一只冰鳌产品中得到最大体现。公司于 2000 年通过 ISO9001 国际质量体系认证；在整个生产经营过程中，公司完全按照 ISO9001 标准实施质量控制，并融入先进的技术工艺，使冰鳌系列冷饮产品以其高品质赢得了广大消费者的信赖，"找到冰鳌，找到健康"这一消费共识正是高品质冰鳌产品的良好佐证。作为食品行业中的知名企业，冰鳌紧扣市场脉搏，不断将食品饮料行业的新技术成果应用于产品开发生产。如今的冰鳌已发展成为以冰淇淋、雪糕、棒冰等冷饮食品在内的十大系列几十个品种的专业食品生产企业。主营产品有冰淇淋和巧克力两大系列 20 多个品种，包括巧恋、妙脆、龙之梦、优鲜奶、欧 K 棒、奶吧、糍心圆、黑芝麻脆、香芋脆皮等等。员工 1000 人以上，年营业额 1 亿元以上。为了让更多的消费者能够享用到高品质的冰鳌食品，冰鳌公司已建立包括 10 个办事处，跨越 13 个省

（自治区、直辖市），共有数百家一级合作伙伴的销售网络，冰鳌系列冷饮产品备受广大消费者的青睐。

## 2　案例事件

2004年年初，所有制造企业都在关注着一个扣人心弦的标的——石油的价格，因为它不仅仅代表石油或是能源了，几乎诠释着所有原料的价格走向。

冰淇淋行业更是步履维艰，很多原料来自国外，大部分包装耗材来源于石油制品，供货商几天一个报价，这使冰鳌公司很多产品的直接利润就减少8%—10%。面对高昂的管理费用、渠道费用、开发费用、物流费用以及人员费用等，企业的开源节流似乎没有空间可言，希望越发显得渺茫了。这道难关的出现决不像当时的预料那样是短期影响，似乎有生死攸关的迹象，很多中小企业陆续关门停产就是明证。面对原材料涨价，产品涨价似乎是顺理成章的，更何况公司的涨价计划是经过缜密的市场调研和精心策划的，但是问题真的这么简单吗？

公司的主线产品"妙脆"单箱价格20元，企业本埠哈尔滨20.8元，这一成本导向的价格体系维持了大约7年，最近几年毛利一直维持在22%左右。但随着产品的原料巧克力、奶粉、奶油、镀铝膜以及管理费用等大幅涨价，使得毛利骤降到14%左右，扣除企业的管理费用和物流费用后，虽然没有导致亏损，但利润几乎无从谈起。同时本产品畅销多年，占企业销售额的49%，如果长时间徘徊于此境遇的话，企业不要说发展，连生存都成问题了。于是一个主线产品"妙脆"的涨价课题摆在公司决策者的面前……

### 2.1　参照他山之石，期待可以攻玉

涨价之初，冰鳌公司参照了很多企业的做法，进行了很详细的分析论证，市场部、销售部的各级管理者各抒己见，争论不休。关于蒙牛、伊利的价格调整的方法，出现的问题，整改的措施等一一进行了分析和论证。

公司发现，一些企业涨价之初释放消息，让经销商备货，或是直接促销给其备货，然后调整价格，逐渐让经销商适应，如果遇到一些渠道抵制，再以促销拉动渠道上路。这期间总是伴随着价格体系的混乱，终端零售价格也有波动，甚至出现一些窜货现象。这是直接涨价最常用的模式，

也是弊端最多的模式之一，畅销产品采用这种方式的几率多些，因为更换产品包装和规格有可能使消费者混淆产品的 VI，甚至等同于假冒产品。在冷饮行业跟随之风旺盛的今天，强势产品的涨价几乎都是直接涨价的。

冰鳌的"妙脆"也经历了多次的论证，换包装、改箱体规格，用系列产品辅助或替代，无论哪种方式风险都极高，因此冰鳌选择了直接涨价的方式。

### 2.2　价格未动　调研先行

冰鳌的主打产品"妙脆"由于多年畅销东北区域市场，在众脆皮市场占有高达 50% 的市场份额，但是也衍生了大量的渠道问题，包括经销商利润微薄，促销战略难以开展和执行，产品更新上畏首畏尾，渠道管控上也缺乏力度，对三四线市场更是鞭长莫及。下面是我们所作的"妙脆"的 SWOT 分析。

从表 1 我们可以看出，冰鳌产品的各个要素出现的问题、矛盾最终都和价格体系息息相关，价格成了 4p 中的关键核心因素了，因此分析之后冰鳌对价格调整的紧迫感更加强烈了。

表 1　　　　　　　　　　　"妙脆"的 SWOT 分析

|  | 优　势 | 劣　势 | 威　胁 | 机　会 |
|---|---|---|---|---|
| 产品 | 有良好的产品基础，销量在区域市场总排名前三，在脆皮产品上遥遥领先 | 产品线单一，没有战略产品辅助主打产品，利润微薄也使得推广手段受限 | 在没有新的产品承担这一使命之前，"妙脆"如果不能继续夯实，企业的市场地位和优势将丧失殆尽 | 利用自己的产品优势，研发一个强势得很难模仿的替代性产品，或者成功提高产品的价格，将能力挽狂澜 |
| 价格 | 产品价格适中，消费者接受程度高 | 售价所限企业几乎无利润，产品在市场上价格体系相对混乱，特别是竞争激烈的一线市场利润更加微薄 | 如果畅销品的价格体系不能更好理顺，产品将逐渐失去市场活力，企业也将难以为继 | 如果主打产品适应企业发展，再发挥企业对中档价格产品价格优势，就能在这一分众领域建立自己的独特优势 |
| 渠道 | 有着密集的分销网络，良好的客情，渠道的忠诚度高 | 一线市场的窜货现象十分严重，已经影响了产品的销售 | 窜货事件不能有效制止，不能重建价格体系，将更加恶化渠道环境，使得企业的优势逐渐变为劣势 | 渠道充分下沉，实行渠道的精耕细作，深度分销的过程中可以更好地掌控渠道，提高产品竞争能力 |
| 促销 | 促销战略运用收发自如，对推广新品方面有着丰富的促销经验 | 忌惮于价格的混乱，对畅销产品已经很难再启动促销了，这也使得畅销品在市场上面竞争压力剧增 | 老产品不敢促销，新产品促不动，那么企业就将陷入恶性困局之中 | 通过对渠道的整合。促销战略也要随之改变，利用促销能更好地掌控渠道，提高产品的分销效率，有效打击竞品 |

通过细致的分析冰鳌还发现了更多潜在的问题：

首先，"妙脆"在主要的销售区域零售价大部分都是 0.8 元/支，1.5 元/2 支，7 元/10 支这 3 个价格尺度，个别旅游景点、繁华商场门口价格略高，单支零售价为 1.0—2.0 元。如果作价格上的调整，微调可能不影响渠道终端的售卖价格，但是对经销商和二批商来讲，本来已经很少的利润再挤压一些，他们能够接受吗？

其次，窜货的问题。窜货主要发生在一线市场，企业深度分销下众多的分销商为了完成企业定制的任务，拿到高额的返点，不惜铤而走险，窜货成了主要手段，甚至只赚取 7% 左右的返点，不再加价销售。而二线城市的独家经销商为了维持自己强大仓储、物流等费用的开支，7% 返点是远远不够的，于是产品要进行渠道加价销售，单箱一般加价 2 元，这时窜货价差空间就出现了。产品的价格调整后，最好能保证市场零售终端接货价格都基本一致，那窜货空间就大大缩小了。"妙脆"有两种产品，一种零售价 0.5 元，表现为克重较小，口感一般。另一种零售价 1 元，从零售终端的反馈来看，0.15 元/支—0.2 元/支的利润是他们能承受的，低于这个利润就是零售商极力不推荐的产品，只给那些指牌购买的人群准备了。冰鳌的"妙脆"出厂价 0.65 元/支到终端，单支利润 1 毛钱，很多终端零售商已经在悄悄抵制了。

经过会议讨论之后，公司最终停留在一个命题上，即这个产品现在看来是否在 1 元价格面前物有所值，广大消费者是否接受 1 元这个价格。区域代理商是如何看待区域市场价格的，终端消费者对产品的价值如何看待？于是公司想到了经销商会议和市场调研。

**2.3   征求经销商意见**

为了尽可能地把价格调整工作的风险降到最小，公司首先召开了一次中度规模的经销商大会，所有年销售额超过 60 万元的经销商和 30 万元的分销商都被召集到一起，开了一次针对价格的专题会议。

会议情况：几乎所有的区域经销商都一致赞成调高价格，但同时希望公司管控好一线市场分销商的价格体系，避免跨区窜货现象的发生。砸价窜货已使产品无法加价，严重影响了销售。同时经销商认为"妙脆"产品原来的市场价格就是 1 元的零售价格，市场的接受程度不容置疑，这使公司决策者极大地增强了涨价的信心。但经销商也提出了很多问题令公司担忧，首先就是哈尔滨市等一线市场高达 7% 的返点，能不能降下来？另外必须提升外埠市场的返点，否则同样的终端出货价，窜货空间依然存在。但现实是外埠受到运费、管理团队等费用的高昂支出的限制根本不可能提高返点，同时一线市场受竞品的打压竞争返点，也不能降，这不仅仅是契约的问题！三个大的一线市场承担着近1亿元的销售额，和整个外埠市场份额相当，哪个份额公司都疏忽不得。同时来自一线的所有分销商都反对调整价格，认为消费者根本就不会买账，威胁说如果调整价格将寻找新的脆皮替代产品，并要求厂家退还保证金取消合同，冰螯真是左右为难。

### 2.4　向消费者寻找答案

为了更好地把涨价工作进行下去，寻找一个最为接近合理的解决方案，冰螯精心组织了大规模的市场调研。市场调研在一二线市场进行，一个省会城市，两个地级市场。为了使调研更准确，公司与专业咨询智业机构充分合作，对调研的方法、调研区域、分层抽样样本的选取、专业分析工具、专业问卷的设计、调研人员的培训等工作都规划和执行的十分精细到位，力求最精确的反映调研对象的实质问题。调研分析的结果出来后，通过对大量的表格资料进行总结，得出的结论十分清晰，论证也十分有力。公司选择一份有效样本进行分析，看看自己最为关心的问题答案是什么，见表2。

表2　　　　　　　　**消费者对妙脆价格的敏感度测试**

| 问卷选题描述 | 调研频次 | 比率（%） |
|---|---|---|
| 妙脆产品值1元，无论是0.8元还是新价格，我们都会继续购买 | 536 人次 | 35.7 |
| 涨价了会觉得难以接受，不会再购买，转为其他产品 | 387 人次 | 25.8 |
| 无所谓，也不常吃或不消费，对价格不敏感 | 577 人次 | 38.5 |
| 总计（有效样本全部） | 1500 人次 | 100 |

从表2可以看到，虽然高达35.7%的准客户表示能接受1元的价格，假设他们真的能继续购买的话，还有25.8%的有效消费者表示涨价后将不再购买，这也让公司决策层左右为难。

同时公司也作了关于"妙脆"产品即巧克力风味的冰淇淋在市场上的接受程度调查，见表3。

表 3 消费者最喜爱的口味调查

| 产品口味 | 消费者可接受程度 | |
| --- | --- | --- |
| | 调查频次（人次） | 比率（%） |
| 纯奶味 | 100 | 34 |
| 巧克力味 | 100 | 20 |
| 水果味 | 100 | 22 |
| 纯冰口味 | 100 | 15 |
| 其他口味 | 100 | 9 |

由表 3 可知，消费者对巧克力口味的产品不是普遍都能接受的，受口感、脂肪含量等因素的影响，消费者对它的接受度还远远低于奶味和水果味的，这就意味着"妙脆"的主要消费群体还是忠诚度比较高的老消费者，特别是对一个畅销市场 8 年的老产品而言，更是如此，可见涨价的风险之高，令公司决策层难以抉择。

## 2.5 涨价方案出炉

经过董事会和销售部门各级领导的多次磋商和研讨，最终董事长力排众议，拍案定音：涨！涨价是寻找生机，不涨是在等死！

（1）主战场即一线分销市场执行 23 元/箱的出厂价格，这样他们还按照这个价格出售，每箱还多赚 0.15 元的返点利润，这样批发环节矛盾就解除了。外埠经销商供货价由原来的 20 元/箱涨到 21 元/箱，这样只给他们 2 元的行业可接受利润，同时利用销售的渠道管理力度要求经销商一致执行企业 23 元/箱的终端供货价。这样按照我们的预想，市场上的产品单支供货价超过 0.7 元，则终端就会售卖 1 元。利润高了砸价，低了终端抵制。这时我们的目标只能期待一个凤愿变为现实了：那就是消费者能够接受 1 元/支的老产品"妙脆"。

（2）为了能够使涨价软着陆，公司原计划执行一个促销计划或给经销商一个备货的阶段，董事长以市场价格会混乱为由予以否决，但可以在市场面临消费者迟疑阶段，启动热身促销计划，疏通拉动渠道，提高产品的活力。在渠道管理上，公司对所有产品均加刻双重标志，对于窜货的客户，发现一次即予以取缔，以确保产品的市场秩序井然，避免乱价现象的出现。

（3）辅助策略：为了使涨价行动能够在相对平稳的情况下过渡，冰鳌迅速启动了平面和媒体广告，在几个大中城市做了 150 辆车体广告，同时也在车站繁华路段甚至在某国际卖场楼顶上制作了巨型广告招牌。在哈尔滨以及长春的交通电台也热播关于"妙脆"的形象广告，主题是：十年经典妙脆，只需一元搞定！

### 2.6　方案引发危机

关于涨价行动的战斗打响后，令人意想不到的事情发生了，80%的分销商强烈抵制，拒绝进货，认为多年售卖的产品不可能涨价成功，普遍认为消费者不会买账。经销商倒是很理性，但进货频率也大打折扣，纷纷致电区域经理索要促销。

第一天冷清，销量不及平时的30%，第二天依然如此，哈尔滨市的分销商集体到企业来理论，纷纷要求解除合约，赔偿损失，最后董事长亲自出面才使得事态平息。

一周过去了，市场上的反馈让冰鳌非常沮丧，于是公司及时启动了市场的促销计划，销量回升，但仍不理想。同时公司发现市场的铺市率大幅下滑，很多终端不再售卖了，原因是消费者不接受，渠道失去了推销热情也让人无法理解。接着分销商为了完成任务额拿到月奖，将返点和促销打包折扣，将货物流窜到各地，查证时区域经理反将所有标志均撕毁，一个销量巨大的产品靠单支条码实在难以查证。

不甘心就此失败，销售部拿出最后一招，所有物流车辆集中铺市。由于渠道商的抵制以及终端的漠视，最终效果差强人意，草草收场。

一个月过去了，销量下滑了近40%，面对涨价，销售人员承担了巨大压力。又一次会议协商后董事会决议：外埠经销商价格回落到20.5元/箱，分销市场价格下调到22元/箱，同时单箱返1元。估计下一步可能就是彻底恢复原价了，但原来的危机不但没有减少，似乎有所增加。

宣布完董事会的决议，这位营销副总落泪了，这是他职业生涯中最惨痛的教训。他的顶头上司，一位来自雀巢的CEO被董事会罢免后，他也感到了失败带来的丝丝凉意，不禁发出敢问路在何方之感慨！他的辞职申请不久就得到董事会的批准，一位营销副总的失败案例到此就结束了，但留给业界的深思也许是深远的。

## 3　作者观点

失败的案例教我们反思：

（1）不要轻易相信消费者的话，也不要轻易相信市场调研。

本来经过缜密的市场调研和精心策划的涨价方案，为何如此惨败？涨的过多吗？但渠道上也要利润，市场的一般规律也得遵守啊，不该涨，那危机怎么办，传播做的不到位吗？我也不知道！事后作为操盘手的我最大感触就是不能盲目相信市场调研的信息，因为消费者的忠诚度不是一成不变的，失败后面对消费者，既爱不起来，更恨不起来！

（2）推出新产品才是变价策略的首选。

这次教训使我更加注重间接和缓的做法，做市场有时真的需要打太极拳的韧性和耐力，心急不得，通过改变包装规格，增加克重，开发高值产品这些巧妙变价的创意都是事后才觉得更加可爱的。

（3）一个合理的价格体系非常重要。

通过 SWOT 分析，我们也看到 4p 成了营销中最核心的因素了，一旦没有了合理的价格体系，渠道力、促销力、产品力的发挥都将受到梗阻，所以企业在进行产品定价时，一定要有充足的空间，既能眼光前瞻，又能体现产品的竞争力，这需要研发的功力和营销创新的能力了。不然面对原料，政策等行业形势的变幻，畅销品慢慢变成鸡肋的感觉真是难言的痛楚啊！

（4）面对危机要保持冷静的头脑。

之所以我们动作如此之大，就是因为我们动作一直太小，面对压力我们实在无法承受的一刻，才临门一脚愤然出招的。之所以走捷径，就是我们面对窒息般的压力极度渴望解脱的释放，但是可能有人会问：既然想到了这些可能出现的困境，广告也做了，规划也很有序，为何不再坚持呢，也许胜利在一点点的到来？有时急于求成的人心理往往是更加脆弱的，一位营销人员无论何时都应该保持一个良好的心态。

## 思考与讨论

1. 价格调整应该如何进行？
2. 直接的涨价或降价有什么好处和坏处？

# 五粮液集团的品牌经营

## 李双龙

**摘　要**　当人们对买断品牌经营还在争论不休时，五粮液却因买断品牌经营已成为一骑绝尘的白酒大王，盘活了国有资产，带领一大批商家走向了致富之路。五粮液自称的"品牌总经销"经营新模式，奠定了五粮液的成功。五粮液买断品牌经营既是品牌经营的案例，也是渠道创新的案例。

**关键词**　五粮液　品牌买断

## 1　公司背景

当人们对买断品牌经营还在争论不休时，五粮液却因买断品牌经营已成为一骑绝尘的白酒大王，盘活了国有资产，带领一大批商家走向了致富之路。几乎可以这样说，五粮液能有今天，80%以上的功劳都在于实行了"买断品牌经营"，即五粮液自称的"品牌总经销"经营新模式。

## 2　案例事件

五粮液集团公司总经理徐可强曾经说过这样一件事：1989年国家紧缩银根，市场疲软，这年上半年该厂总共才卖出200吨五粮液，最惨的一天，全厂仅卖出5瓶酒，厂里半年多没有发1分钱的奖金，五粮液人感到了事态的严重性。同年8月，五粮液召开了首届用户座谈会，一下子成交了400多万元，从不参加糖酒会的五粮液在这年的10月第一次参加了成都秋交会，接着又在300多家全国糖酒公司地市州二级站建立了经销渠道、拓宽了市场。1989年，集团实现利税7000万元，五粮液人第一次在市场中尝到了甜头。从1989年首次走进市场后，五粮液人深深感到，五粮液要发展，离不开经销商的积极参与。而五粮液本身的优势在于生产和品牌，要想有所突破，就必须与经销商携手做市场，将厂、商紧密联系在一起，并且分工要明确，在"联合"与"社会化分工"的双重思考下，五粮液人酝酿着营销模式的突破。

1994年，是五粮液发展的一个重要里程碑。这一年，福建省邵武糖酒副食品总公司在市场调查中发现，低度优质白酒的市场已经形成，遂携带着100万元资金到一名酒厂寻求联合开发，很多名酒厂因不愿意用自己的金字招牌而拒绝了邵武公司，此时，五粮液酒厂正计划开发一种福建邵武公司类似想法的新品，于是双方一拍即合。1994年年底，中国白酒界第一个买断品牌——"五粮液"横空出世，由福建邵武糖酒公司总经销。第二年，五粮液的销量达1670吨，新增利税1000万元，1998年，五粮液销量高达8580吨，成为白酒市场的新贵。

五粮醇一炮打响，使心惊眼红的一批有实力的经销商纷纷拿着设计好的方案和现金找上门来，按"品牌总经销"即"买断"的模式与五粮液集团共同开发出了"五粮神"、"五粮春"等一系列的全国性产品。五粮液集团在"五"字新品畅销的基础上，又根据不同地区的特点，与各地经销商联合开发了60多个区域性买断品牌，如湖南的"浏阳河"、"金六福"，北京的"京酒"，陕西的"古都液"，新疆的"亚克西"，福建的"闽台春"，西藏的"圣酒"，东北的"清王酒"，四川的"川酒王"等。据介绍，目前五粮液集团自己经销的品牌只有"五粮液"、"尖计"等少数几个牌子，其他品牌均被经销商买断。2000年五粮液买断品牌的年销售额据说已突破25亿元，占该集团总销量的45%左右，其中销量最大的买断品牌"金六福"和"浏阳河"的总销量已达到该集团全部销量的20%左右。

对于买断品牌经营，五粮液集团董事长王国春曾说：生产企业的优势往往在于品牌、资金、技术与规模；下游经销商则了解市场，长于销售，各自的长处恰恰是对方的短处。"品牌总经销"即买断模式，以知名品牌为纽带将二者联为利益共同体，优势互补、实力叠加，生产要素实现了最佳组合，使得厂家在新产品开发的投资上更加理智，风险合理分散，开发周期短，品牌成长快，几乎开发一个成功一个，使五粮液在持续发展中实现初步的腾飞。

五粮液集团十几年前的规模还不大，到1994年，也仅有价格200元左右的"五粮液"和几元一瓶的"尖计"、"翠屏春"3个牌子，产品结构极不合理。从1994年开始，五粮液积极实施品牌战略，第一个拿"五粮液"的金字招牌与经销商共享，用"品牌总经销"的新模式将厂、商捆在一起，针对国际市场、全国市场和区域市场三个层次，开发出不同档次、不同风格的60多个品牌、100余个规格的新产品，取得了巨大的成功。从1994年到2000年，白酒产量提高了数倍，销售收入从12.6亿元上升到40亿元，一下子变成了中国的白酒大王。

五粮液腾飞的根本原因就在于五粮液首创的买断品牌经营新模式调动了商家的积极参与性，才实现了厂商联手共创五粮液经济效益连年居酒类企业之冠的辉煌。

1999年，五粮液股份有限公司总经理徐可强在接受某报记者采访时指出，五粮液进行品牌操作的时候，一是利用五粮液品牌的影响力，去打开产地之外的各地方市场；二是利用五粮液的品牌优势，在目标市场选取具有优势的合作者，针对当地的市场特点、消费习惯，开发出适应当地销售的新品牌。买断品牌经营的本土化品牌操作方式巧妙地打破了"地方封锁"和"地方保护"，因为与当地商家合作开发品牌，易于获得当地政府的支持；另外本土化策略达成了优势互补，当地经销商的实力、社会关系，加上厂家的质量保证及知名度，不仅打破了地方保护壁垒，而且还很容易把地方的积极性调动起来。

## 3 作者观点

### 3.1 五粮液买断品牌经营模式分析

分析买断品牌经营，不能停留在买断本身，从社会背景上来说，买断模式之所以产生，最根本的原因是厂商双方要实现"双赢"。

双赢是什么？双赢就是双方都要实现利润最大化，厂家和商家交换思想，交换知识，交换渠道，双方均给予对方希望所拥有的资产并以此为产品赢得市场，最终实现共同发展。厂家给商家的是品牌，商家给厂家提供网络，厂商之间通过这种给予形成优势互补。

为实现双赢，白酒界曾探索过总经销、总代理、特约经销、特约代理等模式，但总有一些缺点。在不断探索新营销模式之后，人们发现"买断品牌经营"，可能是实现厂商双赢的最佳模式，因为买断品牌经营最直观地将酒厂的品牌、质量、企业形象和商家的地区市场、网络、信誉服务结合起来，实实在在地改善了白酒市场产销混乱的状况。从商家的角度来看，由于竞争激烈、利润直线下降，要得到高额回报，就必须靠"垄断"来发财。而且经销别人的牌子，总有为他人打工的感觉，买断品牌后，自己的牌子自己来卖，一可以拼命做市场，二可以较好地控制窜货和低价倾销等恶性竞争。从厂家来看，随着市场萎缩，一些曾经的全国性品牌会退缩为区域性品牌，如果厂家依靠商家在某些区域的网络、信誉、服务来进行销售，就会起到事半功倍的作用。

具体到五粮液，其品牌买断运作的主要模式有两种：

（1）梯次产品、梯次开发。五粮液定位为国际品牌；五字头的"五粮春"、"五粮醇"、"五粮神"作为全国性品牌；其他一些品牌作为地区性品牌。

（2）区域产品、讲究特点。五粮液开发区域产品的主要方式就是根据不同地区的地域文化、消费特点，与当地糖酒公司合作开发产品。如与北京糖业烟酒公司共同开发的"京酒"，就因具有浓厚的地域文化亲和力，既获得当地商家的大力合作，又能在地理细分市场上获得独特的竞争优势。几乎使"京酒"一夜之间就摆上了北京人的餐桌，在与同档次产品的竞争中很快取得了主动。

### 3.2 买断品牌经营使五粮液在竞争中招招领先

五粮液集团经营发展部部长黄国锐在谈到买断品牌时指出：五粮液走多品牌之路是为了满足市场和竞争的需要。五粮液在消费者心中的地位是高贵的，但五粮液不能眼睁睁地看着中低档酒市场被别人占领。而通过收购地方品牌或与地方经销商携手打市场，在市场竞争中领先了一步。

五粮液集团在不断与商家联合开发买断品牌的同时，还以"中国酒业大王"的形象挑起了一浪高过一浪的竞争。近年来，五粮液以四大类60多个品牌，100余个规格的产品形成"航空母舰群"，以"根据地"、"集团军"、"直销"、"上山下乡"等四大营销招，招招直指各名酒产地，成绩骄人，如"五粮春"和"五粮醇"的凶猛攻势曾经让四川某名酒在全国各地市场节节败退，最后才回过神来。

在广告宣传上，五粮液倾心诉求"中国酒业大王"的气势。如"神州神酒——五粮液"、"名门之秀——五粮春"、"五粮酿玉液——东方飞巨龙"、"金六福酒——五粮液集团优质产品"，在这些买断产品的广告衬托起核心品牌"五粮液"高贵地位的同时，五粮液品牌影响力也使旗下的买断品牌被市场迅速接受，并在消费者心中产生心理倾斜。

五粮液之所以在买断品牌经营上搞得红红火火，而其他一些名酒厂在买断上不太成功，据分析有以下原因：

（1）规模效应。在业内一提到买断，人们的第一反应就是五粮液，从1994年开始，随着"五粮液"、"五粮春"等铺天盖地的广告，五粮液的品牌价值不断攀升，形成了"马太效应"，占有先机。

（2）经销商选择的独到之处。五粮液在买断初期，一般选择是各地国有糖酒公司，虽然这些糖酒公司带有计划经济的色彩，但不可否认，它们在各地的信誉、网络、政府关系等方面都具有一定的优势。另外，这些糖酒公司的人员经过多年商海的洗礼，对各地的市场状况有深入的了解，素质较高，将产品"卖"给经销商，厂家放心。

（3）区域产品定位准确。如西藏的"圣酒"、东北的"清王酒"，光听名字就有很强的针对性，容易获得地方的好感。

（4）买断方式灵活多样。有些名酒厂只敢做一种形式的买断，而五粮液的买断形式多种多样。如金六福酒可分为一星、二星、三星、四星、五星等，以满足不同消费者群体的需求。而且对一些子品牌，五粮液也准许再买断，这给了经销商更大的发展空间和主动性，一旦这些子品牌做好了，最终得益的还是厂家。像这种"买断再买断"的大胆操作方式，其他一些名酒厂未必敢做。

（5）区域买断品牌的销售。从1994年起，五粮液在全国各省市区设立"五粮液系列销售公司"，对区域买断品牌的销售区域进行严格控制，以保障区域买断品牌的声誉；另一方面，严格控制主导品牌的销售渠道，不将主导品牌直接卖给买断品牌，使主导品牌与买断品牌避免了直接利益冲突。

### 3.3 "京酒"成功的秘密

在五粮液所有的买断品牌中，见效最快的可能是京酒，开发成功的当年，京酒就销售出6000吨，并且次年的增长率达到了惊人的33%。京酒的一炮走红，其中的主要原因是：

第一，品牌定位设计准确。一个产品要畅销，关键在于消费者是否满意，而要生产出消费者认可的产品，就必须深入一线调查，真正了解消费者的需求。京酒在设计感观质量时，北京市糖业烟酒公司以入口感细微的要求为切入点，并从追求消费倾向性入手进行调查，在此基础上向厂家提出来创意和定位，并通过各种不同消费层次的细评饮用进行效果实验，经反复筛选而确定了完全符合北京人特点的内在质量和品位要求，从而创造出消费者满意的产品。因此开发的京酒具有"淡淡香——浓而不酽"、"酒底低——低而不淡"、"入口绵甜"、"回味悠长"的特点，十分符合北京人的品味。

第二，品牌文化诉求准确，真正满足消费者心理需求。北京是中国的政治、文化中心，其数百年的"天子脚下"地位让北京人有着高品位的消费心理，京酒的品牌文化源自于当代北京人消费心理的挖掘，"浓浓京酒情、滴滴暖人心"的广告展现的是京酒的营销理念。另一方面，京城人的"大老爷们"脾气气势十足，强烈要求别人的尊重，京酒为此设计成让北京人倍感亲切、倍感尊重的形象，真心实意地为"上帝"服务，其"求实、科学、勤恳、儒商"的企业形象打动了北京人。

第三，包装与北京人的审美心理产生共鸣。包装能引起人们的注意、唤起兴趣、激励消费者购买的冲动。京酒的包装突出北京人"自我价值存在"的优越心理，启发"京人优越"的感觉，与北京"皇城文化"相融合，在包装上冲击北京人的情感共鸣，激起了消费欲望。

总之，京酒的成功经验，主要可归纳为：买断品牌的地域化和个性化可以有效打破地方保护主义的壁垒，甚至可以带动地方的主动和热情，从而变被动为主动，获得巨大的成功；做地区性的买断品牌，经销商的素质一定要高，在品牌的文化构思和设计上，在口感、包装、销售理念上一定要与地方消费心理产生共鸣。

### 3.4　东方龙感受买断品牌经营

东方龙，2000 年五粮液旗下十大系列品牌之一，在四川东方龙酒业买断总经销。东方龙公司在多年做五粮液买断品牌的实践中，取得了巨大的成功，该公司总经理鄢光利谈到做买断品牌经营时，认为要做好如下工作。

第一，新品牌的开发要考虑网络、资金等实际情况，要考虑长远利益。各有意向与名酒联合开发品牌但又尚未涉足的大经销商，如果没有绝对的资金及网络优势，独自开发品牌是一项风险性很大的投资，而新开发品牌需要大量的人力、物力和财力去筹建营销网络、投入大量广告来树立品牌的知名度和美誉度，其投资风险是可想而知的。另一方面，与名酒厂联合开发品牌，能实现品牌、营销网络等资源的共享，而厂商双方对一个新品牌共同综合开发，可以大量节约包装成本、广告费用等资金的投入，从而大大降低了投资风险，实现在资源共享基础上的利益共享。对厂家而言，与经销商共同携手，不但对自己的主导品牌有众星捧月、推波助澜的作用，也可以进一步扩大名酒的市场份额。

第二，名酒厂需要经销商的渠道，经销商需要名酒厂的牌子。过去有的糖酒公司为了勉强维护与名酒厂的关系，不管好卖不好卖的品牌都购进，结果有 30%—40% 的糖酒公司处于资不抵债的境地，致使许多糖酒公司不得不破产或解体，这就意味着名酒厂的销售网络有将近一半遭到破坏。这个时候名酒厂必然需要经销商的联络，当然经销商也需要名酒厂的牌子，这样一拍即合，买断经营也顺理成章。

第三，子品牌可以再买断。鄢光利总经理提出了在买断品牌"东方龙"的外延上再开发新品牌，即"买断再买断"的模式，由于白酒消费税的提高，使得酒业门槛更高，特别是新开发品种的档次更高了，这无疑给自己已有买断品牌的企业来说，提供了一个好的发展壮大的机会。

## 思考与讨论

1. 品牌买断经营的条件是什么？品牌买断经营有什么优点，又有什么缺点？

2. 你的企业可以实施品牌买断经营吗？

# 成都康盛制药的市场营销改进

## 吕怀珍

**摘　要**　成都康盛制药有限公司在公司濒临倒闭时决定通过全面的市场营销改进来挽救公司。市场营销改进的内容包括，建立科学、高效的营销管理机构，制定能充分调动积极性的营销人员报酬机制，建立完善的营销管理制度，改进产品组合及其包装，调整产品价格以及分销渠道。

**关键词**　营销改进　营销管理　产品组合　价格调整　分销渠道

成都康盛制药有限公司的董事长兼总经理周宏光正准备将自己苦心经营了多年的制药厂卖掉，但他又不甘心就这样结束，还想最后一搏。他想高薪聘请一位懂现代营销的专家来为企业把把脉，分析药厂到底还有没有救。

## 1　公司背景

成都康盛制药有限公司位于四川省成都市温江区，该厂始建于1975年，是成都中药厂的一家分厂。1992年成都中药厂将这家分厂以500万元的价格转让给了民营企业家周宏光及另外三人。周宏光占有65%的股份，另外两人分别占20%和15%，其中占15%股份的股东是一位香港股东，使这家企业成为当时很时髦的中外合资企业。周宏光接受这家药厂时，药厂只生产中成药，有小金丹等30多个中药品种。企业占地面积40亩。在当时也算得上是一家集科研、开发、生产、销售、流通为一体的现代化制药企业。在1997年公司投入了2000万元，建设新厂房和对设备进行更新改造。1998年，新厂房还没有完全竣工，企业却因为产品销路不畅、货款回收困难造成流动资金不足而停产近半年，已濒临破产。董事长认为，公司的主要问题出在产品的营销上，要想走出困境就只能进行全面的市场营销改进。

## 2　我国医药流通体制改革背景

在 20 世纪 90 年代前，我国的医药流通各环节的经营基本都属于国有企业，也就是国家的医药公司，国家办医院。新药品的审批有"国药字号"和"省药字号"。药品的价格由国家制定，企业只能按照国家定价进行销售。药品的流通只能通过国有的医药公司调拨到各医院和药店，医院也只能从医药公司进药，不能直接从药厂进药。

90 年代初，新中国成立以来的第一次医疗卫生体制改革开始了，在医院商业化的进程中，药品流通体制改革也随之而来。原有的国有医药公司纷纷转让给私人或者承包给职工，药厂生产药品的价格也由"国家定价"改为了"企业申报定价"。改革以后的药品从出厂到进入医疗机构大致历经这样一条环节链：药品生产厂家—药品代理商—药品批发公司—医疗机构—医院相关人员—患者。在整个环节链中，患者之前的任何一个环节，都在制定自己的"潜规则"设阻，层层设阻必然导致层层寻租，药厂也会将所有的额外费用全部计入成本，最终都将转嫁给患者。到 90 年代末，我国改革后的药品流通体系表现为以下特征。

### 2.1　药品生产工厂成为药品生产商

改革开放以来，我国制药企业的数量急剧增长。1980 年，我国制药企业只有 800 多家，到 90 年代末已经超过了 4000 家。制药厂的产权性质已经由单一的公有制演变为多种所有制并存，国有企业、集体企业、私营企业、"三资"企业生产的药品以及进口药在国内市场上同时销售，呈现出充分竞争的局面，药品市场已经成为真正的买方市场。为了应对日益激烈的市场竞争，除了加强内部管理之外，各医药生产厂家纷纷派出医药代表从事药品推销工作，主攻方向就是最大的零售单位——医疗机构。此外，制药企业还可以不经过药品批发机构自销部分产品，改变了计划经济时代药品必须通过药品批发站批发的局面。

### 2.2　医药公司成为药品批发商

各级药品批发机构由过去的统购统销模式逐步转变为市场经济条件下的商业运作方式，三级医药站的批发模式基本上不复存在，（注：麻醉药品、计划免疫制品、计划生育用品等国家严格控制的药品除外。）取而代之的是追求利润最大化的灵活批发方式。各级批发站基本上被改造为医药批发商，目前仍然是药品批发的主渠道，但已经不是独家经营。其特征主要表现在两个方面：

一方面，许多国有医药批发公司特别是二级以上的批发公司一般都分设有数个经营部，这些经营部都是独立经营。虽然经营的范围各有侧重，但是并没有明显的界限，同一地区虽然只有一家医药站，实际上是几家医药批发公司同时经营药品批发。

另一方面，不少其他行业的贸易公司也加入到药品批发的队伍中，不仅使得药品批发商的数量大大增加，（注：2002 年，医药流通企业约为 17 万多家，其中批发企业 13262 家，而 1978 年批发企业为 2500 多家，增长了约 5 倍。）而且其经营方式更灵活，对国有医药批发公司构成巨大的挑战。虽然国家从严整顿批发市场，严格控制其他行业以及集体、私营企业经营药品批发业务，但是许多单位和个人仍然变换方法，尤其是许多国营医药批发公司及其经营部让集体和个人承包，实际上变成了个体经营。

虽然国家规定制药厂销售药品、医疗机构购进药品要以国有医药批发公司为主渠道，但是，制药厂和医院、零售药店都有很大的自主性。它们经常绕过批发公司这个中间环节进行药品交易，批发环节的作用显著下降。

## 2.3  零售商：医院和药店

在我国长期形成的医药不分的卫生体制下，药品零售的主渠道是医院的药房。医院并不是药品的最终消费者，而是通过医生的处方销售给最终消费者——患者。由于药品所具备的特殊性，患者在大多数情况下自己无法选择购买何种药品，只能够在医生的指导下做出购买药品的决定。因此，医院的医生对患者用药的处方权形成了对患者用药的垄断优势。

医院具有买方垄断和卖方垄断的双重优势，这种优势使得医院在药品流通链条中占据了特殊地位，一方面处在买方市场中的医院具备了与药品提供商讨价还价的巨大能力，另一方面处在卖方市场中的医院对于患者的药品消费选择具有强大的诱导能力。目前，我国药品销售的主渠道仍然是医院药房，80% 的药品销售是通过医院药房实现的，剩下的销售量则由处在激烈竞争中的社会药房（大约为 12 万多家）来完成。

除了医院药房之外，药品零售的渠道还有不断增长的社会零售药店。

随着国家对药品流通体制改革的深入，社会零售药店的数量在不断增加，经营的方式也在不断丰富，包括单体零售药店、连锁零售药店、平价药店、药品大卖场、百货商场药品柜台等，其中连锁药店的发展最迅速。（注：我国药品零售连锁经营的探索性实践从 1995 年开始，但直到 2000 年才得到国家的正式许可和鼓励。2004 年，我国有药品零售连锁经营企业约 700 家，所属的连锁药店有 5 万多家。）

## 3　成都康盛制药 1998 年的营销改进

随着全国药品流通体制改革的深入，成都康盛制药有限公司为了生存和发展，对现有营销进行了全面的改进，以适应当时的医药市场营销环境。

首先是加强营销队伍的建设，组建高效、简洁的营销管理机构，并制定了与市场环境相适应的营销人员报酬体系。在之前公司设有销售部，负责管理全国的销售业务。销售部设销售部经理 1 人，由销售部经理直接管理分布在全国各地的业务员。公司通过猎头公司聘请了一位在某高校任教市场营销学的副教授出任营销总监。由营销总监全面负责公司的营销策划、销售管理、资金分配以及销售人员的招聘、考核和辞退。营销总监在营销管理上有绝对的权力处理与营销相关的一切事务。营销总监上任后的第一件事是组建新的营销管理机构，制定出具有良好激励的营销人员的报酬机制。新的营销组织机构图如下：

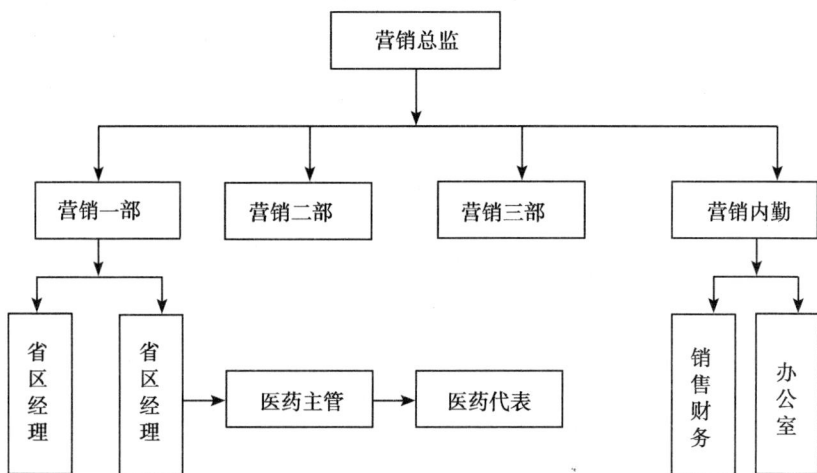

营销总监 → 营销一部、营销二部、营销三部、营销内勤；营销一部 → 省区经理、省区经理 → 医药主管 → 医药代表；营销内勤 → 销售财务、办公室

营销总监下设 3 个销售部,设销售部经理 1 人,各部分管不同区域。营销一部分管西南、西北片区,营销二部分管东北、华北、华中地区,营销三部分管华东、华南地区。营销部下设省区经理,省区经理下设医药主管,医药主管下设医药代表。

在报酬分配机制上也作了大的改革,首先是降低基本工资在报酬中所占的比重,大幅度提高绩效工资所占比重;其次是省区经理有权招聘和辞退下属人员,所招聘人员既可以交回公司统一管理,由公司发给基本工资,省区经理发放业务提成,也可以由省区经理直接管理,从自己的报酬中给所聘人员发放劳动报酬;再者就是业务提成实行分层管理,分别核算。

在营销管理方面,制定了较为完善的营销管理制度。具体包括招聘考核制度、医院开发费使用制度、发货管理制度、回款管理制度、增值税发票使用管理制度、窜货管理制度、销售业务提成管理制度、销售费用报销管理制度、汇报制度、离职交接管理制度等等。下面仅展示两个制度样本供参考。

# 发货管理办法

## 一、发货申请

业务员与经销商签订购销合同,由片区经理签字,并填写发货申请单,将合同和发货申请单邮寄回销售部(为了抢时间可将合同和发货申请单传真回销售部),由发货主管根据客户单位的应收货款的数量进行审核,无异常情况,发货主管可直接通知发货员发货。如有异常情况,需经营销部经理批准后方可发货。对新客户的发货,必须经片区经理和销售部经理同意,发货主管才能通知发货员发货。如果业务员与片区经理不在同一地点,由片区经理填写发货申请单传真给销售部。无片区经理的区域,由业务员直接填写发货申请单,报发货主管,经销售部经理同意才能通知发货。对经销商或医院,折扣率不得低于批价70%,否则不予发货。

## 二、发货数量

第一次给经销商发货,必须上报经销商客户档案,并附经销商三证。

由销售部经理审定经销商档案和三证后，根据合同和医院需货量，确认发货数量后通知发货主管。以后发货必须以合同为依据，如果与经销商建立了良好的信誉关系，可以签订大合同，公司将根据需要分批发货。

### 三、发货对象

公司原则上直接对经销商或直销医院发货，为了应急需要，经销售部经理同意，可少量发货到办事处。由办事处发往直销医院的货，业务员必须准确填写发货单，发货单上必须准确填写发货数量、规格、批号及序号，办事处必须准确填写货物流向表。每月 25 日为结算日，30 日前将货物流向表和发货单的计账联一起上报销售部（以邮戳为准）。如不按时上报以上内容，公司将停止向办事处发货。

### 四、发货管理人员

财务部设发货主管一人，负责填写发货单，并交财务部经理签字后，交发货员发货。发货主管在接到发货申请单的 24 小时内必须办完发货手续，并安排发货员发货。

### 五、收货回执

货发出后，发货主管要及时与收货单位联系，将提货单寄至对方。及时掌握所发货物的签收情况，并将发货通知单按固定格式填写，传真或邮寄给主管业务员，由业务员要求收货方在签收栏签字，并加盖签收单位印章后，业务员及时将收货回执寄回销售部。凡是未收到收货单位回执单的情况下，一律不得再发货。发货主管必须分片区管理好收货回执，以便与片区和经销商对账。

### 六、职责与赔偿

1. 由于发货申请填写错误造成货物发错或丢失，其全部损失由申请发货的片区经理承担。

2. 由于发货主管填写发货通知出现错误，造成货物发错或丢失，其全部损失由发货主管承担；由于收货回执保管不善，无法与各片区对账，其造成的一切损失均由发货主管承担。

3. 由于发货员发货时填写有关单据出现错误，造成货物发错或丢失，其全部损失由发货员承担。

4. 对于新经销商，未经销售部经理同意不得擅自发货，如果出现擅自发货，所造成的全部货款和运费损失，均由经办人承担，并根据实际情况给予处罚。

七、此管理办法从当年 5 月 26 日起执行

# 开票回款管理办法

### 一、开票申请

业务员需要开增值税发票收款，直接与开票主管联系（第一次传真通知，以后电话通知）。开票主管按经销商档案的名称、地址、账号、税号、价格等，根据业务员通知的品种和数量开增值税发票或普通发票。如果对经销商有关问题不清楚的地方，开票主管要与业务员或经销商联系，将不清楚的地方搞清楚再开票。如果经销商地址或账号有变动，业务员必须及时通知开票主管。

### 二、开票

开票主管在接到开票通知两天之内，必须将票开好交收发主管邮寄。

### 三、开票回款期限

开票回款期限一般为一个月，特殊情况不超过两个月。如果发货就需开票的单位，业务员要作特别说明，开票主管要对特殊单位建立档案。超过两个月未回款的票据，开票主管要单列，并报销售部经理清查。

### 四、开票限制

一家经销商连续开了两张发票都未回款，开票主管不得再开出第三张发票。如果因特殊情况需要开第三张发票，须查明情况，并经销售部经理同意。

### 五、票据寄发

发票开好以后，开票主管交销售内勤邮寄。只能以特快专递方式邮寄发票，并作好邮寄记录。

### 六、退票

业务员需要退票，必须提出退票的理由。退票只能用特快专递邮寄。销售内勤在收到市场业务员退回的发票，作好登记后及时交开票主管记账。

### 七、责任与赔偿

由于业务员未搞清楚开票所需的内容，造成开票错误，导致退票，其往返的邮寄费由业务员承担，并处以 20 元的罚款。

由于开票主管粗心将票开错，所造成的往返邮寄费由开票主管承担，并处以 20 元的罚款。

业务员不慎将发票丢失，必须及时通报片区经理或销售部经理。对丢失票据，业务员赔偿其票面金额的 17% 的税金；如果因发票丢失造成货款损失，业务员按批价 75% 赔偿其货款损失。

由于销售内勤将发票寄错引起发票退回，其往返邮寄费由收发承担。如果造成发票丢失，收发赔偿其票面金额的 17% 的税金；如果因发票丢失造成货款损失，收发按批价 75% 赔偿其货款损失。

发票开出 3 个月都未回款的业务员，要及时将票据退回，并说明其原因。如不退回，业务员按其票面金额赔偿。

**八、此管理制度从 6 月 26 日起执行**

公司在建立了新的营销管理机构和完善的营销管理制度的基础上，对现有产品组合、产品价格和销售渠道方面进行了全面调整。公司一共有 30 个中成药品种，4 类新药。在中成药中有普通用药，也有专科用药。普药主要有板蓝根冲剂、银柴颗粒、金银花冲剂、黄连素片等 23 个品种，专科用药主要有小金丹、小儿止咳口服液等 7 个品种。新任营销总监认为，目前公司没有能力在市场上销售 31 个品种，最好是挑选几个有一定竞争优势的品种作为重点，通过不同的渠道进行销售。营销总监的这个想法得到了公司董事会的支持。经过详细的市场调查后，公司决定在 31 个品种中，只保留板蓝根冲剂、银柴颗粒、金银花冲剂、黄连素片、小金丹、小儿止咳口服液和一个西药品种洛伐他汀胶囊。选择这些品种的理由是板蓝根冲剂、银柴颗粒、金银花冲剂、黄连素片属于普通用药，主要通过医药公司在药店销售，可以充分利用原有的销售渠道。小金丹、小儿止咳口服液、洛伐他汀胶囊都是专科用药，病人一般需要在医生的指导下服用。在以上三个品种中，小金丹最具有市场竞争优势，因此公司决定在市场开发中以小金丹为主。

小金丹原名小金丸。配方出自清人王洪绪《外科全生集》，原为治疗一切阴疽初起，痰核流注，乳岩瘰疬之著名方剂。在中国医学界小金丹具有悠久的用药历史，且享有很高的声誉，深受广大医务工作者和病员的欢迎。在临床上小金丹通常应用于以下症状：

（1）乳核：青春期乳腺炎、乳房小叶增生、乳房纤维瘤、乳房结核等病症。口服小金丹效果极好，并被医学界誉为治疗上述病症的首选药品。（参见《100 种常见疾病的中成药治疗》，第 126 页。）

（2）痰核：多发性神经纤维瘤、皮肤猪囊虫、皮脂囊肿、淋巴肉瘤、脂肪瘤、子宫肌瘤、皮脂毛囊炎及各种囊性肿瘤，口服小金丹效果明显。

（3）瘰疬瘿瘤：颈部淋巴结核、甲状腺腺瘤、甲状腺癌等症状。口服小金丹有显著疗效。

（4）流痰鼠疮：骨或关节结核、胸壁结核、乳腺癌症，口服小金丹有较好效果。

小儿止咳口服液是儿科用药，主治感冒引起发热、咳嗽。

洛伐他汀是降血脂药物。

在确定了品种之后，为了适应当时的市场环境，公司对主要开发医院品种小金丹的规格包装以及价格进行了改进。因为小金丹属于名贵中成药，为了体现它的名贵，原有包装为非常漂亮的透明塑料盒装，一盒只装两支，每支 0.6 克，一盒的售价为 7.5 元，包装成本就高达 1.5 元。而且病人每次服用一支，一日三次，一盒药一天都不够。经过走访医生和病人后，公司将小金丹的包装改为塑料纸盒包装，包装规格从两支改为了四支。改变包装规格后又迎得了一次重新申报价格的机会。原来两支装的价格是 7.9 元，改为四支装后将销售价格提高到了 15.8 元。对于消费者来说，相同的价格买到了与以前相同的东西，但对于企业而言，却大幅度降低了包装成本。原来两盒的包装成本 3 元，变成了现有一盒的包装费用 0.25 元。由于小金丹的服用疗程一般为 10 天，要想收到较好的疗效，至少需要服用三个疗程，因此小金丹的包装设计为三种。一种是销售包装，即一小盒 4 支装；一种是疗程包装为中盒，每盒中装 8 个小盒；还有就是运输包装为 20 中盒装一件。

在销售渠道方面，公司把普通用药直接销售给医药公司通过 OTC 市场销售；专科用药通过医院的医生销售，医疗机构的最终销售单位，医生是最好的销售人员。为了调动各层次销售人员的销售积极性，公司还制定了一套与当时药品市场营销环境相适应的利益分配机制。

## 4　启示

（1）营销环境对企业的营销产生着重要的影响。当营销环境发生变化时，企业应及时调整营销策略，才能使企业在竞争中求得生存和发展。

（2）高素质的营销队伍，科学合理的营销管理机构，严格的营销管理制度是企业成败的关键。

## 思考与讨论

1. 2009 年又面临着我国第二次医疗卫生体制改革，医药企业面对医疗卫生大环境的变化，应该如何调整其营销策略才能适应新的营销环境。

2. 当公司发展到一定规模时，现有的营销管理机构是否需要进行调整。

# 白家粉丝："白手起家"

## 冯　旭

**摘　要**　"白家"方便粉丝仅用 5 年卖到了全球 30 多个国家的主流市场，2005 年销售额达到 2 亿元，到 2007 年，这个数字已经超过 3 亿元。"白家"方便粉丝创造了一个奇迹，本案例将探讨"白家"方便粉丝是如何"白手起家"的。

**关键词**　白家粉丝产品策略　价格策略　渠道策略　促销策略

## 1　案例背景

方便粉丝这一行业在前几年似乎还没有被广泛关注，但是最近几年关于这个行业和与这个行业有关的一个企业——四川白家方便粉丝食品有限公司却频繁出现在人们的视野之中。那么白家又是什么样的一个企业呢？

要认识白家这个企业，首先要从方面粉丝市场的发展谈起。方便粉丝的发源地在四川，较早的方便粉丝品牌有"光友"和"统一"，由于"统一"对方便粉丝投入不大，"统一"方便粉丝市场份额也不高，而"光友"方便粉丝市场占有率曾一度高达 90%。

"光友"方便粉丝的创始人是邹光友。1982 年，西南农业大学 22 岁的毕业生邹光友被分配到了四川省三台县一个乡镇任科技副镇长，为乡亲们寻求脱贫之路。因为不愿意看到辛苦种出的红薯用来喂猪，为官一方的邹光友开始为乡农们寻找门路。一番调查后，邹光友发现城里人喜欢吃用红薯加工成的粉丝。随即，这个 20 多岁的科技副镇长运用自己所学知识，经过了数次实验后，发明了精白红薯粉丝，还一举解决了红薯粉丝中粗、黑、沙多等技术问题。其后一次官场调动让有着 10 年官龄的邹光友心灰意冷，权衡再三，邹光友选择了下海，怀揣 500 元钱，骑着自行车远走绵阳市，成立了只有 3 个人的光友特产技术公司。两年之后，邹光友靠卖散装的精白粉丝艰难地完成了原始积累。

散装粉丝终究是游击队式的叫卖，没有正规包装难以登上大雅之堂。有较强品牌意识的邹光友开始想"创立一个用粉丝做原料的正规产品"。思前想后，邹光友从当时最热销的方便面上得到了启发。方便面工艺简捷，吃法方便，仅此而已，在全国每年创下的产值就数以百亿。粉丝与方便面有很多相似之处，何况川北一带有吃粉丝的习惯，想必这方便粉丝也大有市场。心态决定成就，又是一番艰难求索后，1997 年 10 月，邹光友的划时代杰作——融合了川味酸辣粉的方便粉丝横空出世。

方便粉丝一出世，便在市场掀起了狂飙。消费者认为这是一个稀罕的产品，经销商认为多了品类的选择，从诞生之日起，光友方便粉丝以月增长 30% 的速度连连攀高。至 1999 年 8 月，出道两年的光友粉丝已经有了 3000 多万元的销售额，并且还销到了西南、西北、华北等各大省市。这时的邹光友根本无需推广，常常是经销商拎着满皮箱的钱等在家门口，甚至为了抢货经销商间还打了几架。

2000 年 10 月，邹光友斥资建成了中国首条万吨方便粉丝生产线，由此，方便粉丝一举步入了工业化，规模化生产的崭新时代。此时的光友粉丝，是众人仰视的行业翘楚，邹光友还荣膺了"方便粉丝之父"的称号。

## 2 白家的发展史

四川白家食品公司董事长陈朝晖，仅用 5 年就靠"白家"粉丝发家，卖到了全球 30 多个国家的主流市场，2005 年销售额达到 2 亿元，到 2007 年，这个数字已经超过 3 亿元。陈朝晖出生在重庆九龙坡区，1987 年从巴蜀中学考入了中国青年政治学院。1991 年，陈朝晖大学毕业后，被分配到共青团成都市委从事少先队工作。由于不习惯机关按部就班的工作，两年后，陈朝晖便辞职下海。先后在两家企业做了 1 年多的销售员后，1994 年 6 月，成都一家礼品公司准备新办广告公司，陈朝晖担任总经理。半年之后，陈朝晖筹集资金买下了雅士广告公司，算是正式开始了自己的创业之路。

2000 年 7 月，陈朝晖接到了一个外地朋友的电话："你们四川有一种方便粉丝，比方便面还好吃，在我们这里卖得很好。"无意间得到的这个信息促使陈朝晖立刻就在家门口的小店购买到了"光友"粉丝，凭借做广告企业的经验，陈朝晖意识到："一，这个产品铺货率这么高，说明它销售很好。二，我不知道这个产品，说明它没有做什么促销和广告，这意味着它的自然销售能力很强。三，这个粉丝没有同类产品。四，光友粉丝卖2.5元一袋，而康师傅方便面才卖1.5元，这说明它的利润也很丰厚。"随即陈朝晖对方便粉丝市场及光友方便粉丝营销战略和策略进行了调查。

一番调查下来，陈朝晖对方便粉丝就有了一个比较全面的印象。粉丝是四川的一种传统食品，大街小巷的面食店几乎都有售卖。粉丝由红苕粉和马铃薯粉制成，用沸水煮熟后拌上各种调料，就可以像吃面条一样食用了。粉丝的麻辣口味很重，极受女性的喜爱。据统计，1999—2000年，方便食品在中国的销售额高达400亿元人民币，其中方便面占了90%以上的份额。但在四川，以"光友"为代表的方便粉丝却正异军突起。比起家族中的老大方便面来，方便粉丝除了和它一样食用方便、口味多样以外，还具有无须防腐、无须油炸、口感更柔滑的特点。

目前，方便粉丝市场以"光友"和"统一"两大品牌为主，"秀禾"、"龙嫂"、"百维"、"庞大"等其他品牌为辅。"光友"粉丝通过6年的市场运作，已经以浓厚的地方特色口味获得广大消费者认同，目前销量居第一位，年销售额2000万元人民币，销售渠道辐射四川各二级城市及拉萨、北京、上海等省外城市。"统一"是著名的方便面品牌，其方便粉丝包装和促销手段明显多于"光友"，想通过自己的品牌优势抢占"光友"的市场。陈朝晖还惊喜地发现："光友"销量和渠道建设主要来自于6年产品销售的累积和其独到的口味，同时还因为暂时缺少其他同等类型品牌能与之竞争。陈朝晖认为目前方便粉丝市场未被充分占领，行业准入门槛低；同时光友已经进行了几年的市场培育，进入不需要太高的成本来培养顾客，另外光友的营销战略和策略都存在不足，市场空间极大。在获得这些分析结果后，陈朝晖拿定主意，形成了"以方便粉丝市场为突破口，抓住对手弱点，扬长避短，推出自己的品牌粉丝"的上市方案。

但是企业面临的首要问题就是现金不足，陈朝晖东拼西凑也才筹集了30万元，如何以低投入让自己的方便粉丝一鸣惊人并抢占市场？

## 2.1 产品策略

陈朝晖分别找了广告公司和食品代理公司的工作人员专门研究方便粉丝，开始进行产品的开发。

首先确定产品的品牌与包装。很快，成都最有名的"双流白家肥肠粉丝"进入了陈朝晖的视野。它一直以麻、辣、鲜、香的风格深受成都市民喜爱，也是外地人到成都必吃的名小吃之一。如果直接将方便粉丝品牌命名为"白家"将会怎么样？陈朝晖把自己和几个雅士高层关在办公室里谋划了一个晚上，很快达成了几点一致的意见：这样做可以越过消费者认知的漫长过程，迅速拉近和消费者的距离；"白家"二字又刚好和雅士"白手起家"的成长过程不谋而合；同时还可以直接以成都名小吃的身份出现，凸显"源自成都传统特色的方便食品"的特点，有利于全国乃至海外市场开拓；然而，这样做也要承担一定的风险。当时，双流白家镇还没有人把"白家"两个字注册食品类商标。成都当地有名的"白家高记肥肠粉丝"也只是注册了"白家高记"名小吃商标。且雅士这个"外姓人"把"白家"注册了，势必会引起一场纠纷。这样的风波可能起到扩大新产品知名度的作用，也很可能就此把它扼杀在婴儿时期。而且，白家是地名，能否注册商标也还不清楚，这一点无疑是关键。为此，陈朝晖悄悄拜访了成都市工商局，对方给了他一个比较满意的答复，"白家"是县级以下地名，可以注册商标。"白家高记"和"白家"，首先是字数上的差别，明显不属于同一个商标；一个是传统名小吃，一个是由小吃演变成的工业化产品，也不属于同类型商品。

第二天，陈朝晖又悄悄地来到了工商局，这回他立马完成注册了"白家"食品类商标。后来的事实证明，他的借名"阴谋"得逞了。（注：2000年11月，"白家"上市，不久，"白家高记"将"白家"告到成都市工商局，但工商局并没有受理。一时间各大报纸争相登载有关两个"白家"要打官司的新闻。）

同时陈朝晖集合他的团队设计出了具有川西历史和文化特色的包装。在白家粉丝的包装上印有这样一个故事："清末年间，连年战乱，许多流浪者涌入天府之国避祸。一名流浪者漂泊到成都外南白家小镇，终因饥寒交迫昏倒在一户人家门前。做粉丝为生的主人好心地救起这个外乡人，并以当地特有的红苕粉热情款待，粉丝晶莹剔透、麻辣鲜香，甚是可口……外乡人在漂泊途中不断向人们讲述'粉丝救命'的故事，不少人因此慕名前往，一品美味。于是，白家粉丝逐渐在川西平原流传开来，成为一道历经百年不衰的、独特的风味小吃。"让"白家"方便粉丝马上具有浓郁的川西特色的文化和历史。为了配合古色古香的白家传说，雅士将"白家"方便粉丝的包装也定为以古朴为主。陈朝晖从上百幅设计图中选中了一幅线条简单的素描画：一个人正背对视线，坐在一家街边小店里，手里的碗正冒着热气。这样的情景，在以小吃闻名的成都随处可见。他就是看中了这画面带有的老成都味道。

在确立品牌与包装后陈朝晖开始考虑产品开发与生产。陈朝晖提出将白家建设成"哑铃型"结构，重视产品研发和市场营销。他要求研发部门将白家粉丝做成"味不惊人死不休"的餐馆级食品，针对像方便粉丝这样的快速消费食品来说，口味是它至关重要的性格特征。通过大量市场调研，雅士认为方便粉丝的重度消费群应该在16—35岁这一年龄段，其中以女性消费者为主。他们最喜爱的粉丝口味主要是肥肠味、酸辣味、牛肉味和泡菜味，这4种口味同时体现了川菜麻、辣、鲜、香的风格。为此，雅士预先调动数百名目标消费者，对刚开发出的口味进行测试。根据数十次口味测试报告，每个口味最终经过数百次的反复调整，直到测试综合满意度达到85%以上才确定配方。接着，陈朝晖又迅速组织专家对方便粉丝进行技术改良，并委托其他公司代为生产加工。两个月后，白家方便粉丝上市。从筹备到产品诞生只用了不到3个月的时间。

产品开发完成后陈朝晖面临的是如何把产品推出市场。这个时候陈朝晖投入的30万元资金已经花掉了2/3。如何依靠有限的资金把产品迅速的推出市场，陈朝晖已经制定了"定向传播、实效互动"的销售方案。

**2.2 价格策略**

白家针对主要的竞争对手光友的价格（袋装粉丝2.5元/袋，碗装粉丝3.5元/碗）。制定出了自己的袋装和碗装价格均低于或持平光友产品价格策略，在价格上树立自己的优势，并在所有货架最醒目位置用大字标出零售价格。

**2.3 渠道策略**

白家没有选择传统批发通路作为其产品的主要销售渠道，而选择了现代商超通路作为其产品的主要销售渠道。白家确定了以"上市热卖"为核心诉求点，利用渠道优势力图一周之内上完成都市内90%的商场、超市食品货架；针对成都大型超市对厂家征收高额入场费的现实，白家决定先完成成都大街小巷的杂货铺和不收取入场费的中小超市的铺货，买断货架，推出专用货架，进行特殊陈列，在取得一定成效后再进入大型超市。

**2.4 促销策略**

白家粉丝自上市以来，一直沿用的广告语是"正宗四川名小吃·白家方便粉丝"。从这句广告语中可以看出，白家粉丝以"正宗四川名小吃"为产品诉求点，直接告诉消费者白家粉丝就是工业化生产出来的四川名小吃。且直接来源于在成都很有名的白家高记肥肠粉丝。在促销组合的选择上，根据以往的营销经验，陈朝晖认为，"在只有3万元做营销的时候，试吃和派发传单是最有用的"。白家放弃了食品企业最常用的电视广告媒体，而因地制宜的设计了自己的促销方案。为了令消费者对粉丝口味有较直观的感受，卖场氛围布置和营销人员衣着统一为"酸辣"色调和"牛肉"色调；50万张介绍有川西民俗风情和标榜着"老成都味道"的广告单也及时发放，把所有促销人员分成几个小组，进行定向传播。有针对白领的"写字楼组"，有面向小型超市和家庭的"社区组"，有"学校组"、"公园组"、"医院组"。排山倒海的促销攻势，让白家方便粉丝在成都市一夜间尽人皆知。

2000年年底，仅仅几个月，其销售额就轻松突破了4000万元。半年的时间，走了光友3年才走完的路。成都市场初定，白家粉丝开始向四川省内的诸多地级市辐射；2001年，白家方便粉丝又在成都春季糖交会上亮相，由此打开了国内市场。2005年，销售额达到2亿元，到2007年，这个数字已经超过3亿元。

## 3 企业的未来

在取得初步成功后白家粉丝并没有就此止步，并不断的探索新的发展机会，但是企业也面临很多不可预知的挑战和威胁。

### 3.1 机会

通过对市场需求的分析，针对不同的细分市场，白家进行了产品的创新，开发了"单身贵族"、"阿宽"、"小城故事"等产品。这些产品的推出，极大地提高了品牌的美誉度和企业的盈利能力，从而在产品上和竞品建立了有效区别。在经营方便粉丝的同时，白家也开始考虑进入方便米粉市场，意图进一步巩固和发展自己在方便食品市场的市场份额。

由于方便粉丝行业发展时间不长，并没有一套可供企业借鉴的模式。如何在渠道上找到一个能够有效支撑产品销售的平台，对所有的方便粉丝企业都是一个难题。而白家在渠道运作上似乎更加得心应手，除开发正常的商超和流通渠道外，白家还重点打造和运作了高校渠道和旅游景点渠道，这些渠道的运作，不但更大程度上提高了品牌的高度，而且更加贴近了目标消费群，使企业资源的投放更加有效。从目前来看，白家产品开发的着重点集中在一二级城市市场的中高端市场。那么随着消费者对方便粉丝产品的逐步认知，三四级市场蕴藏着巨大的增长空间。对于白家来讲，是否要进入这些市场，对企业同样是一种选择，而如果进行这种调整，则需要进行相应的产品开发和渠道延伸。

### 3.2　挑战

由于方便粉丝行业存在的较高利润和发展前景，自然会使一些大型食品集团心痒难忍，进而下水进军方便粉丝行业。这些资金雄厚、具备成熟的管理、营销模式和完善的渠道网络的巨头一旦介入，显然不会采取"温水煮青蛙"式策略，无疑会面对全国市场进行快速布局和强力运作。这些巨头的介入一方面会加速行业的发展，另一方面可能会导致行业利润总体缩水（这也成了中国诸多快速发展行业一直无法破解的必然规律）。河南白象集团在 2008 年 7 月投入巨资的"天然食品项目"正式奠基，其目标直指方便粉丝市场，"5 年内坐上粉丝业头把交椅"。并在 2009 年产生了"白象"与"白家"商标之争的诉讼。面对食品巨头的介入，白家将会面临巨大的挑战。

## 思考与讨论

1. 从白家粉丝的发展历程看，你认为白家粉丝获得成功的关键是什么？

2. 分析白家粉丝的营销策略，谈谈其在产品上市的营销策略组合的特点和启示。

3. 面对未来的机会与挑战白家粉丝该如何决策？

## 参考文献

［1］李长浩：《白家 VS 光友，谁笑到最后》，《中小企业科技》2006 年第 10—12 期。

［2］邓林、献容：《光友 VS 白家方便粉丝的恩怨录》，《商界名家》2006，438—441。

［3］ 孙欣：《白家的"粉丝"笼络术》，《中国企业家》92—93。

［4］ 李楠：《白家真相》，《商界》2007 年第 6 期。

［5］《白家粉丝是如何炼成的?》，《世界营销评论》（http：//mkt. icxo. com）。

［6］ 四川白家食品公司陈朝晖靠"白家"粉丝发家，http：//zl. zxzyw. cn/Html/money/2822220060625080516. Html。

［7］ 四川白家食品公司网站。

［8］ 范佳丽：　《白家的味道》，　《商界》2002 年第 11 期。http：//business. sohu. com/16/11/article204641116. shtml。

# 销售管理

# 从宏运驾校倒闭案例看"过度销售"对企业的危害

刘德昌　黄曦晖

**摘　要**　世界上企业倒闭的原因千奇百怪。宏运驾校从一个默默无闻到成为成都的知名驾校，再从事业高峰轰然倒下，历时很短。宏运驾校倒闭的原因，主要归结为"过度销售"。其实，在过度销售的过程中，早已埋下了企业倒塌的祸因。

**关键词**　宏运驾校　过度销售

## 引言

2007 年年初，四川驾校行业中发生了一起沸沸扬扬的龙头品牌——宏运驾校（四川宏运机动车驾驶员培训学校有限公司的简称，下同——编者注）的倒闭案。要是一般的小驾校关门，可能悄无声息。可是，宏运驾校的倒闭，则吸引了广大的四川媒体的高度关注和系列跟踪报道，就连《华西都市报》、《成都商报》、《天府早报》、"四川在线"等主流媒体都不惜花上大量的时间和人力、物力参与其中，与宏运驾校的倒闭事件"共舞"。

## 1　四川宏运驾校的背景资料介绍

资料表明，李报春女士是宏运驾校的创始人，建校时间是 1994 年。宏运驾校建成以后，在长达 10 年的时间内，驾校的经营状况与一般的驾校并无特别之处，因而发展速度比较慢、经营业绩很一般。2004 年年底，赖虎提出合伙经营宏运驾校。经协商，赖虎购买了宏运驾校 60% 的股权，李报春女士持有 40% 的股权；赖虎自然成为宏运驾校的法人代表。

赖虎接管宏运驾校以后，在运作思路上，一改过去李报春女士稳健经营的作风，全力以赴的实施"规模化经营"和改变驾校行业长期以来的挂靠方式为"全自营"的业务策略。宏运驾校在网站上是这样介绍的："四川宏运驾校是经市公安局和交通局批准成立的一所驾驶专业培训学校。面向全国招生。宏运驾校自 2004 年 10 月重组以来，凭借其先进的管理模式和积极进取、永不放弃、兢兢业业、用心服务的宏运精神，迅速树立了良好的品牌形象，规模和实力在成都市名列前茅。学校拥有桑塔纳、万丰、中信、双环、捷达、富康、东风、解放、客车等各型教练车一百多辆，并在南门机场路旁、东门十里店保和村、西门沙西线旁拥有专用教练场三处，总面积达 80000 多平方米。学校管理规范，师资雄厚，是学习驾驶的理想选择。"

要实现规模化经营和全自营的思路，实施驾校管理是最基本的要求。于是，宏运驾校对"全自营，无加盟"的经营方法，作为驾校特色来宣传，并对学员作出"三大承诺"：

（1）坚决杜绝乱收费，实行一次性收费。

（2）首推将报考之权利留予学员，让学员学到真正的技术。

（3）不承担教练的烟酒茶饭等私人费用，如有发生，学校负责双倍返还。

为了提升宏运驾校的可信度，采取与学员"签合同"的"契约诚信"方式来吸引客户："为保障学员的利益，宏运驾校将与每一位学员签订《驾驶培训协议》，切实解除学员的后顾之忧。"

为了真正提升宏运驾校的服务质量和管理质量，先后制定了"服务承诺"（8 条）、"诚信承诺制度"（5 条）、"档案管理制度"（9 条）、"教练员管理制度"（7 条）、"教练员教学质量评议制度"（11 条）、"收费管理制度"（8 条）、"投诉管理制度"（12 条）、"学员管理制度"（16 条）、"教练车管理制度"（8 条）等制度。

在规模化整体思路的指导下，为了更加有利于宏运驾校的市场竞争，吸引更多的学员到宏运来培训，宏运驾校采取了"大规模"价格战，采取低价竞争的方法，很快吸引了大量学员的报名。从 2005 年到 2006 年初，到宏运驾校报名培训的学员接近万人，规模化的"成绩"初显。此时，驾校的资产也接近千万元，成为成都颇具影响力的知名驾校。

## 2 宏运驾校倒闭事件原因分析

宏运驾校"规模化"的思路成功了，但是由于硬件不足使得大量的学员入学后，给宏运驾校的日常运转带来了困难，资金链开始出现问题，直至灾难降临。

### 2.1 低价竞争导致盈利能力不足

成都驾校为了占有市场，使出各种竞争手段。当随到随学、包接包送、签订服务合同等"服务牌"打完后，低廉的学费成了最有力的竞争手段。按照成都市物价局的规定，驾校应当对每名考取小车驾照的学员收取3450元费用。但实际上，成都驾校市场的公开报价仍保持在2300元左右。宏运驾校的价格则在此基础上还有大幅度的下调。

赖虎之所以制定和坚持长期的价格战策略，首先是由于他本人的"发家经验"决定的。1998年，他辞去了银行的工作，发现驾校教练准入制度很低。他花4万元积蓄买了一辆北京吉普，挂靠在蜀安驾校当起了教练。赖虎说："当时，只要驾龄在5年以上、有自己的车，就可以挂靠驾校招收学员。挂靠教练一般都是自己定价格，自负盈亏。我收的学员学费的10%交给所挂靠驾校，当作管理费。"赖虎起早摸黑地带学员，一年半后赚够了投入的钱并买了一辆车。"那时，一名学员学车的费用为1200元左右，一个月可以毕业10名学员。钱赚得不是很快。"

为加快赚钱速度，他又买进一辆车，聘用教练为他训练学员。有了两辆车的赖虎，赚钱比以前提高了好几倍。不到半年时间，他又买进了第三辆车。2000 2004年，他持续不断地买进了10多辆车，收入也达到了近百万元。正是赖虎的发家经营告诉他，快速规模化是成功之路。赖虎重组宏运驾校以后，为了实现"规模化"经营的梦想，长期坚持超低价竞争策略，驾校的培训费为每人1500—1800元不等，比市场平均培训费低200—500元。个别竞争激烈的报名点出现1200元的收费现象。而市场上按照不同车型的规范的收费标准在1800—2300元之间。

但是随着驾校行业发展越来越成熟、政府管制越来越规范，赖虎过去那套规模化发展思路不再适应与同行竞争，更不适应自身企业未来更好地发展。"现在成都驾培市场上搞低价恶性竞争的驾校不在少数，毫无节制地盲目招生，导致学员数量大大超过实际能参加考试的数量，造成大量学员积压。此外，由于培训费用过低，在未能有效管理、降低成本的情况下，必然导致盈利减少，最后使资金链出现断裂，学校难以维系。""他们收那么少的培训费，出事情是早晚的事。如果他们利润有保障，会出今天这样的问题？这完全是搞低价竞争导致的。"这是宏运驾校出现倒闭事件后，成都几所知名驾校负责人面对媒体采访时的评价。

### 2.2　大量学员涌入导致培训资源严重不足

由于"超低"价格的因素，大量的追求"廉价"的学员涌入宏运驾校。正是由于学员数量的快速增加，由于本身的教学资源与学员数量资源之间的资源配置出现严重失调，导致教学资源被严重分散，造成运转效率低下。

低价策略使得宏运驾校的收入比其他驾校平均收入水平低，开始还能基本维持收支平衡。但随着物价水平提高，开始入不敷出。为了保持收支的基本平衡，宏运的服务开始缩水。不仅缩短学员学时，而且一个教练员一批学员从原来的两三个增至五六个，同时教练场地也变得紧缺，这一系列问题又引申出教练员服务态度不佳、学员考试合格率低等问题，进而资金链断裂、管理不善等问题都出现了，倒闭就变成自然而然了。

赖虎说，他"不是因为生意不好而倒闭，而是因为生意太好，造成了考生积压"。他认为"考生积压"是造成他迅速败落的根本原因。但他的合作伙伴则进一步揭示：导致宏运衰败的原因是"考生积压"，引发考生积压的原因则是驾校的"盲目扩招"。

### 2.3　缺乏有效管理，制度落实不到位，是销售失败的根本原因

重组宏运驾校后，赖虎与李报春女士各持有股份60%和40%，而且生意上"各管各"。赖虎控制的宏运驾校顶峰时下辖6个分校、几十上百个招生网点，李报春女士均不染指。赖虎对其近百个招生网点在报名费销售价格没有一个严格的统一管理，价格从1500元到1800元不等，个别地点的报名费可以低到1200元。资料表明，无论是对销售队伍还是服务队伍（教练员），赖虎都缺乏有效而科学的管理，而只注重各个网点的销售业绩。前面已介绍到，宏运驾校虽然有一系列的管理制度，包括对学员的管理、对教练员的管理等制度，但是它并没有将这些制度严格化和稳定化地执行，而是把目光放在了争取学员上。这也导致了后来教练服务质量下降、学员管理不善等致命问题的出现。

之所以将服务提出来是因为它是销售的最关键一个环节。学车是一次

性消费，但其口碑效应却比一般的快速消费品来得快。学员报考驾校大多数都是冲着驾校的口碑和声誉来的。最大限度地争夺学员，成了众多驾校的首要目标。结果，招来了大批的学员，但驾校的教学条件和服务却跟不上，造成教学质量低下，继而导致考试通过率低。宏运驾校并没有像其"三大承诺"那样服务学员，由于招收大量学员导致学员堆积，出现一个教练员同时训练 10 多个学员的恶劣情况。由于缺乏对教练员有效的管理，教练员没有服务意识，服务质量也大大降低，这也直接影响了教学质量。宏运驾校当时拥有上万名学员，但能提供给学员学习的车还不到 100 辆。一些学员想早点通过考试，为了争取多一点练习的时间，只得给教练买酒买烟、送钱送物，甚至一些女学员被教练骚扰，也只好忍气吞声。成都市车管所副所长冯麟在接受媒体采访时介绍，从 2006 年 9 月开始，在车管所对所有驾校的考评中，宏运驾校每月都排名最后几位，学员考试合格率只有约 60%。还有 1/3 的学员由于学艺不精，无法通过考试。

有学员在网络论坛上发表了一篇"宏运驾校奇遇记"的帖子，可供参考。

## "宏运驾校奇遇记"

我去年跟朋友图便宜报了宏运驾校 1500 元/人，在衣冠庙报名点报的，都跟到汪师傅学车。

朋友空余时间多一些先去学，学完给我很多有益的提示。

最好经常给师傅甩几包烟，师傅只抽玉溪和软云，差了不抽的。如果你要拿中华，应该他不会生气的。

另外要帮师傅充电话卡，请师傅吃饭。

只要这些都做到了，保证让你学得手脚发软都不让你下车。

考试一定要封足红包，不然会被师傅收拾的（有不知趣的师姐就曾因为红包小了，在师傅的好心指挥下，考试终于撞线了）。

朋友经历重重苦难，花费了一千多人民币，终于修成正果，脱离苦海。

终于我也有点时间了，该我出场了。

有朋友的"经验"，我就干脆换个教练吧，跟学校申请了，说是找卢队长解决，找到卢队长才晓得锅儿是铁打的了，一句话"换师傅，没门"。

我们这些做技术的人天生死脑筋，认为交了学费，师傅就应该教吧？原来我又错了。

汪师是久经沙场的，天天是一副老脸挂起。

问他个问题，他还是风度始终拿得够，从来都是甩个半句一句，让你绝对摸不着头脑。

没有听朋友的忠告，亏当然是该吃的，我去了七八次，都让我倒直道，我已经崩溃得无与伦比，不知道是不是该加油门换 4 挡了。

"你处事太差了"、"跟师傅买瓶水，买包烟也好撒"、"你这样咋个学哟，拿点钱开小灶才搞得起走"师傅真的是诲人不倦……（以下省略 200 余字——编者注）。

上面这篇网络帖子，从学员"体验消费"的角度，说明宏运驾校的"三大"服务承诺，基本上难以兑现。难以兑现的主要原因就是学员人数众多、培训资源不足造成的。因为，宏运驾校鼎盛期的各类教练车也不足100 辆，哪里能够承载近万名学员的培训任务呢？

**2.4　没有随政策变化而转变销售理念，缺乏敏锐的市场应变能力**

从参考资料可以发现，其实如果政府对驾驶考试的相关政策一直不变，宏运驾校也许并不会那么快走到今天这步。资料显示，2005 年，成都有两个车管所可以进行驾照考试，赖虎没有感受到任何压力。"一个月的考生名额有近 300 人，整个经营系统是良性循环。"也就在 2006 年，形势急转直下，只有成都市车管所可以进行驾照考试，宏运驾校每月的考试名额急速下降，从 300 名变为 50 多名。但是赖虎并没有转变其大规模销售理念，没有考虑到从招收学员、培训学员、教练员、教练车及一些培训基础设备等等这整个销售系统的是否能够继续良性循环的问题。从这些可以看出，赖虎对市场缺乏足够的认识，并没有足够敏锐的市场应变能力，在政府政策这个对驾校行业最关键的市场宏观影响因素发生变动时，赖虎却没有做出相应的销售理念和策略上的转变，还是一味追求市场份额。

## 3　宏运驾校倒闭案例的研究结论与启示

宏远驾校是一个经典的倒闭案。很多人以为该倒闭案之所以经典，是在于宏运驾校"不是生意不好"造成的,而是"生意太好"造成的。包括老板赖虎也是这种认识。

我们从专业角度看,正是赖虎的这种认识,导致了宏运驾校的倒闭。当然,这里我们不去讨论赖虎是否有"恶意倒闭"的问题。

### 3.1 价格战的"价值"到底几何?

近年来,价格战在中国成了各行各业打击对手、扩大市场份额的主要竞争策略,被广泛使用。尤其是曾经被媒体和业内人士广泛评论和颇具争议的长虹集团几次价格战策略的实施。但随着价格战越演越烈,价格战对实施的各商家自身伤害越来越大,人们逐渐认识到价格战的可怕。古人云:"杀敌三千,自损八百。"价格战在商业竞争领域的运用,需要深刻理解古人的这一句话。我们认为,价格战对于企业而言、对于行业而言,其本身就是一种"灾难策略"、"无能者的策略"。

赖虎通过低价策略打价格战,他企图以低价来获得巨大的市场份额的目的达到了,但微薄的利润使得宏运驾校资金链断裂和教学资源远远不能解决因庞大的学员数量造成的需求压力。因此从这个角度看,这类学员给宏运驾校带来的利益贡献,连"鸡肋"都不如。赖虎和宏运驾校的其他管理者,对价格战带来的负面影响和企业资源不足导致的问题缺乏足够的认识,因此从价格战到驾校倒闭,从未采取过对学员数量实行控制和适当调整价格的策略。尤其是在 2006 年下半年考试主管部门下调了参加考试学员的指标之后,其仍然不改变招生策略。

### 3.2 销售管理者必须从企业满足市场能力的角度制定销售策略

对于销售管理者或市场营销管理决策者而言,出台任何一种销售战略或策略,必须考察两个问题:一是该策略将会对企业、行业产生的正反面影响;二是本企业是否有满足该市场需求的能力。

资料显示,宏运驾校自身企业资源是无法满足其庞大的学员需求的,不断招收学员只会增加企业在资金、教练员和教学设施等资源运转的困难,当负荷太大,企业无法承受自然就面临倒闭。所以,销售管理者在制定销售策略的时候一定要考虑企业自身资源满足市场需求的能力,而不仅仅单方面从需求角度考虑。举个很简单的例子,在制定礼品赠送促销时,销售管理者不能为增加销售而忽视了礼品赠送的数量,进而导致销售成本过大,企业无力承担。

考虑企业满足市场能力的问题其实就是要解决企业销售系统良性运转

的问题。前面原因分析提到的因低价策略导致企业收支不平衡导致资金链断裂的问题，企业资源无法满足学员需求的问题等都是企业销售系统甚至整个企业运转不良的表现。销售管理者要从整个销售系统、销售流程去考虑销售计划，使企业资金和资源良性、快速运转。

### 3.3　服务质量体现品牌信誉，服务理念不只是"说给客户听的东西"

宏运驾校在规模化之初，显然是想大干一番、在行业中有所作为的，因此才会制定相应的管理制度与服务理念。然而，随着学员人数的快速增长，驾校本身的服务资源已经无法满足学员的基本需求。服务质量开始下降。

起初，由于学员可能对于自身获得"低价培训"的认识，对于出现服务质量的下降还能容忍。但是，随着学员之间争夺"学习机会"的手段，越演越烈，教练越来越"习惯于"被"勾兑"的现状发展，服务理念就形同虚设，学员抱怨开始升级，势必影响后来的招生。

千万记住，服务理念不只是"说给客户听的东西"。如果我们长期不兑现自己的承诺，后果是不言而喻的。也就是说，宏运驾校的倒闭，实际上就是一个时间的问题。

### 3.4　这是一个销售团队管理的时代，销售英雄的时代已经成为历史

对于绝大多数企业而言，必须高度认识到：这是一个团队的时代，英雄时代已经结束。我们已经看到赖虎因缺乏对销售团队进行有效的管理而导致销售价格混乱、销售服务不到位产生学员抱怨等不良影响。过去许多企业乐于培养销售英雄，认为只要能有好的销售业绩，销售人员做什么都可以不管，因此销售人员的自由度很大。但现在，随着销售人员的素质越来越高，销售团队管理变得越来越重要。因此对销售团队进行科学而有效的管理是非常必要的。销售团队的管理当中尤以制度管理最为重要。制度是一个企业能够正常运转的基础。没有一个扎实而稳定的制度，企业管理工作就会无章可循，会一团混乱。宏运驾校制定了很多制度，但却没有一直坚持将这些制度落实下去，没有对团队进行制度化管理，也就会出现定价混乱和服务质量下降的问题。

### 3.5　宏运驾校的营销发展模式，同样给我们诸多的教训

宏运驾校的运作模式，典型地表现为"滚雪球"模式，即依靠自身的不断运动来增加自己的"体积"，而不是采取"积累—投入"模式。

赖虎的基本营销模式是，通过低价格吸引更多的人成为宏运驾校的学

员，然后利用学员提供的学费购买教练车、租赁场地开设训练场，并以此来实现更大的规模效应。

赖虎对多花这些钱的风险性显然认识不足，即这些钱在学员还没有毕业前，并不完全属于宏运驾校！或者说，这些学费对于宏运驾校而言，仅仅有极少的部分属于自己。

换个角度说，赖虎是在利用学员的学费来"融资"，通过学费"融资"来扩大规模。一旦学员出现问题，就是资金链出现问题，那么就是关门的时候了。

宏运驾校就是这样关门倒闭的。

## 4　总结

总结上述分析，我们可以看到由于企业忽视自身满足市场需求的能力而一味追求市场份额导致的一系列后果，这些后果同时又是因对销售团队管理不善引起的。在销售过程中，销售管理者要注意从销售系统的良性发展角度管理销售队伍，除了把握企业资源的合理配置以应对市场需求，还要把握政治环境等市场宏观环境信息，这些都是非常重要的。

### 思考与讨论

1. 如何才能防止销售策略中出现"销售过度"的事件发生？

2. 企业在售后服务中，如果不能兑现服务承诺，对于下一次销售事项将会带来什么样的负面影响？

### 参考文献

［1］《宏运驾校垮了一半　盲目扩招 3 万人等考驾照》，《华西都市报》2007 年 2 月 28 日。

［2］《宏运驾校倒闭追踪　学员没参考转学要交 600 元》，《华西都市报》2007 年 3 月 16 日。

［3］《宏运驾校破产　6000 学员咋办今天定》，《四川新闻网》2007 年 2

28 日。

　　［4］《报名两年车还没学　宏运驾校停业了!》,《成都商报》2007 年 2 月 27 日。

　　［5］《宏运驾校 6 所分校倒闭追踪　6000 学员分流培训》,《华西都市报》2007 年 3 月 1 日。

　　［6］《宏运驾校倒闭　老板感叹像场梦》,《天府早报》2007 年 3 月 1 日。

　　［7］《6000 学员分流培训优先考试》,《华西都市报》2007 年 3 月 1 日。

# 峨胜集团中热水泥销售策略与企业崛起的营销启示

**摘　要**　峨胜集团一直致力于中热水泥市场的开发。通过几年的不懈努力，峨胜终于拿下200多万吨的中热水泥供应权。峨胜成功进入中热水泥市场，不仅改变了四川中热水泥市场的传统格局，更是为峨胜的全面崛起，迎来了更大的发展空间。

**关键词**　峨胜集团　中热水泥销售策略

## 引言

在四川水泥市场，中热水泥主要用于电站大坝建设，属于普通硅酸盐水泥企业产品中的"特种水泥"产品。生产中热水泥的企业，除了特种水泥企业以外，主要是大型水泥企业。中热水泥在普通硅酸盐水泥市场中，有一定的技术含量、附加值相对"普硅"产品而言要高一些，归属"高端产品"层次，也是展示企业品牌形象的具体表达方式之一。

长期以来，四川中热水泥市场被金顶集团和双马水泥"垄断"，尤其是金顶集团在中热水泥市场占据绝大部分的市场份额。

随着近年来四川水电市场建设的如火如荼，以及峨胜水泥集团千万吨产能目标的逐步实现，成功进入中热水泥市场就成为峨胜企业管理者的一个具体的营销目标。峨胜从2005年着手准备，到2008年成功打入四川中热水泥市场，一举拿下200多万吨的中热水泥销售合同。

## 1　峨胜水泥简介

四川峨胜水泥股份有限公司，是四川省内专业从事水泥生产与经营的股份制企业。公司始建于 1985 年 2 月，在各级领导、部门和社会各界的关心支持下，经过 20 多年不懈奋斗和几次较大规模的技术改造，取得了长足发展。公司现有资产 20 多亿元，职工 2000 人，2009 年企业年产能达到 720 万吨，年可实现销售收入 30 多亿元，总体产能规模暂列四川第一、西南前茅，是"全国建材行业先进集体"、ISO9001 质量认证企业、国家免检和四川名牌产品获得单位。

近年来，公司认真落实科学发展观，加快产业结构调整，不断提高市场竞争力。2002—2008 年，公司分别建成投产日产 1000 吨、日产 2000 吨和 2 条日产 4600 吨新型干法水泥生产线，2009 年即将投产一条 4600 吨新型干法生产线。"峨胜"牌新型干法水泥凭借优良的品质、合理的价格、良好的信誉已广泛应用于水泥高端市场，在四川省内各大商混站、高速公路及溪洛渡电站、锦屏电站等国家重点水电工程建设中深受用户好评，呈现出供不应求的良好态势。

"十一五"期间，峨胜将充分发挥自身已经具备的资源、市场、体制、人才、技术、管理、融资等优势，在峨眉山市九里工业区建成 5 条日产 4600 吨熟料（年产 200 万吨水泥）新型干法水泥生产线和 1 条日产 10000 吨熟料（年产 400 万吨水泥）新型干法水泥生产线，全力打造千万吨级规模省内大型熟料生产基地。

目前，已经建成一、二、三期 4600t/d 工程，一二期已经投产，三期在 2009 年 5 月份投产；正在加紧建设四、五、六期工程，其中四五期工程将在 2010 年上半年投产，届时产能将会达到 1100 万吨。如果规划建设中的六期 10000t/d 项目在 2010 年建成，公司生产规模将突破 1500 万吨。并成为西南地区最大的"单体"新型干法旋窑水泥企业。

## 2　峨胜水泥征战中热水泥市场的历程

### 2.1　峨胜水泥获得三个中热水泥中标项目的合同情况

（1）2008 年 5 月中标二滩水电开发有限责任公司锦屏水电站，中标量 133 万吨；供应期 2008 年 10 月—2013 年 12 月。

（2）2008 年 9 月 28 日中标二滩水电开发有限责任公司官地水电站，中标量 25.8 万吨，供应期 2008 年 10 月—2012 年 12 月。

（3）2008 年 10 月 18 日投标，中标中国长江三峡工程开发公司溪洛渡水电站。中标量 75 万吨；供应期 2008 年 11 月—2013 年 1 月。

以上三个项目在 5 年之内共计向客户提供的中热水泥供应量为 233.5 万吨，这是峨胜水泥建厂 20 余年来首次获得中热水泥的供应权，也一举成为目前四川本土水泥企业中获得中热水泥供应量最大的企业。

### 2.2 峨胜水泥对进入中热水泥市场的准备

峨胜水泥参与中热水泥市场的事情，始于 2005 年。当年二滩公司为了保障锦屏电站的中热水泥供应，先后委托金顶集团、双马水泥、峨胜水泥 3 家公司根据二滩公司对中热水泥的技术指标要求，进行"试制"。峨胜水泥管理层紧抓这个难得的"试制"机会，投入大量的人力物力组建研发团队，生产出来的中热水泥"试制品"的各项指标均达到或超过客户的技术指标要求。

为了进一步提升产品质量，峨胜水泥在 2005 年到 2006 年期间，曾先后几次与二滩公司的专业技术人员进行技术研讨。此后，三峡工程公司为了寻求溪洛渡水电站的中热水泥供应商，也曾专门派出技术力量前来调研峨胜水泥的中热水泥的技术指标问题。

### 2.3 客户钟爱传统品牌，峨胜水泥进入中热水泥市场一波三折

峨胜水泥依靠与二滩锦屏电站供应普通硅酸盐水泥的机会，建立了良好的人脉关系与互信的厂商关系。

2007 年 3 月，二滩水电开发公司锦屏一级水电站工程中热水泥招标，投标水泥量 106 万吨，供应期为 2008 年 8 月—2013 年 6 月。峨胜公司鉴于长期的业务合作互信关系和中热水泥达到或超过客户技术指标要求的因素，满怀信心地参与本次投标。但是，评标结果是中热水泥老牌名牌的金顶公司中标，峨胜水泥仅仅成为"预备队"而已。按照中热水泥浇铸大坝的惯例，峨胜水泥很难获得实际上的供货机会。

## 3 峨胜水泥在坚持不懈的努力中迎来崛起机会

### 3.1 峨胜水泥不断技改的艰难发展之路

峨胜水泥曾经是四川水泥行业的"名牌立窑企业"。1986 年建成投产时产能仅有 2 万吨；而离峨胜水泥仅有 20 公里之遥的四川峨眉水泥厂即后来的金顶集团在 70 年代就是百万吨级湿法旋窑名牌企业，是四川、乃至当时中国的著名"大厂"，被业界称为"水泥圣殿"。

尽管当年年产 2 万吨的峨胜水泥的管理者，可能做梦都没有想过峨胜水泥会发展到今天的产能规模和达到目前的行业地位。但是他们并没有因为自己仅有 2 万吨的产能而妄自菲薄，而是不断地通过技改来提升产能。

（1）1992 年进行第一次技改，次年实现竣工投产后新增水泥生产能力 6 万吨。

（2）1995 年进行第二次技改，内容包括新增生料均化、选粉，立窑扩径等，改造后新增生产能力 4 万吨；与此同时还以建设新线的方式进行技改，次年新增生产能力 10 万吨。

（3）1998 年峨胜以建设新线的方式进行第三次技改，次年新增产能 20 万吨。

（4）2000 年公司再次以建设新线的方式进行第四次技改，实现新增生产能力 10 万吨。至此，峨胜水泥机立窑生产线年生产能力达 50 万吨，成为全省当时最大规模的机立窑群企业。

### 3.2　探索转型，从此步入新型干法旋窑技术的发展快车道

2000 年，峨胜水泥在完成第四次技改之后，管理层开始真正思考自己企业的发展之路的问题。当时他们首先思考的是需不需要继续进行立窑技改，或者是建设一条湿法生产线，因为金顶集团就是著名的湿法旋窑企业，并开始考察。在考察中，中国水泥协会的雷前治会长反复强调最好建设新型干法旋窑生产线，并建议他们先去沿海企业看看以后再做决定。经过反复考虑，加上拉法基已经在成都市都江堰开始建设 3200t/d 的新型干法生产线，因而最后决定建设新型干法旋窑生产线。

2001 年峨胜水泥投资 1.2 亿元，新建一条 1000t/d 新型干法水泥生产线，年设计生产水泥能力 40 万吨。2002 年 4 月实现点火投产，该线为全省第二条、乐山市第一条新型干法水泥生产线。

2004 年，峨胜水泥投资 8000 万元，新建一条电石渣综合利用 2000t/d 新型干法水泥生产线，年产水泥能力 70 万吨，2005 年 5 月实现点火投产。

至此，峨胜水泥总生产规模增至 170 万吨；并成功进入四川本土百万吨级的水泥企业行业，成为四川"第一集团军"的一员，品牌形象快速崛起。

### 3.3　奋发图强，大力发展新型干法旋窑生产线

2006 年 11 月 1 日，峨胜水泥在峨眉山市工业区九里镇开工建设第一

条 4600t/d（5000t/d）熟料新型干法水泥生产线，同时配套建设纯低温余热发电站。生产线于 2007 年 11 月实现点火投产，年产熟料 180 万吨、水泥 200 万吨，成为四川最大规模的单条水泥生产线。

2007 年 11 月 1 日开工建设第二条 4600t/d 生产线、2008 年 3 月 31 日开工建设第三条同规模的生产线，并同时配套建设纯低温余热发电站。2008 年 12 月 6 日第二条生产线实现点火投产，新增水泥产能 200 万吨。

至此，峨胜的生产总规模达 520 万吨，并淘汰了所有的立窑生产线。正在建设的第三条 4600t/d 熟料新型干法水泥生产线，将于 2009 年 5 月实现点火投产。届时，峨胜的生产规模将增至 720 万吨。

2009 年 1 月 14 日开工建设第四、五条 2×4600t/d 生产线，并配套建设纯低温余热发电站。项目计划 2009 年底竣工投产，新增产能 400 万吨。届时，峨胜的总规模将达到 1100 万吨，成为全省规模最大、集中度最高的新型干法熟料生产基地；也是西南地区"单体"最大的新型干法旋窑生产基地。

### 3.4  物竞天择，市场给峨胜的品牌崛起带来了机会

尽管峨胜水泥在新型干法化、规模化的道路上一帆风顺，但是在进军标志着企业品牌高端形象的中热水泥市场时，则并不平坦。

自从 2007 年 3 月二滩水电开发公司锦屏一级水电站中热水泥投标落标后，峨胜水泥的中热水泥落标信息并没有止步，2007 年 5 月 25 日金沙江向家坝水电站散装中热硅酸盐水泥 393 万吨的投标，以落标告终；2008 年 1 月 30 日溪洛渡大坝中热水泥 120 万吨的投标，同样落标。

落标是痛苦的，峨胜人只有在痛苦中等待。

2007 年，全国出现了以煤炭为代表的原材料价格大幅度涨价，四川也不例外。以湿法技术生产的传统中热水泥名牌企业，在原材料不断涨价面前，生产成本不断提高，价格竞争力受到市场制约，这就给峨胜水泥重新进军中热水泥市场带来了前所未有的机会。

一方面，峨胜到 2009 年的产能即可达到 700 万吨以上，规模化供应不存在任何问题，中热水泥的生产技术早已掌握。另一方面，对于客户需求方而言，峨胜水泥是原来参加二滩公司中热水泥试制的合作企业，各项技术指标均符合技术标准。与此同时，双方还有前几年的普通硅酸盐水泥供应的合作基础，关系融洽、供应保障信用没有问题。

在天时、地利、人和的营销条件下，二滩公司选择峨胜的中热水泥和

峨胜水泥借助二滩公司进入四川水电行业的中热水泥市场，就成了水到渠成的事情。于是，二滩公司的两个中热水泥合同都给了峨胜水泥。

## 4　峨胜水泥迎来全面的崛起机会

### 4.1　进入中热水泥市场对于峨胜水泥持续发展的意义

在产品种类、技术标准全部同质化的水泥行业，一个品牌是否能够成为当地市场的领导者，一看它的销售价格是否为最高者，二看它的产品供应能否进入高端市场，即中热水泥市场。

在四川，长期以来的高端水泥市场为金顶集团和双马水泥所垄断，被称为"大厂水泥"，并垄断了中热水泥市场；其他立窑企业均被称为"小厂水泥"。2002 年，都江堰拉法基水泥投产，才打破了高端水泥品牌的市场格局。

峨胜水泥成功进入中热水泥市场，迎来了全面崛起的发展机会。一方面，峨胜水泥可以凭借上 1000 万吨的产能规模和供货保障能力，在中热水泥市场高歌猛进，不断扩大战果，给竞争对手带来巨大的压力；另一方面，中热水泥市场为峨胜水泥快速扩大的产能，拓宽了市场机会，提升了企业的盈利机会和抗风险的能力。与此同时，为峨胜水泥在民用水泥市场提升品牌形象，同样带来了实力证据。

因此，我们有理由认为，峨胜水泥进入中热水泥市场，为该企业的持续发展，带来了很大的想象空间和重要的品牌意义。

### 4.2　峨胜水泥进入中热水泥市场对于四川水泥品牌的影响

从市场需求与行业技术发展角度来看，峨胜水泥进入中热水泥市场，对四川水泥行业的影响同样深远。

（1）打破了水电站大坝建筑设计工程师对湿法旋窑水泥制造技术的迷信，新的项目大坝中热水泥需求设计不再迷恋湿法技术旋窑水泥产品。

（2）给四川的其他新型干法旋窑水泥企业进入水电大坝的中热水泥供应，提供了示范效应，增加了进入中热水泥市场的信心。

（3）金顶集团、双马水泥，乃至原来也曾经供应过中热水泥的金沙水泥、广安腾辉（拉法基瑞安）等老品牌以湿法技术积累的中热水泥品牌光环，不会再成为"核心卖点"，中热水泥迷恋老品牌的时代正式宣告结束。

（4）该事件标志着四川水泥行业新生代品牌的崛起，四川水泥行业从此真正进入群雄并起的"战国"时代。

## 5  峨胜水泥带给我们的营销管理启示

1986 年 12 月 31 日，峨胜年产能为 2 万吨，技术形态为立窑，品牌影响力几乎为零；到了 2008 年 12 月 31 日，峨胜年产能为 530 万吨，技术形态为新型干法旋窑，品牌影响力为四川响亮、全国行业有所影响；22 年间峨胜水泥产能增长 265 倍。

峨胜水泥的成功崛起，依靠的是什么？

我想起"挖井"的管理学案例，即"专注一点、不断深掘、直至见水"的理念。在四川，同样"专注"的案例，川威水泥板块也算一个。川威集团在 2001 年通过收购当时为立窑企业、产能仅有 30 万吨的重龙水泥股份而进入水泥行业，历经 7 年的历练，如今产能已经达到 350 万吨，还有两个建设项目将在 2009 年 5 月份前后投产，届时产能将会达到 630 万吨。

"专注"，就是我们对峨胜水泥成功走到今天的哲学性概括！因此，在"做大做强"和"做专做强"的两种理念面前，我们更认同"专注"！只有"专注"才能避免"折腾"。

四川水泥行业正在进入群雄并起的时代，领先者不要骄傲、落后者不要气馁，我们期待真正的代表本土水泥品牌的强者出现。

### 思考与讨论

1. 如何才能从销售战略层面去把握市场机会与销售机会的联动关系？
2. 为了把握一项重要的销售机会，你认为企业、尤其是销售部门应该着手做好哪些准备工作？

# 工业品销售投标策略：
# 以水泥产品投标为例

## 刘德昌

**摘　要**　随着我国市场经济的逐步完善，招投标管理将会成为大宗物资采购的主要采购方式。事实上，在水泥企业的销售工作中，大量的销售机会已经是来自于招投标项目。制定适合投标的销售策略，对于一个企业参加招投标而言，具有重要的意义。

**关键词**　工业品销售　招投标策略

## 引言

随着我国市场经济的逐步完善，招投标管理将会成为大宗物资采购的主要采购方式。事实上，在水泥企业的销售工作中，大量的销售机会已经是来自于招投标项目。比如政府工程、大中型水电项目工程、公路建设工程、市政建设工程、大中型房地产商的商品房开发工程。这些建设工程项目在水泥采购的管理上，绝大多数都已经选择了招投标的采购模式。过去那种一个人或者材料采购部门几个人说了算数的采购模式，已经成为历史——至少从公开的层面成为历史。

在招投标项目中，尽管招标机构给水泥企业的销售管理者提供了一致的公开信息——招标说明书。但是，招标的结果一般只有一家或两家水泥企业"中标"成为供应商。那么，面对主要信息公开化程度很高和竞争对手的增加，我们如何才能在投标中成功胜出而成为供应商呢？

## 1　两种销售活动类型的评价

分析水泥企业销售管理部门面对上述项目的销售活动方法，一般分为

"主动型"和"被动型"两大类别。

"主动型"销售活动，是指水泥企业的销售活动，开始于项目跟踪、建立有利于销售的人际关系、参加投标、中标（出局）的销售活动过程。"被动型"销售活动，是指水泥企业的销售活动，开始于获得招投标信息、参加投标、中标（出局）的销售活动过程。

从销售活动的过程管理的角度来看，"主动型"销售活动的"可控性"比较强，销售人员和管理者对某个项目的销售"进展情况"比较了解。但是，并不代表一定会胜出。而"被动型"销售活动的"可控性"较弱，但是，并不代表一定就会出局。

案例1：利用价格利器，实施致命一击

2003年，某军区采购部门就水泥采购问题向目标供应商发出招标采购邀请。金高公司是该采购部门的长期合作伙伴，双方人际关系良好，售后服务得到客户的一致好评。而拉法公司作为该区域市场的一个新型水泥企业，与该采购部门的人际关系甚微，不得不以"被动型"的销售活动方式参与投标。招投标的结果是拉法公司以每吨水泥低于金高公司25元人民币的价格获得7万吨的水泥供应合同。

案例评价：人际关系的好坏很重要，但是难以"数据化"，更难以抵挡每吨"25元"的"狂轰滥炸"，结果就可想而知了。

那么，是不是说"主动型"销售活动在招投标工作中就失去了意义呢？答案当然是否定的。我们提倡"主动型"销售活动，把握销售的主动权。

## 2　建立优良的厂商关系，在良性互动中把握"客户价值"

在水泥企业的销售区间以内，要获得大中型建设项目的信息是比较简单的，如通过新闻报道、规划设计部门、建设类网站、招投标类网站等途径均可获得相关信息。对于我们销售管理者和销售业务的执行者而言，关键的问题在于获得相应的建设项目信息以后，我们的销售活动应该怎么去开展？

### 2.1　找准关键人，与关键意见领袖建立良好的人际关系

找到关键人是成功销售的第一步，是必不可少的。在关键人的分类中，绳鹏在《销售行为学》中把关键人分为"资源类关键人"和"产品

类关键人"两大类,即掌管财权的关键人和掌管产品使用的关键人。

在大中型建设项目如大型桥梁、水电站大坝、隧道等项目的建设中,"产品类关键人"的重要程度,一般要大于"资源类关键人";而在普通的建设项目中,"资源类关键人"的重要程度要大于至少等于"产品类关键人"。因此,在招投标中,我们要对此进行分析,正确把握寻找关键人的方向,以免贻误战机,让竞争对手先于我们寻找到更有价值的关键人并建立更好的合作关系。

如果是以"产品类关键人"为主的项目销售中,采购部门的管理者、管理采购部门的管理者、分管老总、项目常务副指挥长、指挥长(董事长)等,都是关键人;此外,在特大型水电站大坝、隧道、特大型桥梁等项目中,项目的设计专家、混凝土专家这一类关键人的寻找也很重要,有时候这一类专家的意见甚至会直接影响到投标结果。

销售人员和销售管理者的任务是,找出客户中影响销售结果的关键人,然后根据各个关键人之间影响力的大小进行排序,并按照先后顺序展开销售工作。

### 2.2  通过互动来把握"客户价值"

找到关键人之后的工作是,如何与关键人进行有效沟通,并通过沟通来获得不同关键人的 VOC(Views on Criteria,选择标准看法),尤其是要通过交流、互动来获得关键意见领袖的 VOC,从而把握准销售的方向。

大中型水泥企业客户的"客户价值",可以从以下几个大的类型来进行归类总结,并补充各个客户的"个性化价值"。

(1)价格至上类"客户价值"。

这一类客户对价格敏感,意在尽力降低建设成本,主要集中在普通房地产开发、普通公路建设、中小型水电站建设、商混公司等客户之中,尤其是私人企业主类客户。他们对水泥质量要求的底线就是"国标",别无他求。因此,价格问题——一个主要影响预算的问题,就会成为"客户价值"的首要问题。

(2)技术至上类"客户价值"

这一类客户对技术敏感,意在尽力降低"百年大计"项目的事故风险,主要集中在大型/特大型水电站大坝、大型隧道、大型/特大型桥梁、机场建设等项目上。客户对于水泥的需求有着特殊要求,如在水泥产品型号上可能要求中热水泥、低热水泥,并进一步提出相应的特殊技术参数指标，比如碱含量、微膨胀指标等。此外，在有特殊地形、特殊地质结构地区的建设项目上，也可能由于技术问题，提出特殊的技术指标要求。

（3）价格、技术并重类"客户价值"

这一类客户对价格敏感，在降低建设成本的目标上不放手的同时，还会提出一些技术上的要求。只不过这些技术上的要求是很多水泥企业都可以达到的。

（4）人际关系至上类"客户价值"

这一类客户对情感敏感，看重个人感情。他们的口号是，在同等质量、同等价格或略高价格的时候，选择关系客户，尤其是选择那些曾经在困难的时候帮助过自己的客户。

此外，我们还需要关注关键人个人的买点和一些隐性买点。凡是能够把客户的整体价值和关键人买点进行有机结合的销售人员和销售管理者，销售成功的几率将会提高很多。

## 2.3 力争获得更多的非公开信息

怎样获得"客户价值"？客户价值除了那些表达在招标书中的具体要点以外，还有很多信息并不公开。而且，基于竞合的利益考虑，客户也不会把自己的所有想法告诉给参加招投标的所有供应商。

因此，获得客户的非公开信息，对于开展招投标策略的制定，是大有好处的。比如，我们已经通过互动沟通获得了客户的 VOC 数据，认知到"客户价值"属于技术至上类。那么，我们从客户那里获得技术专家的信息，并由此有机会与技术专家展开关联活动、一起讨论水泥的技术指标等问题，就远比过多的考虑价格因素要重要得多，因为这些技术专家、设计专家可能不仅是标书的制订者之一，还有可能是主要的评标者！

在目前四川的大型/特大型水电建设中，水电站大坝的设计专家、混凝土专家对中热水泥的看法（VOC），主要有下列观点：他们更多的倾向于湿法生产企业而非新型干法生产企业；他们对供应商/后备供应商进行产品的跟踪时间很长；他们要求供应商必须进行 ISO9000 认证；最好具有微膨胀的相关指标（尽管有水泥企业声称有此指标，但是实践中并没有得到专家认可）；有过去三年的水电站建设实践应用案例；达到该项目提出的特殊技术指标要求。

尽管专家的这些指标有时候也会反映到招标书之中，但是水泥企业要想得到专家的认可绝非简单的几次沟通、声称自己的产品达到了要求就可以算数的。必须拿出权威的检测数据和检测报告，并与专家建立良好的个人关系，才可能得到强有力的支持。如果该专家认同我们，并成为评标人，那么对于我们的销售就大为有利了。

## 3　投标备战，全面集成产品价值

前期的沟通与互动，一切都是为了投标。当客户的招标书发布以后，我们的主要工作就由与关键人的沟通和互动转向标书的制作。

### 3.1　信息分析，分析公开的和非公开的信息

制作标书的首要工作是对我们已知的信息进行分析，其中分析标书的具体要求和标书中没有表述、但是我们已经知道的非公开信息。

信息分析的主要目的是如何进行"趋利避害"，即弘扬优点、弱化不足。同时以此问题的各个要点作为基准，对购买了客户标书的竞争对手进行详细分析，力争做到知己知彼。

### 3.2　制作标书，全面集成产品的价值

制作标书的最低要求是按照客户招标书的各项要求进行响应，不可粗心大意遗漏要点或凭借主观臆测来制作标书。有的企业，在投标过程中由于漏掉了某个项目的报价，或者忘记了某个项目的响应而招致投标失败，给销售工作带来了巨大的损失。

案例2：一份投标保函的价值

2005年某大型水电站客户对下半年的普通水泥进行招标，并根据施工需要分为两个标段一同实施招标。

胜合水泥企业与该客户已经有了长达2年的供应商关系，双方对过去的合作很满意。本次投标，胜合企业的销售管理者和业务人员均表示，一般不会出现"意外"。但是，在客户开标会上，胜合企业只拿出了一个标段的"投标保函"，漏掉了另一个标号的"投标保函"，并因此成为"废标"！

案例3：漏掉一项产品报价的后果

2006年某大型水电站客户对次年的普通水泥进行招标，并根据施工需要分为不同的产品型号，要求投标人响应（没有特别注明必须响应）。

顶塔公司一直想参与该项目的水泥供应，但是在过去的投标中都未能如愿。因此，顶塔公司的销售管理者怀着志在必得的决心，选择走低价竞

争的策略，在投标中报价主要选项均以最低价参与投标。

在开标会上，客户宣布完顶塔企业的投标书后，大家发现顶塔企业漏报了一项产品的价格，即没有对客户的招标事项进行全部"响应"。尽管顶塔客户事后采取补救措施：补填了漏报的价格（客观上已经过了招投标规定的时限）和提出了业主没有要求必须全面响应的异议，但是仍然被宣布"废标"。

案例评价：不管我们和客户方关键人的关系如何好，也不管我们的价格有多低，如果我们在公开项目上出现"技术失误"，那么这是谁也无法帮助我们的！也是没有人"敢于"出面来与标书要求"作对"的。

在集成产品价值方面，我们必须围绕客户 VOC 认同的买点和卖点，全面集成那些具有兑现性的产品要素。比如，优良的企业运行状态、尤其是良好的财务指标有利于确保企业的供货保障；符合 ISO9000 的质量管理体系，有利于产品质量的系统保障；产品运输方法、尤其是特殊情况下的运输保障方法，以保障企业的正常供货；售后服务的保障措施，要具体到人员名单、地址、仓库、票据结算方法、保险理赔的具体手段等。

### 3.3 补充说明，把标书中无法表述的有利于我方销售的信息做成附件

如果我们通过信息分析，一些有助于获得投标成功的因素——而这些因素对于竞争对手而言是无法提供的或者是其弱项，但是我们却无法在标书中获得表述机会，那么，可以考虑制作一个投标附件，以便影响评标委员会成员的评标态度。

附件资料是否能够获得预期的效果，主要取决于以下几个因素：

（1）客户关键人或关键意见领袖是否愿意把附件提交给评标委员会的专家。

（2）评标委员会的成员是否会受到关键人或关键意见领袖的影响而认真对待我们提交的附件。

（3）我们提交的附件对于客户而言是否真正存在"价值"，并得到关键人/关键意见领袖和评标委员会成员的认同。

（4）附件只能起到"影响"作用，而非起到决定性作用。

## 4　几种投标报价策略的掌控

在影响水泥销售的投标要素中，价格要素是非常重要的一个内容，尤其是技术至上类之外的其他类型客户，价格在投标中所占的权重一般都会很高，大多数都在 50% 以上，个别客户的价格权重达到了 70%！也就是说，价格在有的招投标采购中从客观上已经成为"唯一的"因素，即所谓的"最低价中标制"。因此，研究报价技术，也就成了水泥企业销售管理者必须认真对待的问题。

### 4.1　高价策略

选择高价策略，是大中型品牌水泥企业的一般方法之一。高价策略，主要在下列情况下使用。

（1）我们没有取得该份合同的优势，获得订单的可能性不大，但又不能在本次投标中没有本企业的销售"声音"，那么就可以果断的实施高价策略。实施高价策略的主要目的是展示品牌形象。

（2）我们拥有绝对的优势，在各项销售指标都最好、客户的技术指标要求全面排除了竞争对手的干扰等情况下，果断采取高价策略。

（3）在市场供不应求的销售环境下，采取高价策略。因为，在供不应求的市场环境中，任何竞争对手都不会采取低价的方法来获得投标项目。

### 4.2　低价策略

这是在销售环境处于不利的情况下，所采取的一种"强制介入市场"的方法。低价策略，主要在下列情况下使用。

（1）市场状况不好，企业库存增大乃至出现胀库停产，销售部门必须解决销售库存的燃眉之急，承担着帮助企业"恢复生产"的重任，低价策略就成为必然选择。

（2）与客户关键人之间的关系处于一般状态、关键人主动为我方说话的机会很少的情况下，采取低价策略可以使关键人不便于公开站在竞争对手一方。

（3）客户 VOC 和招标书中的价格权重很高，已经出现了价格"一票否决"的情况下，我们又十分看重这份订单，可以采取低价策略。

（4）客户招标说明书中提出了价格"随行就市"的概念，纳入本次招标的水泥数量比较大、供货周期比较长、这份订单很重要，首选低价策略。因为，低价获得这份订单的目的是取得"合法"供应权，之后可以利用"随行就市"的潜在机制，在正式供应之后，再逐步实现"随行就市"，从而达到既获得订单、又获得"市场价"的目标。

（5）关系到企业形象升级的重大招标项目，而且价格在其中的影响力又不可低估，则要采取低价策略，如本企业首次参加大中型水电站的中热水泥的投标，一旦中标标志着本企业的品牌进入大中型水电站项目工程，不仅有利于品牌形象的建设，更有利于开拓一个新的市场空间。

（6）新企业投产，打开一个新市场的主要手段，就是选择低价策略，这在水泥市场上是屡试不爽的策略。

### 4.3　适度价格策略

这是招投标中采用最多的一种价格策略。即采取一个既有利于中标、又有利于排挤竞争对手、也有利于企业获得恰当利润的一种价格策略。制定适度价格策略，可以从以下几个角度来切入：

（1）利用运输路线、运输成本来确定我们方的运输成本和竞争对手的运输成本。

（2）通过分析竞争对手的产品成本和利润率要求，来判断竞争对手的最低出厂价格。

（3）通过分析市场供求现状，来判断竞争对手对本次投标的"必得"指数，如果"必得"指数越高，竞争对手的出价就越低，反之亦然。

（4）依据本企业的销售情况，来评估本次投标对于销售工作的重要程度，并评估"必得"指数，指数越高，价格就越低，反之亦然。

（5）分析"同等条件"竞争对手的价格情况，尤其是这类竞争对手的一贯行为特征，并根据市场供求关系、企业销售现状分析他们的"必得"指数，指数越高，价格就会越低，反之亦然。

总之，在未来的水泥采购中，招投标所占的比重将会越来越高，研讨水泥销售的招投标方法，将会成为水泥企业未来提高水泥销售管理绩效的重要路径之一。因此，我们期待有更多的专家、水泥企业销售的管理者，加入到水泥销售的投标方法的研究中来。

## 思考与讨论

1. 请评价"找对人—说对话—做对事"的商业行为模式。
2. 客户价值的界面层次有哪些?
3. 集成产品价值的工作方向有哪些?

## 参考文献

［1］绳鹏:《销售行为学》,中国社会科学出版社 2005 年 5 月第一版。

［2］刘德昌、古松:《中国水泥企业营销管理》,中国物资出版社 2004 年 4 月第一版。

［3］刘德昌:《中国水泥企业销售管理实务研究》,天地出版社 2006 年 9 月第一版。

# 路易威登在中国市场的销售组合策略

## 魏 庆 刘德昌

**摘 要** 路易威登作为全球奢侈品顶级品牌，已经把中国市场作为一个最重要的市场来开发，并通过一系列的营销策略组合拳，把专卖店开到 26 家之多。总结路易威登中国市场的营销策略，不仅可以观察到国际顶级奢侈品品牌的系统策略，更能为我国奢侈品企业的崛起，提供学习与借鉴的思想依据。

**关键词** 奢侈品 路易威登 营销策略

## 引言

奢侈品的主要产地当属法国，然后是意大利。美国、日本作为世界上排名一二的经济大国，也很难在奢侈品领域打造一片天地，而是成为法国和意大利两个奢侈品王国的消费者。

中国作为发展中的国家，经济总量于 2008 年超过德国而挤入第三名，落后于美国和日本。但是，在奢侈品领域的情况与美国和日本一样，成为奢侈品消费大国而不是奢侈品制造大国。

近年来，中国企业也在尝试进攻奢侈品领域——立足于国内文化与消费方式的领域，取得了一些成绩，其中以白酒为主要特色，诸如 1573 国窖、15 年红花郎、水井坊等，都取得了不错的销售佳绩。但是，对于巨大的奢侈品市场而言，无论是中国企业家还是中国商人，其"染指"的程度都十分肤浅。

为了给国内企业家提供更多的奢侈品市场的营销资讯，我们将通过世界上顶级品牌 LVHM 集团旗下的 LV——路易威登在中国市场的销售组合策略，来观察顶级奢侈品品牌的管理方法与市场策略，或许能给我们提供一些启示。

## 1　路易威登简介

路易威登（Louis Vuitton）的品牌创立于 1854 年，创始人就是路易·威登本人，现隶属于法国专产高级奢华用品的 LVHM（Moet Hennessy Louis Vuitton 莫特·轩尼诗—路易威登）集团。从一个平顶方形旅行箱到今天遍布全球的专卖店，"LOUIS VUITTON"这个世界顶级金牌 LOGO 已经成为时尚之经典。150 多年来，路易威登声誉卓然，在奢侈品行业中保持着无与伦比的持续魅力。其产品品类涵盖箱包、皮具、男女装、饰品等几乎所有的时尚用品，是奢侈品行业最具代表性的品牌之一。

路易威登是以箱包起家，并且将箱包品牌的发展几乎做到了极致。路易威登的品牌理念一直标榜每一款 LV 箱包都秉承了 150 年来其所崇尚的"旅行哲学"——时尚、优质及舒适，而正是这独特的产品内涵使 LV 不但成为箱包中的精品，更"进化"为颇具艺术价值的收藏品，它是一百多年来显赫人士乐于采用的优质行李箱，也是今天全球无数时尚爱好者的梦想。[①]

路易·威登及其继承者的传奇创业故事，给这个品牌打上了神秘的历史文化烙印，赋予了丰富的品牌文化内涵。

1821 年，路易·威登出生于法国东部一个不富裕的木匠家庭，14 岁那年，他谋到了一份专门替法国贵族捆扎运送行李的工作。由于当时的贵族度假时需要出入多种场合，因此行李捆工需具备非常专业的捆扎技术才能将数不胜数的服装及配件稳妥地送达目的地。凭着刻苦的钻研精神，路易·威登不但很快精通了此项业务还学习了箱包制作技术，成为皮具行业中的佼佼者。精湛的手艺和过硬的技术让路易·威登获得了皇室的青睐。1852 年，他获选为法国国王拿破仑二世的爱妻乌捷妮的专任捆工和御用皮革师，这使得路易·威登这个名字在法国的上流社会渐渐为人所熟知。两年后，决心自己创业的路易·威登在巴黎开设了第一家以自己名字命名的旅行皮具店，勇于创新的他不但对笨重的圆顶旅行箱进行了革新，发明了适合轮船运输的平盖行李箱，更推出了适合火车装载的 LV 旅行箱。产品需求量的不断增加使路易·威登意识到所有的生产设备都有扩充的必

---

① 华梅：《21 世纪国际顶级时尚品牌》，中国时代经济出版社 1993 年版。

要，于是他在阿尼艾鲁建立了一个专门制造皮箱的工厂，这座古老的工厂服役至今，堪称皮革界一座活的博物馆。1885年，路易·威登将伦敦开设的第一家海外分店交由长子乔治·威登（Georges Vuitton）管理，乔治不仅让LV产品在英国得以热销，还用多项发明和革新为品牌赢得了更多的赞誉。他独创的棋盘型的格子图案（Damier），让产品的防伪性得以增强，之后他又发明了一种叫"五环"（5—TUMBLER）的防盗锁扣，让LV旅行用品的品质再次得以突破。

1892年，路易·威登去世，由乔治·威登继承家业。那时，LV产品的畅销使仿制品层出不穷，为了杜绝泛滥，他于1896年推出了"花体交织字母缩写体"（Monogram）纹样——啡褐色的帆布上印着花朵、钻石及其父亲名字的缩写"LV"，这独一无二的新纹样随着LV的旅行用品来到了世界各地并为人们所熟知，成为LV品牌沿用至今的标志。从1898年起，路易威登分别在南美洲、亚洲设置代理。1914年，路易·威登当年创建的小店终于成了巴黎香榭丽舍大道70号那家当时全球规模最大的旅行皮具专卖店。第三代传人卡斯顿·威登（Gaston Vuitton）使LV从手工艺这一传统行业逐渐扩展到拥有了现代的产业形式。卡斯顿与当时的欧洲艺术家来往密切，经常邀请他们参与自己的设计过程，汲取艺术家的思想精髓，将自己喜爱并擅长的古典元素转化为经久不衰的时尚经典，路易威登的产品日益走上了"奢华"的道路。

1984年，路易威登在巴黎和纽约的股票市场同时上市，次年成为一家控股公司，并将旅行用品和皮具业务转至旗下附属公司Louis Vuitton Malletier。1987年，路易威登和1743年创立的Moet香槟公司，及诞生于1765年的轩尼诗品牌共同组成法国路易酩轩集团LVHM集团。两年后，法国阿雷诺（Arnault）家族开始掌管这个世界上最大的奢侈品集团。

事实上，150多年的经验不仅缔造了一个传奇品牌，路易威登的经营者们也逐渐培养起独到的眼光和洞察力。1997年，公司董事会决定聘请马克·雅各布（Marc Jacobs）加盟。这看起来有些冒险——马克是"时尚简约主义"的代表，他倡导的设计理念和繁复的贵族式设计风格相距甚远。马克从1998年3月开始实施"从零开始"的极简哲学。例如，在传统Monogram产品上增添小型金属装饰。"威登一直是社会地位的象

征，"马克说，"但现在它变得更加性感而诱人。"① 这个创意仅一年就创
造了至少 3 亿美元的营业额，得到市场经理们的大力拥护——在全球时尚
界，90 年代末开始流行的不再是高贵的皇室风格，而是青春和活力。现
在，法国 LVMH 集团已发展成为全球最大的顶级奢侈品集团，拥有 50 多
个奢侈品品牌，其中包括路易威登、迪奥、芬迪、轩尼诗、纪梵希、倩
碧、娇兰等，产品涉及时装、皮具、香水、化妆品、手表、珠宝和酒类
等。法国 LVMH 集团在 2007 年 2 月 14 日发布的业绩公报显示，尽管日元
和美元疲软，但依靠路易威登品牌产品的旺销和新兴市场购买力的增强，
该集团 2006 年的利润大幅上升。

2008 年金融危机对奢侈品"打击"不小，全球的奢侈品品牌都在疯
狂折扣，很多品牌更是出现史无前例的最低促销手段，但是 LV 却没有出
现其中。2008 年由 INTERBRAND 发布的"2008 年领先奢侈品品牌排
名"。对公司的财务、品牌和品牌强度的分析，以相应的评价方法例如收
益现值法，计算出无形资产收益，品牌权益贡献和品牌利润倍数等来统
计。"Louis Vuitton 以 216.02 亿美元的品牌价值位居榜首，领先排在第二
的 GUCCI 130 亿美元。"②

## 2　路易威登进入中国市场的历程与特点

### 2.1　路易威登进入中国市场的历程

作为 1992 年就进入北京王府饭店的世界顶级品牌的先行者，是中国
消费者认知度最高的奢侈品牌之一，通过中国市场为 LVMH 集团贡献了
80% 的利润。

刚进入中国市场时，路易威登最早的落脚点是一些五星级酒店，如北
京的王府井饭店、广州的中国大酒店、上海的波特曼酒店、大连的香格里
拉酒店、成都的喜来登酒店。近几年，路易威登在中国内地的业务正处于
快速增长阶段。2004 年 9 月底，LV 在中国的首家 1500 平方米旗舰店在
上海隆重开张（亚太最大旗舰店）；北京国贸专卖店从 200 平方米扩展到
1200 平方米；2005 年，大连专卖店的面积翻了一倍。至 2008 年底 LV 分

① 任雨：《路易威登：百年行旅未思归》，《世界博览》2006 年第 8 期，第 9 页。
② 《08 年十大奢侈品排行榜 LV 第一》，视界网：http://www.cbg.cn 2008 年 12 月 25 日。

别在 21 个城市开设的店铺数量达 26 家。

路易威登在中国的发展历程如下：

1992 年，第一家专卖店在北京王府饭店开张，不久，6 家专卖店陆续在上海、深圳、广州、大连等 5 个城市的五星级宾馆开张。

2002 年，路易威登庆祝进军中国市场 10 周年，并且与北京著名画家孙川合作创制了《北京旅游随想录》；2004 年，在上海开设大型旗舰店，并正式在中国推出服饰系列。

2004 年 12 月，在香港高调庆祝品牌 150 周年生日。

2005 年，参加由法国精品协会在上海恒隆广场举办的"法国精品展"，带来特别创作的中国红化妆箱。

2005 年 11 月 18 日，一座堪称壮观的路易威登概念店在国贸商城隆重开张了。至此，路易威登在内地的专卖店达到 12 家，分布在北京、上海、广州、大连、深圳、厦门、成都、西安和青岛。

2008 年，7 月份 LV 长沙店开业，10 月份 LV 乌鲁木齐店开业，11 月份在大连的时代广场，又一个 LV 的旗舰店开张。

至此，在中国的专卖店达到 26 家。

## 2.2  路易威登进入中国市场的特点

路易威登作为一个全球顶级的奢侈品品牌，前期进入中国市场不以速度取胜，最早落脚点是一些五星级酒店，称为"强调精确制导的法式奢华"[①]。进入中国市场 13 年，直到 2005 年店面数量仅为 13 家。然而近几年来，路易威登又显示出了抢占中国市场咄咄逼人的势头。到 2008 年年底，店面数量增加到了 26 家，不到 4 年的时间数量增加了一倍，尤其是 2008 年在全球金融海啸背景下，路易威登依然在中国的长沙、乌鲁木齐、大连等二线城市新开了 3 家专卖店。世界奢侈品协会北京代表处负责人欧阳坤对此诠释得更为详细："LV 这些顶级品牌可以把它的盈利放在三四年以后。所谓的二线城市的消费能力更是无须担忧，像山西、温州、浙江和福建等地的人们是很有钱的，超出 LV 的消费能力要求的，这些地方比起北京和上海，缺乏的是人们对于品牌的认知度，需要培养目标人群。"

也就是说，路易威登已由前期进入中国的试探性营销策略转向了全面

---

① 杨明刚：《国际顶级品牌——奢侈品跨国公司在华品牌文化战略》，上海财经大学出版社 2006 年版，第 276 页。

发展的销售策略。

## 3　路易威登在中国市场的销售组合策略

### 3.1　中国奢侈品消费群体及特征描述

据中国品牌策略协会称，中国有 1.75 亿消费者有能力购买各种品牌的奢侈品，占总人口的 13.5%，其中有 1000 万—1300 万人是活跃的奢侈品购买者，选购的产品主要包括手表、皮包、化妆品、时装和珠宝等个人饰品。该协会还表示，这部分群体的年收入为人民币 24 万元，存款在人民币 30 万—50 万元之间。[①] 持续高增长的中国经济，造就了一个迅速成长起来的富裕阶层，他们往往用三五年的时间就完成了西方早期需要几代人的财富积累。

中国的奢侈品消费者大体分为两类。一类是富裕人群，他们喜欢避开人潮，追求个性化服务，经常光顾奢侈品零售商店，购买最新、最流行的产品，一般不会考虑价格问题。第二类是中产人群，特别是白领上班族，其中以外企公司的雇员最为典型，他们会花上一整月的工资购买一件奢侈品。

#### 3.1.1　富裕人群的消费特征及方式

根据麦肯锡的调查分析，目前中国有 3000 万城市家庭年收入在中等以上（户均年收入在 4300 美元以上），这其中又有 120 万户家庭拥有超过 10 万美元以上的存款。又据统计，内地有 10 万多人拥有超过 1000 万元人民币的资产总值。[②] 中国最富裕人士的增长速度堪称世界最快。原国家统计局局长、经济学家邱晓华认为，我国富人主要有七大成因：一是企业推行承包制，一批敢于承担风险的人走上"先富起来"的道路；二是国家落实各项政策而得到一笔补偿资金所惠及的一批人；三是国家鼓励私人经济发展，先"下海"的人；四是 20 世纪 80 年代中后期，国家实行部分生产、生活资料和贷款价格的"双轨制"，特殊群体因此而享用了价差带来的 6000 亿元财富；五是 20 世纪 80 年代末、90 年代初期最早涉足

---

① 新华网，http://www.hn.xinhuanet.com/2005-09/15/。

② 杨明刚：《国际顶级品牌——奢侈品跨国公司在华品牌文化战略》，上海财经大学出版社 2006 年版，第 299 页。

证券市场的投资人和证券从业人群；六是特殊职业者，如影视明星、体育明星、作家等；七是科技技术成果转让获益者。

根据消费者心理与行为理论，富裕人群消费行为既受个性心理影响，又受社会环境的影响。一般富裕群体文化及特点主要是：①积聚巨大财富。②拥有丰厚的收入。对于大多数富人来讲，起初对奢侈品的消费更多的是一种炫耀性消费模式，以此来显示自己的经济实力和社会地位。但现在开始发生了变化，越来越多的富裕人群，在消费时追求精神消费和服务消费，教育、文化、通信、保健、住宅、汽车、旅游等成为消费热点，追求个性化日趋明显。

3.1.2 中产人群消费特点及方式

"中产人群"，顾名思义就是一个国家之中社会某个群落的代名词。"中产人群"作为中国新兴的社会群体，他们必将成为未来中国小康社会的主流人群，他们与 SOHO、TOWNHOUSE、LOFT 等国际流行语紧紧相随，与健康保险、品质住宅、轿车、名牌时装、海外度假等高品位生活相伴，成为前卫生活的风向标。

总体来看，中国中产人群的消费特点与方式主要有：

第一，时尚消费。十分关注国际、港台、国内流行趋势，有选择或部分地跟进。尤其是 35 岁以下的青年中产人群，他们的消费水平总是会略高于收入水平。消费外来产品也是他们流行的一种时尚。

第二，品牌消费。品牌是中产人群消费的身份象征。品牌代表着实力和影响力，这种由品牌认同感带来的安全感是中产人群追求品牌消费的心理动因。

第三，文化消费。由于教育背景的关系，中产人群在文化需求方面有着较高的要求和标准。对于中产人群而言，文化的兼容性和多元性是必需的。如果说时尚潮流是自上层社会开始，那么使之真正形成潮流的，一定是中产人群。

第四，品位消费。在中国，中产人群更为强烈地关注和学习品位。南京大学社会学系的教授和博士研究生组成的"中国社会变迁与中国都市中等收入群体的成长"课题组，在 2004 年 1 月到 6 月为期 6 个月的时间里，通过对北京、上海、广州、南京、武汉 5 大城市的 3000 余户家庭的问卷调查和 100 多位中产人士及相关成员的个案访谈，结果显示，阅读是中产阶层的文化标志。例如，他们经常阅读经济管理题材图书的频度超出非中产阶层 161%。

第五，体验消费。中产人群明白自己最宝贵的需求是"合理使用时间"，包括独处、与家人以及朋友们一起度过的所有时间。他们开始把消费感受作为能够从生活中得到乐趣的一种方式。他们追求自由自在的生活，渴望体验一种酷的感觉。

第六，休闲消费与享受型消费。中产人群喜欢的休闲活动也同样是倾向于高社交性、低风险的活动，当然具有所谓高雅的情趣也是不可少的。

### 3.2　路易威登的目标市场选择与产品组合策略

对进军中国市场，大多数奢侈品跨国集团都将其视为一项长期投资，作为世界排名首位的奢侈品集团 LVMH 公司旗下的主打品牌，路易威登必然对其目标市场的选择慎之又慎。路易威登通过对中国奢侈品消费者的研究发现，中国奢侈品消费者的平均年龄在 20—40 岁之间，而不像大多数欧美国家仅仅属于上流社会。因此，路易威登将其目标市场同时锁定在"富裕人群"和"中产人群"，特别是后一类群体中包含的时尚类人群。

针对富裕人群，路易威登更多的沿用其在欧美国家所使用的传统销售方式，即提供与全球同步的最新单品，并推出限量版产品，为 VIP 客户提供各项顶级服务，并通过倾力打造品牌文化的方法，来提升路易威登目标客户的"品牌自豪度"。

为此，路易威登公司制定了一个稳固的市场营销战略，即一方面对市场、公共关系和零售网络进行管理的同时，随时注意路易威登品牌形象的提升与销售店面扩充两项任务的平衡工作。路易威登在 2004 年的圣诞节期间，在中国开展了一项更为个性化的定制服务，推出了独特的烫字服务，以往只有 VIP 的贵宾才拥有此特权。此次免费定做烫字的服务，使客人品牌皮具上的英文字，变成独一无二、完全属于自己的 LV 皮具。这一举措无疑是路易威登为客户提供的度身定制的全新服务体验。

路易威登在中国市场的定位延续了其一贯的原则：即高贵奢侈。通过一系列强有力的宣传和推广使消费者熟悉路易威登的品牌历史，在消费者心目中树立路易威登的"贵族形象"。

面对另一个奢侈品消费群体，路易威登将更多的精力集中在了中产人群中的一部分，即时尚类人群。针对这些年轻的热爱时尚的消费者，路易威登开始向这类消费者提供了相应的创新服务：在中国提供较小且不太昂贵的商品策略。这一举措体现的"可得到的奢侈品"或"价值导向奢侈品"的主要目标在于吸引年轻的新会员。

### 3.3 路易威登的价格组合策略

奢侈品的定价，一般不会考虑制造成本因素。沃夫冈拉茨勒在《奢侈带来富足》中这样描述：奢侈品的制造商并不是可以不考虑费用，但费用不应该是最关键的因素，奢侈品的营销颠覆了"4C"理论，没有过分关注产品制造过程中的成本因素，奢侈品制造商将可以传递给消费者的东西全部传递给消费者，并在最大限度上形成了消费者满意，从而保证其高价策略得以持续支撑其高利润。

路易威登坚持其昂贵的定价，并且充分体现了奢侈品的定价与金钱是无关的。对于富裕人群这类消费者，负担得起他们看重的任何商品，路易威登将那些传统的产品系列引入中国市场，价格甚至比欧洲市场还要高，因为路易威登深信在这类消费群体中，"当谈及奢侈品的价格时，它指的不是金钱，而是内涵"。[①] 另一方面，针对时尚类人群，由于当季商品的数量及范围不断增加，每一季奢侈品的货架期都相应缩短了，面对各类奢侈品品牌推出时尚商品的频率越来越高，数量也越来越多的现状，路易威登在中国提供较小且不太昂贵的商品策略。路易威登这一举措体现的"可得到的奢侈品"或"价值导向奢侈品"的主要目标在于吸引年轻的新会员。[②]

通过上述的价格组合策略，将稳定原有的传统市场以及培育未来市场相结合，使路易威登将"永不打折"的理念坚持下去，并通过常规的传播手段，让顾客在潜移默化中接受路易威登，理解路易威登品牌的内涵，达到"奢侈品牌"高端的定位对消费者进行暗示和联想。

### 3.4 路易威登的渠道组合策略

#### 3.4.1 传统渠道策略为主

奢侈品销售的渠道非常重要，否则会影响顾客对这一品牌形象的判断。奢侈品20世纪90年代初进入中国时的分销渠道一般是通过代理商开设专卖店或进入顶级商场的方式建立，国际一线品牌进入中国的最早落脚点是一些五星级酒店，这里的顾客消费比较高端，可以保证市场环境的可

---

① 帕米拉·N. 丹席格：《流金时代——奢侈品的大众化营销策略》，上海财经大学出版社2007年版，第240页。

② 杨浩：《国际奢侈品在中国的营销策略及启示》，《商业研究》2008年第2期。

靠性。路易威登同样也是以一些五星级酒店为开端来打开中国市场的。

路易威登进入中国市场的前期,其渠道策略就是保持对市场的有限覆盖,从不在渠道中提供大量的产品以供消费者选择,在有限的前提下,则尽可能地要求完成对目标市场的有效覆盖。在这种策略思想指导下,渠道结构追求重点覆盖,把精力集中于少量对高质量服务有特别需求的网点。对于增加零售网点,进入新市场的考察非常详尽,决策周期也比较长,保证渠道价值链上每个环节都有高利润产生,以便维持奢侈品高贵形象所需的高额市场费用。

路易威登从 1992 年进入中国开始,没有采取传统的代理商模式,而是采取专卖店的唯一销售渠道模式。而且在专卖店建设中,按部就班从来不因其他品牌的压力而去开店。在 2005 年以前,路易威登负责人曾说过,"如果开店速度过快,你就没有时间和精力回顾已有的专卖店了,它们的经营状况是否很好,是否还有需要改善的地方。"路易威登现在在上海恒隆广场的全球店其实就是回顾的结果,大连、成都、北京店已经开设好多年了,他们还是在不停地关注与回顾。

路易威登不仅在中国消费力较强的大城市开设专卖店,还将它的触角伸向西部城市并取得了巨大的成功。继在四川成功开设了两家专卖店后,路易威登又策划了在昆明开店。秉承了一贯的大牌风范,对昆明新店选址达到了近乎苛刻的地步,多次而又全面地考察了即将落户的昆明金格中心的环境、服务和经营理念,还将昆明所有的高消费场所都考察了一遍,直到所有指标都达到要求后才决定来昆明开店。2006 年 2 月 13 日,昆明专卖店于金格中心隆重开业,成为在中国开设的第 15 家专卖店。

但是,2005 年以后,路易威登在中国的开店速度一改沉稳的风格,开始突飞猛进,到 2008 年底为止,专卖店数量增加到了 26 家,不到四年的时间数量增加了一倍。渠道策略的明显变化,体现了路易威登已经开始迅速抢占市场的新的渠道策略。

3.4.2　网络渠道策略集中于品牌传播

并不是只有在专卖店才能买到奢侈品,事实上,已经有越来越多的客户通过网络进行奢侈品咨询,电子商务正成为奢侈品销售的一种新模式。①

---

① 《南方日报》2008 年 8 月 23 日。

2006年路易威登（Louis Vuitton）在美国进行在线销售，开启了网络营销的大门。但是，路易威登在中国的网络工具则主要用于品牌宣传，并没有开展网络销售。从路易威登官方网站的几次细微变化，我们能看出LV在中国市场的上升态势。1997年，路易威登首次开设正式官方网站时，设置了最初的中文网页，这时是路易威登进入中国内地的第五个年头。四年后，路易威登又设立一个有英语、法语、日语和繁体中文四种不同的语言版本的新网站。在中文版的网页中增添了"大中华焦点"栏目，主要涵盖路易威登在香港地区、中国台湾和内地的动向。路易威登中国董事总经理施安德先生承认说："这的确是因为路易威登的中国消费者尤其是中国内地消费者数量增长而设立的。"长期以来，路易威登一直在增加更贴近内地市场的网站内容。

### 3.5 路易威登的促销组合策略

很多奢侈品的从业者认为，促销就是短期的激励活动，目的是鼓励购买。因而在奢侈品行业，长期以来对促销策略的使用一直都是"嗤之以鼻"。但是路易威登作为世界顶级奢侈品品牌，不仅重视促销组合策略，其促销策略更是独具特色，值得关注。

#### 3.5.1 公共关系策略

奢侈品的营销遵循"公关第一，广告第二"的原则。奢侈品品牌更多的是靠口碑相传，而口碑传播则要靠公关手段来完成。比如举行上市酒会、客户聚会，或者采取商务营销，让口碑这种可信度高的宣传策略成为奢侈品品牌营销的润滑剂和助推剂。路易威登对公共关系策略的理解和实施，充分展示了其"奢侈"的品质特征。

路易威登于1992年进入中国市场时，还比较"低调"。但是，到了1998年，终于开始了大规模的、卓有成效的公共关系策略，为中国市场的品牌公关行业奉献了许多经典案例。

经典案例之一：路易威登1998年的老爷车中国之行。

路易威登老爷车中国之旅于1998年5月23—30日首次举办，这个公关活动充分反映路易威登对中国市场的浓厚兴趣。50辆老爷车由大连出发，历经5天时间到达终点站北京，而后参赛的老爷车在中国多个独特而又伟大的建筑物前进行展览。这一活动在中国体育界还从未有过，引起了公众极大的关注，巧妙地将路易威登品牌旅行箱包的高贵和雅致传达给了中国老百姓，随之而来的是抢购热潮。这正是路易威登巧妙的整合社会资源，通过整合关注度高的社会资源，品牌就得以接触不断壮大的受众。文化、运动和音乐具有普遍的吸引力，是首选的公关资源关联对象，而且关注者逐年增加。

经典案例之二：积极参与中法文化年活动。

2004 年 10 月开始在中国举办的法国文化年在国内掀起了一阵强烈的法兰西风潮。LV 在此次中法文化年的重要项目——法国印象派画展上，特地在美术馆辟出了一角专门展示 LV 的历史珍品，这个展区吸引的人群一点儿也不比莫奈和塞尚的画作来得少。并且在该画展期间，LV 还举办了一次邀请贵宾晚上单独观展的活动，只有 100 个左右的名字被列在了邀请的名单上，这些贵宾大多是品牌的大客户和时尚圈中人。这种特殊待遇带给人的就是所要营造奢侈的感觉。乘着两国之间的友谊年之风，LV 做了一次成功的公关战役，将自己的品牌和法国这个具有浪漫气质的国度紧紧地联系在一起。

在利用传媒进行公关工作方面，路易威登同样做的可圈可点。

2005 年 11 月 18 日在北京中国大饭店，为了表示对将在上海举行的 2007 年世界特殊奥林匹克运动会的大力支持，路易威登决定将其北京旗舰店开业当天的部分营业收入捐赠给 2007（上海）世界特殊奥林匹克运动会筹备中心。在举行的捐赠仪式上，中国著名电影导演张艺谋代表路易威登向"2007 年世界特殊奥林匹克运动会爱心大使"刘翔和特奥运动员代表递交了捐款承诺书。路易威登选择在这个具有特殊意义的日子里进行如此善举，充分表明了 2007 年世界特殊奥林匹克运动会已得到在中国的国际顶尖品牌公司的广泛关注和积极支持。路易威登的捐赠行为不仅会在其公司发展史册上留下永久的记载，而且也将在特奥历史上留下难忘的一笔。

制造话题进行炒作，同样是路易威登常用的一个公关手段。

2006 年 4 月 18 日，路易威登公司赢得了围剿"秀水街"之战的司法胜利。当天，北京市高级人民法院终审认定：北京秀水市场为售假提供了便利，判决秀水市场和商户共同赔偿法国路易威登公司 2 万元，并立即停止侵权。就在此前一天，即 2006 年 4 月 17 日，发起本次诉讼之一的法国路易威登公司还赢得了另一场"打假"官司：北京市第二中级人民法院一审判令北京朝阳门购物商场有限公司赔偿路易威登公司 15 万元，理由是该商场售卖假冒"路易威登"品牌箱包。几乎在同时，上海也审理了一起超市售假"路易威登"遭起诉的案件。4月18日，路易威登公司诉上海家乐福销售假"路易威登"手提包案在上海二中院开庭，路易威登公司认为超市方严重侵犯了自己的商标专用权，对其商誉造成了严重损害，要求对方立即停止侵权，并赔偿50万元人民币，同时承担律师费及调查费等共计11万余元费用。法院于4月20日一审判决，被告停止侵权行为并赔偿原告30万元人民币。路易威登通过一系列打假案的胜诉引起媒体的全面炒作，一个普通的公关话题迅速成为大众流行的话题，进而捍卫了路易威登高贵的血统，并且进一步提升了该品牌的影响力。吸引公众与媒体参与讨论制造话题，吸引公众与媒体参与讨论，这是传播品牌及与消费者建立情感联系的便利途径，被路易威登运用的十分熟练，但是从长远的发展来看，是否符合路易威登的整体营销战略，还有待于时间的考证。

此外，路易威登在中国市场举行的较为大型的公关活动还有：2002年，路易威登庆祝进军中国市场10周年，并且与北京著名画家孙川合作创制了《北京旅游随想录》；2004年，在上海开设大型旗舰店，并正式在中国推出服饰系列；2004年12月，在香港高调庆祝品牌150周年生日；2005年，参加由法国精品协会在上海恒隆广场举办的"法国精品展"，带来特别创作的中国红化妆箱。

### 3.5.2 广告策略

在奢侈品广告策略的运用方面，路易威登是敢于先行者。1880年，当时的法国报界尽力诱惑商人打广告，但商人们并不认可广告带来的效益，可是路易威登却在50家报刊不断地做广告，成了新闻媒体的焦点，报刊不遗余力的推荐LV品牌，使得路易威登的知名度大大提高。

奢侈品的店面橱窗是其又一个广告平台。路易威登正是利用橱窗作为广告展示平台的创新者，1875年，路易威登的店面设置了华丽的橱窗，里面摆满行李箱。① 当时，整个巴黎都几乎被它被吸引了，在它的橱窗前，王室、贵族、政客、富豪等上流人物经常在此驻足，他们都是来欣赏当时的时尚。路易威登在巴黎的旗舰店，如同一座艺术博物馆，已经成为巴黎时尚的丰碑，是巴黎最迷人的旅游景观之一。

路易威登于1992年进入中国时，就在《北京晚报》上做了整版的广

---

① 王晶：《新奢侈品广告策略研究》，《山西财经大学学报》2006年第1期，第5页。

告，宣告了其在中国进行广告宣传的开始。在路易威登看来，奢侈品广告投放中的一个关键因素就是要精确制导，找对找准自己的广告投放媒体和投放形式。精确成为路易威登运用广告策略的原则之一。到目前为止，路易威登的广告仍然秉承传统，集中于《时尚》、《嘉人》等时尚类精品杂志期刊。

从 2005 年开始，电视媒体也开始进入奢侈品广告的投放阵营。诸多奢侈品牌如，迪奥、夏奈尔、马爹利、芝华士等已经开始尝试电视广告。2008 年 3 月 15 日，路易威登在中国的上海及北京开始了它的首次电视广告之旅。广告首放在上海文广新闻传媒的五个频道，即新闻综合、第一财经、生活时尚、纪实和外语频道，同时落地在北京电视台财经频道。2008年"生命本身就是一场旅行"的广告片则以 13 种语言，在全球一些经过苛刻选择的影院、有线电视和卫星频道播出。梦幻似的画面，唯美的音乐和饶有深意的广告词都是此次广告的一大看点。

### 3.5.3　人员推广策略

奢侈品行业中的人员推广是促销策略实施的关键点。路易威登在店内的销售，始终倡导的是一对一的服务，任何顾客进入专卖店中都会受到一位服务人员的专门接待，当顾客进入店堂后，从咨询、看样品目录、介绍价格、购物、开票、交款、包装、取货，直到把顾客送出大门外，自始至终都是由同一名员工陪同服务的。路易威登要给顾客的是最贴心和高附加值的奢侈品终端体验。

## 4　路易威登在中国市场的销售创新策略

路易威登在中国市场的营销创新亮点主要表现在"精确控制"上，有学者将其总结为"路易威登：精确制导的法式奢华"。路易威登的精确控制主要体现在销售上，分为渠道开发、销售团队打造、客户关系管理三个方面。

### 4.1　渠道开发

路易威登作为一个全球顶级的奢侈品品牌，前期进入中国市场不以速度取胜，进入中国市场 13 年才打造店面 13 家；专卖店的最早落脚点是一些五星级酒店，如北京的王府饭店、广州的中国大酒店等。这些地方的客人比较高端，可以保证市场环境的正确性，精确控制的管理理念在这里得到了充分的体现。

路易威登在上海恒隆广场的全球店，更是精确控制的具体表现。原来在上海商城，也就是波特曼酒店下面的店面经营状况非常好，但是后来旁边的更具有"奢侈环境"的恒隆开业，路易威登也就顺理成章地移到了恒隆。

### 4.2 销售服务团队的打造

打造优秀的服务团队，也是路易威登营销管理的重点。针对中国招聘的普通管理培训生制订了历时 3 年的培训计划，并为员工提供了职业规划：即专卖店店员—高级专卖店店员—专卖店主管。在路易威登，新员工会接受一套关于公司历史和文化的培训，公司内部也传承着一套老员工帮助新员工的文化氛围。对于新进的员工，经理会把他的经验、知识传授给新人，为新员工创造学习的环境，鼓励他去实现自己的目标。公司每年都会组织面谈，去发现员工的培训需求。

为了保证每个店的销售质量，路易威登会把所有的销售员工送到巴黎参加培训，让他们了解品牌的历史和文化。员工到了巴黎之后，还可以给当地的销售人员讲中国的文化、中国人的消费习惯，因为巴黎的专卖店也是无数中国游客光顾的地方。

### 4.3 客户关系管理

路易威登先进的顾客关系管理系统原型就是"购物者档案簿"，由第五代传人——帕特里克·威登创立。购物者档案簿把每一位购物者的个人资料登记归档，以便能更有针对性的做好售后服务，从而开创了路易威登"个性化产销服务"先例。这种售后服务理念在路易威登公司延续至今，现在路易威登公司已经建立了一套先进的跨国的 CRM 管理系统并已经在中国市场顺利运行。

一个完整有效的客户关系管理数据系统，帮助路易威登充分的了解不同地区的市场，并与客户建立紧密的联系。通过深入挖掘过去的销售数据，能够掌握客户的偏好并评估潜在需求：今天购买小件商品的客户，明天就可能购买其他更高价值的商品。

在中国推广这种跨国的 CRM 方式，对于如何解决消费者对个人信息的保留的问题，是该客户信息管理方式真正实施并发挥作用的关键。路易威登在日本市场的做法是：LV 的手袋在日本十分畅销，几乎每位女士都有一只，高端消费者对此产生了不满，日本路易威登及时发行了制作精致的 VIP 会员卡，提供 VIP 独有的特色服务、创新服务、增值服务，路易威登 VIP 会员又一次成为时尚先锋，VIP 会员俱乐部的成功运作使路易威登的高端消费者品牌忠诚度大大提高，同时又再一次地刺激了原本的消费人群继续购买以获取尊贵的 VIP 会员的资格。

## 5  路易威登在中国市场销售组合策略的研究结论与启示

通过对路易威登针对中国奢侈品市场制定的销售组合策略的分析，主要在以下几个方面值得中国奢侈品行业借鉴。

（1）不变的卓越品质

具有卓越的品质是奢侈品的基本特征，对产品质量"极其苛刻"的关注是路易威登作为奢侈品品牌制定其营销战略和实施营销策略的基础。

（2）具有历史文化背景的品牌文化

路易威登品牌文化经历了 150 年的历史积累，很多奢侈品品牌的文化积累时间也很长。因此，我们需要关注的问题是，如何减少急于求成的浮躁，采用时间换空间的经营哲学，来培养自己的奢侈品品牌。

（3）善于发现和培养新市场

路易威登进入中国初期，将自己的目标市场锁定在富裕人群和时尚类人群，特别是针对后者，路易威登以"可得到的奢侈品"或"价值导向奢侈品"为主要目标在于吸引这类年轻的新会员。作为奢侈品行业的领军品牌，开拓和培养新市场是路易威登必须在营销策略中时刻考虑和体现的关键点。

（4）充分发挥公关作用

奢侈品营销手段的运用要遵循"公关第一，广告第二"的原则。靠广告在短时间内是轰炸不出奢侈品品牌的，更多的是要依靠使用者的口碑相传。而口碑的传播更多要依靠公关手段来完成。让口碑这种可信度最高的宣传方式成为奢侈品品牌的助推剂。路易威登在中国的发展路径同样秉承了这一原则，利用多项事件营销，提高了该品牌在中国市场的品牌知名度。

（5）强化品牌体验营销

追求物质生活向追求新消费体验转变的过程中，奢侈品消费者表达了他们自我实现的需求。奢侈品品牌体验营销是奢侈品营销的发展趋势，有利于强化顾客与品牌关系。体验营销渗透在营销的整个过程中，品牌体验的质量直接影响顾客与品牌的关系。路易威登为了充分发挥品牌体验的作用，一方面通过多种营销策略吸引顾客参与；另一方面对工作人员进行相应的培训使其为顾客的服务更加到位，让顾客在精心设计的场景中，充分体验路易威登带给自己的奢华感受，特别是中国市场，将其一贯的"旅游文化"在不经意中传递给顾客，使顾客真切的感受路易威登带来的享受和快乐。

（6）打造专业团队

成就一个奢侈品品牌一定要有一支专业化的团队，这包括专业技术队伍和品牌管理团队。路易威登本身就拥有这样一支对奢侈品品牌有足够的认识和经验，同时还能够对自己的品牌和市场特点进行不断的优化和提升的团队，这是任何营销战略和策略正确实施的保障。

作为奢侈品行业的领导者，路易威登的发展必定受到整个奢侈品行业的关注，它的各项营销举措对我国本土奢侈品品牌的创建和发展都具有参考价值，当然我们不能一直停留在模仿阶段。对于中国奢侈品市场，路易威登也一直是在探索中前进，中国的奢侈品品牌更应该充分发挥对本土市场较为了解的优势，结合路易威登等传统奢侈品品牌的成功营销经验，在中国这个新兴且具有较大潜力的市场中得到长足的发展。

## 思考与讨论

1. 消费者在购买和消费奢侈品的时候，消费者更看重产品本身还是产品本身以外的东西？

2. 中国奢侈品品牌举例。

3. 你认为中国奢侈品品牌的发展模式可以复制欧洲的奢侈品品牌发展模式吗？有何建设性的建议？

## 参考文献

［1］吉尔·利波维茨基、埃丽亚特·胡:《永恒的奢侈》，中国人民大学出版社2007年版。

［2］杨明刚:《国际顶级品牌——奢侈品跨国公司在华品牌文化战略》，上海财

经大学出版社 2006 年版。

　　［3］［美］帕米拉·N. 丹席格著，宋亦平译：《流金时代——奢侈品的大众化营销策略》，上海财经大学出版社 2007 年版。

　　［4］［法］米歇尔·舍瓦利耶、热拉尔德·马扎罗夫著，卢晓译：《奢侈品品牌管理》，上海人民出版社 2008 年版。

　　［5］关澜：《名品盛宴》，中国长安出版社 2005 年版。

　　［6］华梅：《21 世纪国际顶级时尚品牌》，中国时代经济出版社 2008 年版。

　　［7］郜国纬、马维思、谢可可：《名牌传奇》，中国轻工业出版社 2007 年版。

　　［8］［法］博维希尼著，李爽译：《路易·威登——一个品牌的神话》，中信出版社 2006 年版。

# 渠道管理

# 百威的渠道策略

## 冯 旭

**摘 要** 谈到百威啤酒的战绩，人们似乎总是要把其原因归结到广告上面，认为是广告成功地塑造了百威的品牌形象，是广告成功地锁定了一批忠诚的消费群体。但是，殊不知，百威的成功还有一个不可忽视的"秘密武器"，那就是它别具一格的分销系统。本案例就讨论了百威啤酒在中国的渠道策略。

**关键词** 百威啤酒 渠道策略 终端 分销信息系统

## 引言

百威啤酒是世界最大的啤酒酿造商美国安海斯—布希国际公司（简称 AB 公司）的主打品牌。百威啤酒在全美拥有 50% 的市场份额。目前，AB 在百威（武汉）国际啤酒有限公司、青岛啤酒股份有限公司及哈尔滨啤酒集团有限公司中的投资总额已达 14 多亿美元。

## 1 定位高端

百威啤酒定位高档，"高档啤酒的定位使得公司能突破低档啤酒销售半径 100—150 公里的限制"。定位高端不仅意味着竞争对手的锐减，使百威不需要在陌生的市场和价格低廉的地方啤酒拼体力，同时，这也是百威在中国目前的产能情况下的明智之举。百威大瓶每瓶终端价格在人民币 8 元以上，零售价卖到 10 元以上。小瓶装在夜场终端价格同样在 8 元左右，零售价一般都要卖到 30 元以上。可见，每箱百威啤酒的利润十分可观，这也为百威终端促销支持提供了保障。

## 2　终端选择

百威啤酒由于定位高档，因此它只在三类渠道销售：一是档次高的酒吧、夜总会、迪厅；二是星级宾馆、大型酒楼；三是大型超市、百货商场等。这三个渠道正是竞争最为激烈的地方。从 1998 年 9 月起，在进入中国三年后，百威开始针对终端发起了一系列的猛攻：首先，在全国范围内，针对餐饮和夜场，同时更换店面招牌和灯箱。一时之间，大街小巷都出现了印有"百威啤酒"字样和产品图片的招牌；接着，主动向终端免费配送冰箱；第三，向终端缴纳"促销管理费"，百威向终端主动派送促销员，并且该店内每上一名促销员，百威就向终端缴纳数百元乃至上千元的"管理费"。短短三个月，百威在当时拥有办事处的城市里同时大力推行上面三步措施。当时百威的很多举措都属于"业内首创"，对于市场来说，百威的这一系列举措展示出了一个国际知名大品牌的魄力和实力，大大提升了品牌的能见度。2001 年，百威开始推行"买断终端费"买断选定终端的专卖权，在中国啤酒市场，百威是"终端销售权买断"的始作俑者。后来这种方法转变为由经销商出面与终端签订"专卖"，而厂家通过"返利"或者"补贴"的形式，将这部分费用返还经销商。通过这一系列举动：2001 年，百威开始在中国市场实现盈利。2002 年，百威在中国市场实现销量 20 万吨。

## 3　短渠道策略

百威啤酒要求经销商做直销，啤酒由经销商直达终端，中间不能有其他环节，渠道模式为厂家—经销商—终端。目前，百威在全国 53 个城市拥有大约 180 家经销商，这些经销商直接与终端建立联系（档次高的酒吧、夜总会、迪厅、星级宾馆、大型的酒楼和大型的超市、百货商场等），他们和百威在当地的地区办公室或城市办公室的销售经理也是直接联系。在这一过程中，百威在各地办公室的销售经理会配合经销商对零售终端进行销售服务，并为不同零售点提供不同的专业建议。

一般的啤酒酿造商在将它的啤酒送到消费者手上之前，都要经过从厂家到各级经销商等四五层关系，而百威只想保持三层关系即百威厂家、地区经销商和零售商。这样不仅减少了中间分食利润的人数，而且更强的服务力度有助于强化百威的品牌形象。严格地说，说服那些靠货物批发来轻松赚钱的经销商做百威的直销工作是困难的。经销商经常这样质问：搞批发就很赚钱，为什么还要辛辛苦苦地在晚上 12 点以后当餐馆要货时，派人前去送货呢？而百威的回答是当消费品市场发展成熟后，光靠货物批发赚钱、不建立自己的营销网络将会因没有附加值而丧失竞争优势。为百威做直销，表面上看是为百威做事，说到底还是为自己做事。就这样，一些人将信将疑地开始与百威合作，给销售网点逐个送货，并且他们得到百威的当面承诺：如果你做 10 个销售点时就能够得到 10% 的利润，当你做 100 个销售点时，仍然能得到 10% 的利润。经销商们不久后发现，为百威做直销是一件极有甜头的事情。

## 4　经销商选择

百威啤酒挑选经销商十分严格，一般一个地级市只设一个经销商，大的一线城市也只设两三家经销商，经销商实力雄厚并在当地拥有非常好的网络，而且，该经销商只允许销售百威啤酒，不能销售其他啤酒。

百威在中国市场挑选经销商时经过一阵摸索后，将目光对准的是那些缺少啤酒销售经验的经销商们。百威需要一支忠诚的经销队伍，不管他是个体老板也好，国有企业也罢。他们在市场上可以经销各种商品，但在啤酒方面，必须只经销百威而不涉及其他品牌。百威要求经销商做直销，同时必须遵守百威直销的策略。这些在管理方面不断受到百威培训和支持的经销商们的实力随着百威一起成长。

## 5　渠道管理

为了坚守高端形象，百威始终保持着强硬的价格管理——以大瓶百威啤酒为例，出厂价是 8 元，市场零售价在 10 元以上，是一般本土啤酒价格的4—8 倍。为了维持价格的稳定性，百威禁止经销商采取私自降价及跨区销售等行为。

同时，百威经常为经销商提供资源支持和培训指导，并协助经销商开展终端销售。具体说来，就是百威的业务人员是非常少的，一个地级市一般只有一个经销商，同时也只有一个业务员（或者叫客户经理）为经销商提供支持和服务。百威业务员的支持和服务包括广告、礼品支持、促销活动、人员培训、协助经销商进行终端谈判、市场监督等；而经销商则负责具体的终端销售、送货、回款和部分的市场促销费用。

每个季度，百威总部会编制一本《零售渠道陈列广告规范运用手册》，发放到各个渠道商手中。手册中不仅包括全国统一的形象广告招贴式样，还规定了一些必须遵守的原则，比如品牌形象必须统一，不能随意更改。不过，总部不会对各地货架陈列排面的大小、位置的高低、是否在超市中摆放独立货架以及摆放在什么位置等细节做硬性规定。渠道商可以根据当地的品牌竞争、消费习惯等具体情况，和地区办公室协商进行，拥有比较大的自主权。一直以来，百威始终坚持在培训渠道商时通过提供专业的服务，与各地的零售点建立长期关系。首先，"量"的服务。帮助零售点做好销售预测。终端如果经常缺货，消费者自然对其品牌印象降低。因此，百威要求经销商要根据各零售点的实际消费情况，帮助他们做好销售预测，保证合理库存。其次，"质"的服务。百威各地经销商的另一项任务是帮助每个零售点做到"先进先出"。百威要求经销商定期去各零售点的仓库查看酒龄情况，以确保零售点的顾客群总是能及时拿到最新鲜的产品。

终端竞争到今天，促销小姐成了企业终端营销中的关键一环。百威是较早开始向终端派驻促销小姐的啤酒企业，后来很多啤酒企业也纷纷向终端大规模派驻促销员。当时，促销小姐是一种稀有资源，派促销小姐到酒店终端成了啤酒企业对终端的一种奖励方式。通常只有那些人气旺、走货情况好的终端，企业才会指派一至两名促销小姐进店去帮助终端提升啤酒销量。在百威，全国的促销小姐都要接受公司统一规范的培训，包括礼仪、谈吐、应对，甚至服装、化妆等等。销售经理和渠道负责人会对她们进行不定期的在岗巡查，而总部的专职培训人员也会定期飞到各地去，为销售主管们提供指导。

## 6    分销信息系统

其实，在 1997 年以前，啤酒行业在利用信息技术方面一直落后于其他行业。经销商和销售人员每天完成他们早已熟悉的常规工作，手中是一大堆发票和订单，然后晚上他们还得加班将这些数据输入电脑，最后打电话给酿酒商下最后的订单，而且通常是他们自己将这些日常数据在每个月底进行汇总，然后再凭自己的能力去分析市场，看看究竟现在的市场上哪个啤酒品牌最受欢迎。但到了 1997 年，百威首先打破了这一常规，新上任的公司董事长奥古斯特发誓要将百威转变成挖掘消费者形态和特性的行业领头人。这个"第一个吃螃蟹的人"的第一步，就是改变了大多数酿酒商们利用网络试探市场信息的办法。

于是百威公司和一家软件公司合作研制了一个软件，将经销商们的数据收集工作统一化，也简化了他们整合数据的工作。这就是名为"Bud-Net"的全国性的销售智能系统，这一系统对于百威的重要性和机密性绝不亚于中情局的档案对于美国政府的重要性和机密性。百威也开始修改和手下的经销商们的合同，将经销商们必须帮助公司收集市场信息资料这一责任清清楚楚地写进经销合同，要求所有经销商提供关于手下的零售商们是如何分配他们的货架空间给各个啤酒的品牌、哪个品牌拥有最醒目的货架等方面的信息。

BudNet 系统的运转流程如下：

（1）百威的销售代表使用手掌电脑或手提电脑接受新的销售订单，同时采集竞争者的营销动态；

（2）百威的供应商将所有零散的数据归拢整理，每天不间断地传输给百威总公司；

（3）百威的品牌经理们开始分析这些收集来的数据；

（4）百威品牌经理们及时调整策略，同时向各大配销商发出新的行动指令；

（5）配销商们连接到 BudNet，获取最新的情况；

（6）百威的销售人员根据公司和配销商们的建议重新布置产品的摆放并且及时周转商店中的存货。

就是这样一个高度智能化的分销系统，让百威公司可以真正做到按需生产、实时调整等策略，想在竞争者甚至是消费者的前面，从而形成良性循环。

比如，你在一家酒吧购买了一瓶百威淡型啤酒，百威的经销商们就可能已经记录下了你究竟花了多少钱，买的时候啤酒是温的还是冰的，是否有机会在街头买到更便宜的百威啤酒。至于你所购买的啤酒是在哪里酿造的，他们更是了如指掌。

百威就是这样利用这些精细准确的数据和信息随时调整市场策略，制定有针对性的促销推广方案，去满足现今啤酒市场的不同消费群体对啤酒的需求，而且也及时探测到竞争者偏好的走向，及时反馈，迅速反应，创造出极大的竞争优势，在争取市场空间和时间两个方面占尽先机。

那么，如何知道市场上需要百威啤酒的这个"量"是多少呢？渠道体系不仅是百威铺货的通道，而且已成为其获取市场信息的触手。百威将全国主要市场划分为华北、华东、华中、华南四个大的区域，四个区域的百威啤酒的销售拨给 100 余家批发商经营，这 100 余家批发商又直接将货发给将近 1 万家零售商。百威公司散布在这些地区的 40 多家销售分公司和代表处对包括批发商和代理商在内的渠道体系提供支持作用。在中国，早在 2002 年百威就已经为市场渠道里的 100 多家批发商配上了销售管理系统，而百威的管理人员可查到每一天任何一家零售商从批发商手里取货的情况。"我们现在可以掌握每一个零售点每天、每一个包装的销量。比如上海地区的某一家小南国餐厅，它今天进了多少箱百威大瓶、多少箱百威拉罐，都可以立即调出来。"

及早的起步、正确的方式方法加上坚持不懈的努力，给百威带来了骄人的销售成果，从 1997 年百威宣布和信息技术紧密结合那时开始，百威的利润已经连续 21 个季度保持两位数的增长，而他们的主要竞争对手 Coors 和 Miller 则业绩平平，光彩尽失。直到今天，百威仍然是行业中最主要也可以说是唯一的一个高度依赖信息和数据的公司。每一个收银台销售出的啤酒的 Bar Code，尼尔森的消费者数据调查，每一个月百威自己进行的啤酒饮用者调研，这一切都是其庞大的信息系统中的一部分。透过这些纷繁复杂的数据和信息，百威的品牌经理和经销商们充分运用他们的经验和胆识有效地调整推广、广告、促销和置放策略。新产品的推广更是有赖于这一信息系统的支持，例如，他们的另一个品牌的啤酒 Michelob Ultra 这一新产品的成功推广，就是起源于公司对数据的挖掘，他们发现消费者对低热量啤酒的需求在逐步扩大，就加速开发了这一新产品，结果是一炮打响、持久发威，成为公司自百威淡啤以来最成功的新产品。

## 思考与讨论

1. 百威为什么采用短渠道策略，采用该策略有什么优势？
2. 试评述百威的渠道管理。
3. 百威的分销信息系统有什么特点，它在百威营销中发挥了怎样的作用？

## 参考文献

［1］丁莉莉、程业仁：《百威别具一格的分销与营销》，《品牌视点》2006 年第 8 期。

［2］王新业：《百威啤酒的营销密码》，《现代企业文化》2008 年第 5 期。

［3］岳蕾：《百威：走过终端营销的 4 级阶梯》，《新食品》2006 年第 17 期。

［4］李红辉：《大众品牌啤酒学习百威带来大倒退？》，《销售与市场》2005 年第 5 期。

［5］刘超、徐国伟：《百威：马背上的啤酒之五》，《销售与市场》2006 年第 29 期。

［6］顾强：《百威啤酒公司收集和利用信息的经验》，http：//my. kmcenter. org/space. php？ uid＝13&do＝thread&id＝42。

［7］顾洁：《智能化分销：百威啤酒的秘密武器》，《南风窗：新营销》2004 年第 3 期。

# 戴尔电脑的渠道变革

## 冯 旭

**摘 要** 戴尔公司直销模式的精华在于"按需定制",在明确客户需求后迅速作出回应,并向客户直接发货。由于消除了中间商环节,减少了不必要的成本和时间,使得戴尔公司能够腾出更多的精力来理解客户需要。戴尔公司直销模式成就了其全球第一的地位,但2006年戴尔公司丢失了市场第一的位置,2007年戴尔公司开始尝试改革自己的渠道策略。本案例探讨了戴尔的直销模式,并且进一步讨论了戴尔公司未来的渠道策略发展。

**关键词** 戴尔电脑 直销 渠道变革

## 1 公司介绍

戴尔计算机公司是1984年由年仅19岁的迈克尔·戴尔创立的,当时注册资金为1000美元。目前,戴尔公司已成为全球领先的计算机系统直销商,跻身业内主要制造商之列。截至2004年1月28日的过去四个会计季度中,戴尔公司的收益为410亿美元,成为全球第一、而且增长最快的计算机公司。戴尔公司在全球34个国家设有销售办事处,有46000名全球雇员,其产品和服务遍及180个国家和地区。戴尔的成功秘密何在?戴尔公司的每一位员工都会毫不犹豫地告诉你——直销模式。

## 2 戴尔的直销模式

### 2.1 按需定制与直销

戴尔公司直销模式的精华在于"按需定制",在明确客户需求后迅速作出回应,并向客户直接发货。由于消除了中间商环节,减少了不必要的成本和时间，使得戴尔公司能够腾出更多的精力来理解客户需要。戴尔公司的直销模式能以富有竞争力的价位，为每一位消费者定制并提供具有丰富配置的强大系统。通过平均四天一次的库存更新，戴尔公司及时把最新相关技术带给消费者，并通过网络的快速传播性和电子商务的便利，为用户搭起沟通桥梁。

在国内，直销方式越来越受欢迎，戴尔公司为用户提供电话订购一对一咨询服务，帮助用户明确用途，选择最适合机型，并为用户设立详细档案，价格完全公开化，用户购买可通过网站或免费电话下单，产品直接出厂，质量能够得到完全保证。戴尔公司的"客户中心"拥有精通多种语言的技术支持工程师，通过电话解决客户技术问题成功率达 75% 以上，为直销的快捷与便利提供了有力保障。

## 2.2　直销模式的三个阶段

戴尔的直销模式分为以下三个阶段：

第一阶段：订货阶段。在这一阶段，戴尔要接受顾客的订单。顾客可以拨打 800 免费电话叫通戴尔的销售小姐，直接订货。戴尔在中国的 258 个城市设立了 109 条免费电话，顾客只要拨通订购电话，就可以向销售小姐咨询戴尔的产品和服务，也可以对产品功能提出特殊的要求进行定制。一般情况下，销售小姐会安排当地的销售代表与客户联系；在确定客户购买后，会安排付款事宜。

顾客还可以浏览戴尔的网站进行网上订购，只需在戴尔的网站上点击"买一台戴尔"按钮，顾客就可以用电子方式设计定制化的计算机系统并且确定价格；然后点击"购买"按钮，就可以发出订单，并且选择网上支付方式。戴尔在接收到订单的 5 分钟内就可以完成对顾客的数字化确认，顾客在收到确认之后可以在任何时间查看网上订单的状态。

顾客青睐互联网所提供的迅捷、便利、节省和个性化的选择。不但一些销售在网上完成，而且顾客在访问网站之后再打电话联系购买的可能性提高了两倍。戴尔公司声称："我们的远景，就是让所有的顾客在全球范围内能在互联网上实现所有的交易。"

第二阶段：生产阶段。当顾客的订单传送到生产部门后，所需的零部件清单也就自动产生，并将零部件备齐通过传送带送到装配线上。组装人员将零部件组装成计算机，然后用戴尔特制的测试软件进行测试，通过测试的产品送到包装车间，包装后装入相应的卡车运送给顾客。

第三阶段：发运阶段。怎样把产品发送到顾客手中呢？戴尔采用了第三方物流。戴尔与专业的第三方物流公司如大海国际货运、联邦快递、美国联合包裹运送公司签订了代理合同，由这些第三方物流公司负责戴尔产品的运送。在戴尔的厦门制造中心，大海国际货运的车队 24 小时随时待命；在马来西亚的戴尔生产基地，戴尔的工作人员与联邦快递的工作人员同时作业；货物一旦发出，戴尔的网上系统会给顾客发送一个电子邮件予以通知。

### 2.3　直销模式的好处

戴尔直销模式的特点是快速配送、产品定制化、低价格和备受赞誉的顾客服务，这种销售模式给顾客带来的好处是：

（1）顾客在下达订单后 3—5 天内，计算机就可以送货到家。而康柏电脑由于通过经销商销售，完成这个过程需要 35 天。

（2）顾客可以根据自己的特殊需要，定制他们想要的计算机。这种一对一的生产方式和销售方式，最大限度地满足了每一个顾客的需求。

（3）厂家直销的产品不经过中间商层层转卖，所以产品零售价中不包含中间商的销售成本和利润，使顾客在价格上能获得最大优惠。

（4）直销模式使戴尔能直接根据顾客的订单进行生产，所以仓库中几乎没有存货，这就避免了产成品卖不出的风险，进一步降低了经营成本，使戴尔可以用更低的价格去回馈顾客。

（5）这种革命性的直销方式，还能保证顾客不会买到水货。正如戴尔的广告词所说："当你终于把梦寐以求的电脑买到手以后，你想过吗？电脑里的原件可能已经被调包了。从电脑出厂，再经过不知道多少位中间商的手，这些过程谁能控制呢？而畅销全球的戴尔与众不同的免费直销方式就能确保到您手中的戴尔电脑，不经过任何中间商，杜绝了每一个让原件流失的机会，保证原装原件原封不动地到你手中。现在只要你一个电话，就能轻轻松松坐享百分之百的原装优质电脑。别犹豫了，快打戴尔的免费销售热线订购吧！"

正是这种直销模式，使戴尔一度成为全球台式机市场第一品牌。戴尔公司的黄金三原则是"压缩库存、倾听顾客意见和直接销售"。戴尔直销模式的精华在于"按需定制"，在明确客户需求后迅速作出回应，并向客户直接发货。戴尔成本上的竞争力来自三个方面。第一，没有经销商这个中间环节；第二，戴尔全球化的供应链管理；第三，戴尔的精细化管理，使得戴尔的库存保持在4天以内。所以，戴尔在价格上非常有竞争力，而价格这个武器一向是联想公司对付外国PC企业的撒手锏，但是在戴尔这里第一次失效了。戴尔直销模式的另一个厉害之处是：戴尔直接和每个客户打交道，所以掌握着所有客户的资料，从而使戴尔能够最大限度地细化消费者需求，捕捉任何微小的变动，并把消费者的理解体现在产品战略上，从而始终保持对市场的敏感和快速反应能力。

## 3 变革

虽然戴尔在生产和装配、在信息和物流上创新很多，但是惠普在灵动与感觉、在市场与潮流上却更胜一筹，所以从2006年第三季度开始，惠普通过个人消费市场打败了独霸市场多年的戴尔。在将全球第一的位置拱手让给惠普后，业界开始普遍怀疑戴尔的直销模式是否正确。戴尔创始人迈克尔·戴尔重新接任CEO职位后不得不操起"手术刀"，对成就其辉煌的"戴尔模式"进行修正和变革，开始了一系列大刀阔斧的举措，包括裁员，也包括打破戴尔长久以来的直销模式，与渠道合作建立分销体系。这是戴尔公司全球的策略布局，不仅仅是针对中国市场。戴尔在中国市场的分销渠道的建设基本可以分为三个步骤。

第一步：推出体验店。

从2007年年初开始，戴尔开始在国内陆续推出体验店，迄今已发展了数十座城市，建立了十多家戴尔体验中心。这被视为戴尔在国内分销策略的第一步。虽然体验中心不能直接购买戴尔电脑，但是可以实地看看戴尔的样机，工作人员还会给用户提供一些购买意见，更方便用户选购戴尔电脑。

第二步：进入大型连锁卖场。

戴尔的开始建立分销体系的第二步便是从大型连锁卖场开始的。2007年6月10日开始，戴尔电脑在沃尔玛位于美国、加拿大和波多黎各的3000家店铺开始销售，进入零售市场，在国内2007年9月，戴尔与国内最大的消费电子零售商国美电器结为合作伙伴。国美将在超过500家店面里，销售戴尔Inspiron系列家用笔记本电脑与台式电脑。双方合作的其他要点包括：戴尔中国授权国美销售自己的电脑与数码产品；3—5个月内，国美将把销售戴尔产品的店面数量增加到700家左右。国美目前在全国

210 个城市约 950 家店面中的绝大多数都将成为戴尔的出货口；戴尔中国将向国美派驻销售人员；除了现货产品外，戴尔中国与国美还会根据消费者的需求为其定制电脑；国美店中戴尔产品报价将与戴尔中国网站、电话直销宣传册上的报价一样；双方的售后体系会全方位进行对接。目前国美有 500 家店面销售戴尔电脑，预计未来将扩展至 900 家。戴尔此前直营的客户体验中心及网上销售推广商、服务供应商处均只能体验戴尔电脑，不能直接购买。3C 卖场直接与戴尔合作，从戴尔进货；而为数众多的 IT 零售商，则通过神州数码进货。

不同于 IT 卖场的形象店或传统分销渠道，国美在与戴尔的合作中拥有更多自主权，可以选机型、定价格、定库存，甚至哪种机型在什么时间搞促销活动，国美都可以自己决定，"国美更熟悉中国市场的非 IT 消费人群，比如大红色的 M1330 笔记本就是给国美销售的定制机，这来自于国美对'奥运年，中国红'的流行预测。"

不过，在与国美的合作中，戴尔仍要面临一些问题，比如为细分区域市场提供给国美店面的高自由度将考验戴尔的供货渠道、库存管理；另外，国美的每家店仍需至少 1—2 名戴尔促销员，1000 家国美店面就需增加上千名人员成本；此外，即使中国红这样紧俏的电脑，用户在国美下单后仍需 7 天内送货上门，而在国美销售的其他电脑通常都可以即时提货。

在直销模式下，戴尔需要付出的销售成本包括促销广告费用、网络销售系统建设及维护费用、电话销售费用等。通过渠道销售电脑可以省掉大部分促销广告费用及直销费用，但需要将毛利润与渠道商分成。此前戴尔一直宣称其直销模式省去了中间商，可以将最低价的电脑带给用户。戴尔公司副总裁及戴尔大中华区总裁闵易达透露的"国美比直销利润更高"说明，由此可以看到此前戴尔通过直销的成本并不低。

此后，苏宁、宏图三胞等大型连锁机构相继加入。从效果看，戴尔的策略相当成功，宏图三胞、国美、苏宁等大型连锁机构的拓展成果显著，在戴尔销售体系中已经占据了相当重要的位置。

第三步：商业产品合作伙伴计划。

"商业产品合作伙伴计划"可视为戴尔分销的第三步。在渠道新政中，戴尔计划发展三类商用电脑渠道合作伙伴，即系统集成商（IT解决方案提供商）、客户指定的电脑经销商，以及在 IT 卖场针对中小企业客户销售戴尔商用电脑的零售商。通过该计划，戴尔希望能够进一步扩大国内市场覆盖能力，尤其是大中城市以外的其他区域。戴尔公司展示的数据显示，目前在国内戴尔公司未能接触到的地区，大约有580万台电脑产品的需求，戴尔要提升在国内3、4、5级市场的覆盖能力，更好地服务分布广泛的中小企业客户，并提升大企业和行业解决方案的能力。戴尔公司2008年的目标，是覆盖区域由90多座城市提升到1200座城市。除了以上几种举措外，戴尔在厦门、大连以外的地区设立分公司、办事处，以便设立更多的呼叫中心，更快捷方便地为渠道合作伙伴、用户服务。

在戴尔进行渠道变革过程中，"灰色渠道"作用不可小觑。在很多电脑城中随处可见"戴尔专卖店"、"戴尔体验中心"、"戴尔直销"等各种店面，这其中大部分都是所谓的"灰色渠道"。灰色渠道大部分透过戴尔的直销获得产品再转手售出，给戴尔提供了可观的销量。尤其是在下层市场，如偏远的中小城市和乡镇，戴尔传统的先款后货的直销模式难以渗透进去，而新开发的正规渠道又难以在短时间内覆盖得面面俱到，而灰色渠道恰恰填补了这一市场空白。从某种意义上而言，戴尔之所以在终端市场有着充分的曝光，之所以能够如此深入人心，离不开灰色渠道所立下的汗马功劳。事有两面，灰色渠道同时又是阻滞正规渠道业务开展、扰乱戴尔市场秩序的元凶。尽管并没有获得官方认可，但事实上，灰色渠道已经构成了基于直销基础上的分销体系。戴尔施行正规分销之后，两套渠道体系不可避免地会产生各种冲突。价格体系混乱、跨区域窜货等现象不仅使正规渠道颇有微词，连灰色渠道也开始抱怨。

或许正是基于这种观点，不少业内人士认为，戴尔渠道陷入困境的重要原因之一就是难以在利益面前找到平衡点。健全的正规渠道体系与星罗棋布的灰色渠道，就犹如"鱼"与"熊掌"，如果非让戴尔从中进行选择，自然会陷入两难境地。

在戴尔推出渠道行政后，对于正规渠道而言，戴尔的许诺未能完全实现使他们有些失望。戴尔曾对正规渠道承诺过的5万元的店面补助、对灰色渠道的严格整顿措施等都未能有效执行，使正规渠道的信心遭遇打击。另一方面，也有经销商表示，无论是品牌认可度还是产品的品质，戴尔一直以来都有着良好的口碑，这也是很多公司坚持经营此品牌的重要原因。尽管戴尔的渠道政策在执行过程中遇到了各种问题，但是由于戴尔的渠道体系本身就很复杂，转变初期遇到此类问题也可以理解。戴尔近期将会举行渠道大会对渠道问题进行探讨并出台新的政策和解决方案，相信渠道现状会有较大的改观。

而对于灰色渠道而言，他们也因所处地的不同也有不同的心态，但是和正规渠道一样，他们都不忍轻易放弃戴尔产品的经营。西安市的灰色渠道商家告诉记者："如果戴尔要大力整顿渠道，首当其冲的就是我们这些在省会城市的商家。如果能够与戴尔的总代达成双赢的合作，我们还会继续经营戴尔的产品，但是如果渠道政策不利于公司的发展，公司也只好放弃戴尔，改做其他品牌。"大部分县级戴尔灰色渠道却认为："山高皇帝远，即便戴尔整顿灰色渠道，对下层市场的监控力度也未必够强，并不过于担心这一问题。如果能从正规代理处取得好的资源，当然可以与代理合作，但是若其他途径所取得的资源优于正规代理，则依然会继续灰色渠道之路。"

## 4　结语

需要说明的是，戴尔与渠道合作，并非对戴尔传统直销模式的否定，而是在直销基础上建立起来的分销模式。在与零售商合作的过程中，戴尔坚持店面为王的原则，显示出戴尔将渠道拓展作为直销模式延伸的理念：在加强市场覆盖的同时，通过店面弥补直销无法满足用户购物体验的缺憾。在一、二级城市，戴尔直销已拥有很成功的模式，但在更偏远的中小城市与乡镇地区，戴尔款到发货的直销模式很难渗透进来。

戴尔将在直销模式基础上建立两类合作伙伴：一是行业授权合作伙伴：与戴尔签订协议并经戴尔指定，面向特定行业内的最终用户提供销售服务的渠道合作伙伴。二是商用产品授权经销商：与戴尔签订协议并经戴尔指定，在区域内向最终用户销售产品的渠道合作伙伴。

不管是戴尔与国美的合作，还是戴尔的商用产品合作渠道，戴尔始终坚持"根据用户的需求为其定制电脑"。戴尔的麦沛然也表示：戴尔做渠道，不是完全照搬其他厂商的模式，向渠道压货。而是根据戴尔的优势，制定出符合戴尔特色的渠道体系。而戴尔之前的成功之处就是直销，用户通过渠道购买戴尔产品时，也能得到戴尔一对一的技术支持。所以与各分销伙伴的合作，都能发现戴尔直销的特点。

戴尔打破直销是勇气，制定分销目标是智慧，从开体验店到与国美合作，到推出合作伙伴计划，戴尔正快速超目标前进。目标如一、上下齐心的戴尔，谁敢忽视？

戴尔在中国的消费类业务除了将团队完全本地化之外，还调整了原有的渠道，将消费和商用业务的渠道进行统一管理，使对零售市场的管理更加集中，避免了之前由于不同团队管理所造成的复杂局面。在过去的 18 个月中，戴尔从传统的直销增加了零售渠道，在全球开设了 25000 家零售店，其中有 5000 家在中国，店面覆盖至全国 1—6 级城市。目前在中国，戴尔的零售商店已经成为购买 PC 的主要渠道，戴尔中国消费业务在 Q4 增长 72%，市场占有率同比增长 2.6 个百分比，其中 Q4 笔记本出货量超过市场增长 3 倍。

在刚刚宣布电脑下乡招标结果中，戴尔多款产品入选，对此戴尔全球副总裁、大中华区消费业务总经理杨超表示：“在家电下乡热火朝天的同时，其实电脑更应该下乡，更应该得到政府的帮助，戴尔对这块市场还是非常看好的。”如果一台孤立的电脑摆在农民家，难以充分发挥它的作用，因为现在是互联网时代，只有将电脑与网络相连，才能为农民带来更实际的好处，戴尔也证实目前正在与移动进行合作，以后将会推出嵌入 SIM 卡的笔记本产品，这样上网将不用再等待网络光纤的铺设，而通过运营商的 2.5G 甚至 3G 网实现上网需求。

## 思考与讨论

1. 试评述戴尔电脑的直销模式。
2. 如何看待戴尔渠道的变革？
3. 你如何看待戴尔与大型连锁卖场的合作？
4. 你对戴尔“灰色渠道”的看法，对于灰色渠道戴尔应该如何管理？
5. 你认为戴尔未来的渠道策略应该是怎样的？

## 参考文献

[1]《戴尔的直销模式》，http：//www. simic. net. cn/news/detail. jsp？id＝1392。

[2] 李慧娟：《浅谈戴尔的直销模式》，《科技资讯》2006 年第 1 期。

[3] 李宁：《正规渠道与灰色渠道“星罗棋布” 戴尔分销之路进退维谷》，《电

脑商情报》2009 年第 2 期。

　　[4] 落花:《戴尔考核在华消费业务,将 PC 渠道统一管理》,赛迪网。

　　[5] 屈健: 　《基于直销的分销戴尔渠道覆盖 1200 城市》, http: //publish. it168. com/2008/0406/20080406001602. shtml。

# 掉渣烧饼从风行到陨落

冯　旭

**摘　要**　"掉渣烧饼"从面市就很快风靡武汉，进而席卷全国众多大城市，众多加盟店如雨后春笋。然而，2006 年 3 月中旬之后，掉渣烧饼开始退热——商家没有钱赚了，消费者尝鲜的热情开始退去。本案例着重从加盟连锁的角度探讨了掉渣烧饼如何从风行全国到迅速陨落。

**关键词**　掉渣烧饼　渠道　连锁

## 引言

在 2005 年年初时，27 岁的武汉女大学毕业生晏琳，凭着"外婆做的烧饼大家都爱吃"的信念，第一个将土家族烧饼引入武汉。开张当日便卖断货的销售状况，不仅让晏琳自己大吃一惊，也震动了武汉三镇的小吃界。紧接着，"掉渣烧饼"很快就风靡武汉，进而席卷全国众多大城市，众多加盟店如雨后春笋。"土得掉渣"的"中式比萨"，特别是那条买饼的长长的队伍，对于早已告别物质匮乏年代的现代都市人来说，不啻为一个罕见的现象。

然而，2006 年 3 月中旬之后，掉渣烧饼开始退热——商家没有钱赚了，消费者尝鲜的热情开始退去。淘宝网、易趣网等网站上以 3000 元、100 元、80 元甚至 38 元的价格公开叫卖掉渣烧饼的配方、设备材料供货商名录、店头设计标准等系列文件资料，似乎更进一步注定了掉渣烧饼走向衰败。无论如何，由起点加速度起跑，盛况空前，然后"百家争鸣"，直至遭遇尴尬，接下来则戛然熄火，掉渣烧饼似乎创下了"最短命"纪录。

## 1　掉渣烧饼的发展路径

* 溯源：掉渣烧饼源于湖北恩施地区的一种传统民间小吃，是一种风味独特的表面撒有馅料的烧饼，有 100 多年的历史。
* 推出：2005 年 3 月，湖北武汉推出全国第一家掉渣烧饼店。
* 推广：2005 年 5 月，由于掉渣烧饼并非专利，也没有商标保护，再加上这项技术很简单，不同品牌的烧饼店在武汉市场迅速增多，经营情况都不错。
* 走红：2005 年 9 月，随着掉渣烧饼在武汉的饱和，有人带着烧饼配方走出武汉。到 2006 年初，全国各地数千家烧饼店刮起了一股掉渣烧饼热。
* 减缓：2006 年初，随着掉渣烧饼店的迅速增加，某些地区开始出现市场饱和，随之带来利润下降、经营困难等问题。掉渣烧饼的发展速度减缓下来。
* 混战：2006 年 3 月以后，随着掉渣烧饼配方的公开化，各地出现了众多"烧饼盟主"，大肆开展加盟招商。配方转让混战、加盟混战、商标混战、掉渣烧饼陷入混战泥潭。
* 衰落……

## 2　风行

烧饼本不是什么新鲜事物，然而毕业于湖北工学院生物工程专业的晏琳却能把一个小小烧饼迅速做大，香遍各大城市。剖析迅速风靡的原因应该有：

### 2.1　产品策略

名称："土得掉渣儿" ＋ "土家风味" ＝极具特色的产品概念，"掉渣儿"烧饼的风靡很大程度归功于它起了一个好名字。

总部从"色"、"香"和"味"三个方面对一个普通的产品进行了包装。这么一来，小小的烧饼迅速从主食升级到休闲食品的行列，身价也翻番。

（1）色，掉渣烧饼与传统烧饼在制作工艺上并没有太大差别。所不同的是，"掉渣儿"添加了肉馅，并且肉馅涂抹在烧饼表层。表面的肉料易掉渣，"掉渣儿"之名正缘于此。烧饼与肉料的组合，为掉渣烧饼赢得了"中国式比萨"的美誉。在外形上，"掉渣儿"单饼直径约18厘米，厚度约1.2厘米，比传统烧饼稍大，因此大多数消费者认为2元的售价比较实在。在外观上，"掉渣儿"表面呈金黄或棕黄色，容易引起人们的食欲。其产品包装也独具匠心，醒目的牛皮袋包装吸引了众多消费者的眼球。这个成本仅一毛左右的包装袋，在兜起渣儿的同时也起到了品牌宣传的作用。

（2）香，掉渣烧饼的"七里香"是吸引顾客最为直接的方式，因为嗅觉最轻易引发食欲。人们追寻着这股扑鼻而来的独特香味来到店前，自然就加入了争购的行列。

（3）味，掉渣烧饼以土家风味著称。其实，很少有人知道正宗的土家口味是怎样的。但掉渣烧饼较重的口味迎合了大多数，尤其是年轻人的需求。经过高温烘烤后，肉馅中的油脂渗出，使面饼吃起来口感更加酥软爽口，并且油而不腻、口味浓香。

**传统烧饼与掉渣烧饼比较**

|  | 传统烧饼 | 掉渣烧饼 |
| --- | --- | --- |
| 主要原料 | 面粉、白糖、辣酱等 | 面粉、肉馅 |
| 设备 | 大煤炉 | 电或煤气烤箱 |
| 店面 | 小作坊或路边摊 | 土家风格装潢的门面 |
| 产品概念 | 主食 | 土家民族风味小吃，休闲食品 |
| 目标市场 | 大众消费者 | 年轻人为主 |
| 售价（元/只） | 0.50 | 2.00—3.00 |

### 2.2 渠道策略

（1）门店设计。门面是用竹子、木条和簸箕装修的，尽管简单朴实，但这种返璞归真的设计如同现代都市中的另类，老远就能吸引消费者的眼球。相比传统烧饼的小作坊式的路边摊，"掉渣儿"显然更胜一筹。"掉渣烧饼"几个字用草绳歪歪扭扭编结而成，土气十足。

（2）特许加盟："超强人气" + "公司承诺" = 愿者上钩

在2005年7—9月，"掉渣儿"烧饼人气一路飙升，门店达到39家（其中直营店4家，加盟店35家）。调查发现，其主要动力来自"掉渣儿"独创的"街头长队和公司承诺"的特许加盟模式。街头长队人气旺，行人受好奇心驱使也纷纷加入。于是队伍越排越长，人气也越集越旺。长队效应表面上聚足了消费者的超强人气，然而实际上也吸引了众多观望的中小投资者的目光。晏琳的第一家店于2005年3月在学生密集的武汉大学旁边开张，学生和行人大排长队的"超强人气"把投资者们迎至总部门前，而"公司承诺"则把他们再推了一把。总部打出承诺"一天可卖出1500个烧饼，35天收回成本"，投资者们再也抵抗不住此般诱惑，纷纷掏出了加盟费。

### 2.3　促销

武汉市掉渣儿食品管理有限公司除了2005年9月在城市T频道做了近一个月的车载广告外，没有投入其他的广告宣传。尽管如此，新闻媒体的"软文"宣传作用，足以产生广告般的轰动效应，为掉渣烧饼的兴起推波助澜。调查发现，不同时期，媒体重点宣传的主题也不相同。2005年6—7月，媒体以宣传"女大学生创业——烧饼梦"为主；随后的8—9月份，关于"各地刮起烧饼风"的宣传铺天盖地；而10月至年底，多为对仿冒店的曝光，为晏琳打抱不平。最早关于掉渣烧饼的报道，可能是2005年6月《楚天都市报》刊登的一篇名为《白领丽人的烧饼梦》的文章。自那以后，武汉乃至全国的各大媒体开始对这一事件进行报道，尤其到2006年9月，达到顶峰。《楚天都市报》还开通热线和短信留言，鼓励市民参与讨论掉渣烧饼何以大行其道的问题。就这样，小小掉渣烧饼被推向公众，吸引了众多市民慕名前来品尝。

## 3　陨落

从2006年初开始，"掉渣儿"烧饼在武汉开始走下坡路。全国各地的掉渣烧饼也开始步入衰退（"四川掉渣烧饼一夜梨花?"，烧饼引发的商战，杭城"掉渣烧饼"兴衰史，"掉渣烧饼济南退烧"），加盟总部也开始转战技术转让市场，这意味着其招商加盟已经告一段落。

### 3.1　产品缺乏必要的保护

由于武汉市掉渣儿食品管理有限公司在"掉渣烧饼"的专利和商标方面都是空白，这让武汉市掉渣儿食品管理有限公司面对市面上层出不穷的"掉渣烧饼"也无法拿起法律武器维护自己的权益。武汉市掉渣儿食品管理有限公司的工作人员介绍，公司已经为"掉渣烧饼"申请了商标，但最少也要18个月才能批下来。而这18个月，也给了仿冒者一个相当大的空间。事实上，才短短几个月的时间，这种土家烧饼仅在济南就已经被复制了不下几十次。因此显然还不能认定街头打着"掉渣烧饼"旗号的烧饼店都属侵权。不妙的是，已有北京、上海、杭州等地的公司声称，已经注册了同类商标。如此一来，"掉渣烧饼"的商标争夺战即将上演。而在没有真正得到"掉渣烧饼"的商标权之前，即使是创始人，其维权行动也将无从谈起。掉渣烧饼上市初期未做专利、商标保护的失误已经无法挽回。即便申请完专利和商标也无能为力，甚至会得不偿失。因为"侵权者"数量庞大，涉及的地区范围非常广，即便拿起法律武器维权，相信谁也承受不了"被告"规模如此庞大的诉讼。大量的诉讼费用，巨大的精力牵扯，结果很可能是"被告"没被告倒，"原告"已经破产。

土烧饼创始人、掉渣儿牌烧饼董事长晏琳认为由于技术不具保密性，任何一个人都可以偷师开店。这些店像蝗虫般吞噬着全国市场，像成都、重庆，品牌烧饼还来不及过来就被偷艺者把钱赚走了。"他们根本不注重形象，大多数店《卫生许可证》、《工商营业执照》和《健康证》都不齐全，工商部门查起来了，连烤炉都可以不要就直接撤退！"掉渣烧饼技术泛滥。开始掉渣烧饼的配方能卖4000元钱，但买了配方的人又以2000元的价格把配方再次倒卖。几次转手后，配方最便宜的只卖200元了。在网上，甚至有人用100元叫卖"烧饼秘诀"。正是这种掉渣烧饼技术和"掉渣"品牌的泛滥加速了"掉渣烧饼"的陨落。

### 3.2 产品缺乏创新

小小的烧饼并没有多少技术含量，不论对其进行何种产品概念包装——"土家"也好，"掉渣"也好，烧饼终究只是一个烧饼。产品技术含量低，直接导致被诸如"掉渣"、"掉渣渣"、"土掉渣"等的相继模拟，使得"掉渣儿"品牌形象难以脱颖而出，竞争乏力。此外，由于其产品过于单一，且没有后续升级产品跟进，不能适应消费者口味的变化。而不能满足消费者需求的直接后果就是消费人群的迅速减少。

### 3.3 连而不锁

掉渣烧饼风靡全国，特许连锁发挥了极其重要的作用，但是"成也萧何，败也萧何"，连而不锁企业也导致了迅速衰退。特许连锁对于餐饮企业发展确实具有重要的作用。

### 3.3.1　特许连锁的优缺点

我们不妨先看一下特许连锁的优缺点。

特许连锁的优点可从三个方面考察：

（1）对于特许方而言：特许方能以较少的资金和有限的人员，迅速发展事业、占领市场、扩大经营，实际上具有一种融资的功能。同时，通过经营权的转让也能为连锁企业积累大量的资本，使连锁企业的无形资产变为有形资产，从而增加连锁企业的实力和发展能力。

（2）对于加盟者而言：利用总部的技术、品牌和商誉开展经营，又享有总部全方位的服务，享受连锁系统的广泛信息，所以成功机会大，经营风险较小，利润比较稳定。

（3）对社会而言：通过特许连锁方式来发展商业网点，不仅能提高商业的组织化程度，而且也有利于中小企业的稳定发展。

特许连锁的缺点也十分明显，表现在：

在总部与加盟店组织关系上，特许连锁不如直营连锁明确和清晰，一旦出现商品或服务的质量事故，总部与加盟店在承担营业责任上可能相互推诿，导致消费者上诉对象模糊化。

如果总部片面追求品牌授权金，大量发展加盟店而又缺乏有效的管理和强有力的服务能力，不仅会使连锁企业形象受到严重损害，而且也会使加盟者的权益受到侵犯，最终很容易导致整个特许连锁系统的崩溃。

一般来说，特许连锁比较适合于那些名气大、经营管理方面有独到经验的企业，通常以商品或服务等作为联结的纽带。

### 3.3.2　掉渣烧饼的连锁分析

按照惯例，一种成功的经营模式至少具有 3—5 年的存活期，在此基础上才能发展特许经营加盟商。但是，武汉市掉渣儿食品管理有限公司在尚未取得"掉渣儿"商标注册证，也没有达到《商业特许经营管理办法》要求的两家营业一年以上的自营店的基础上，在缺乏必要准备的情况下，就急急忙忙将一个尚未成熟的品牌全盘抛向市场，这无疑是揠苗助长，那么它的夭折也就在情理之中了。

另外一方面，掉渣烧饼开始迅速发展其连锁，而且以加盟为主，直营店只有 4 家，以后发展的均为加盟店。企业忽视直营连锁而把特许连锁作为企业发展的主要渠道，并且配以极低的加盟门槛，的确在短期内"加热"了掉渣烧饼，但扩张过快、模仿过滥导致了品质的参差，将最终造成掉渣烧饼的迅速"冷却"。从长远发展看，鱼龙混杂的加盟店，导致产业的无序竞争、分散经营，形不成核心竞争力，最终损害的是整个品牌的价值。在这样浮躁的"投机"心态下，可以预料的结果就是，先投资先抽身的人会赚个盆盈钵满，后到的人可能就捧上个烫手的热山芋。

同时连锁经营的目的在于利用统一的连锁整体，统一管理、统一原材料、统一配方、统一物流配送、统一采购，统一进行整体传播，而掉渣采用母店用技术转让的方式连锁子店，同时这些子店各自为政，仅靠从母店买来配方发展自己，彼此间无任何约束关系，这样必然导致连锁发展最终陷入瓶颈。此外，配方是经营者手中技术含量最高的东西。在国外的餐饮连锁管理中，一个产品的开发经营者在没有得到法律保护之前，不应该将自己的配方告诉加盟商。国际知名的餐饮产品都有自己独特的配方，但在与加盟商合作时，尽管已经取得专利，经营者仍然通过配送方式自己控制配方。经营方式、知识产权的保护、产品技术的把关，对于国内中小企业的成长非常重要，这也是掉渣烧饼的启示之一。

### 3.3.3 掉渣烧饼与肯德基加盟流程比较

下面我们把"掉渣烧饼"和"肯德基"加盟的流程作一个比较。

（1）加盟店的开设

掉渣烧饼的加盟，是加盟者联系加盟商，自己选址、联系门脸以及招聘人员。

肯德基遵循风险"不从零开始"的特许经营政策，其特许连锁政策是肯德基将一家成熟的、正在营运的餐厅转让给加盟者。而加盟者不需从零开始，避免了自行选址、开店和招募、训练及管理员工等大量繁复的工作。

（2）加盟费用

掉渣烧饼的加盟费用是只要交 3000 元到 4 万元不等的加盟费，无须其他手续就可以从某家店里买来配方自由经营。上海金贝乐土掉渣烧饼连锁公司打出的加盟费是 2.8 万元。

加盟肯德基的初始购入费即加盟费，平均每店为 800 万元，而根据各餐厅的具体区域、地理位置、经营情况等，有些店的购入费还会更高。据介绍，初始购入费需在接手经营肯德基店前一次性支付，这笔费用主要包括餐厅所有的装修、设备、培训及员工转让等；接店前加盟商还需支付 3个月培训费。在接店后，加盟商每月还需向百胜支付特许经营权使用费和广告分摊费用，这些均按该店营业额的一定比例支付。

（3）投资收益

"掉渣烧饼"的创始人晏琳公司总部打出承诺"一天可卖出 1500 个烧饼，35 天收回成本"。上海金贝乐土掉渣烧饼连锁公司称在北京、江苏、安徽、浙江、上海、重庆、辽宁、黑龙江、山西、山东、河北、河南、湖北、四川等地共发展了 200 多家掉渣王连锁加盟店。公司的广告称，"掉渣王烧饼"店的月收入如日卖出 500—600 个掉渣王烧饼，每个按 2 元计算营业额在 1000—1200 元以下，收益率为 600—700 元。如果日营业额 3000 元，收益率近 60%，月可赚 5.4 万元；每天营业额 2000 元，收益率为 52%，月赚 3.1 万元。

加盟肯德基、麦当劳投资收益率约为 5%。业内人士认为，加盟肯德基、麦当劳等国际品牌的餐饮店虽然投资风险低，但投资者获利也不会太大，给投资者个人发挥的空间很小。据分析，这些国际机构本身的加盟系统强大，它们对其品牌极其重视，因此对产品质量、服务质量都控制得很严，这可使加盟店的抗风险能力增强，不会轻易让加盟商重蹈目前国内其他餐饮加盟店"短命夭折"的命运。但另一方面，也正因为其系统强大，它可以最大限度地控制加盟商，控制加盟商的利润空间。如：加盟肯德基、麦当劳后，原材料统一采购、产品统一配送、产品价格统一定价等，这些主要的利润增长点均牢牢由总部控制，加盟商唯一可发挥的就是营造店面气氛、吸引更多的顾客。也就是说，加盟商只是成为这些国际机构的销售代表。按一般正常店计，肯德基、麦当劳此类店一天的营业额为 2 万元，一个月营业额为 60 万元，一年的营业额约 720 万元。除去投资者首次缴交总部的购置费后，每年加盟商还需向总部缴约占营业额 6% 的特许权使用费，以及约占营业额 5% 的广告费，仅这一笔费用，加盟商每年就需向总部缴约 80 万元。此外，加盟商每月还需自己承担员工工资、餐厅租金，以及向总部购置产品，甚至添置设备等。这样满打满算下来，每年加盟商得到的投资收益率估计为 5%。

（4）加盟流程

掉渣烧饼的加盟流程是只需要缴纳相应的加盟费并参加短期（2—3 天）的掉渣烧饼的技术培训就可以开店。在后来，甚至只需要缴纳很少的技术转让费就可以自行开店经营。

肯德基的加盟流程，第一步递交加盟申请表。百胜加盟部联系并核对相关资料。然后，加盟部进行第一轮面试。接着，加盟委员会对其进行正式面试。通过后，加盟者再按要求被安排到深圳某家肯德基里实习三个月，从扫地、收台等基本岗位做起，将一家店里的所有岗位都实习了一遍后，才能最终获准通过。加盟者获准通过后，加盟者可以在百胜公司提供的可加盟店候选名单里，经过对所有候选店的各项商业数据，包括各店的人流量、经营情况以及当地经济发展、商业形态等进行研究和比较，选择一家肯德基店作为自己投资加盟店。

## 思考与讨论

1. 掉渣烧饼能够在短期内风行的原因？
2. 什么原因造成了掉渣烧饼的迅速陨落？
3. 你对掉渣烧饼连锁策略的评价和建议？
4. 针对目前这种情况，掉渣烧饼还有没有挽回的可能，如何挽回？

## 参考文献

[1] 王莹：《掉渣烧饼遭遇滑铁卢》，《时代经贸》2006 年第 6 期。

[2]《"掉渣烧饼"毁在管理》，全球品牌网，《新智囊》2006 年第 7 期。

[3] 杨顺勇、魏拴成、郭伟：《"土掉渣儿烧饼"的流星命运!》，《连锁经营管理》，复旦大学出版社 2008 年版。

[4]《掉渣烧饼来去如风　创业是件浪漫的事吗?》，http：//www.zccs.cn/html/200662894242—1.html。

[5] http://www.scol.com.cn/nsichuan/cddt/20060116/200611695521.htm。

[6]《"掉渣烧饼"搅乱连锁好戏》，《市场周报》2006 年 3 月 31 日。

[7] 欧志葵：《一位肯德基加盟商的投资报告》，《南方日报》2006 年 9 月 15 日。

# 小糊涂仙的渠道策略

## 冯 旭

**摘 要** 从 1998 年上市至今，小糊涂仙系列酒以其优良的品质、独特的文化传播和扎实的终端运作而遍及全国市场。先后推出的精品小酒仙、精品小糊涂仙、精品小福仙、精品小糊涂圣也同样受到消费者欢迎。云峰酒业这种不同品牌、不同价位，特点鲜明的系列美酒在市场上争奇斗艳的景象，被许多白酒行业人士和营销专家称为"小糊涂仙现象"。"小糊涂仙"的成功主要在两点：一点就是抓住了人们的消费心理；另外一点就是扎扎实实地做好了销售渠道。本案例着重探讨"小糊涂仙"酒的渠道策略。

**关键词** 小糊涂仙酒 渠道 终端 买店模式 "发烧友"

## 1 背景

1997 年，由于当时家电市场的激烈竞争，广东一家音响大老板黄维崧寻求新的利润增长点，最后选择了白酒，成立了云峰酒业公司。当时的酒水市场环境特征是：秦池标王现象后，提升酒水品牌的广告效应一落千丈，酒水行业陷入了一片停顿，除老牌名酒外，中国白酒市场似乎一夜之间失去了"领军人物"。白酒之路在何方？

小糊涂仙在贵州茅台建立生产基地的同时，在南中国的广州设立全国营销中心。从此，小糊涂仙就挟"茅台镇传世佳酿"、终端营销、组合传播"三板斧"大举进攻全国市场。尤其是北京、上海、广州等大城市，更是掀起了一股"小糊涂仙"之风。很快，全国各地从来没有做过酒的其他行业的经销商竟然主动要求代理小糊涂仙，由此引发了一场"糊涂文化"的浪潮。1998 年 7 月开始至 2000 年，小糊涂仙用几乎不到两年的时间就在全国各地市场站稳了脚。

很多人认为"小糊涂仙"的成功主要在两点：一点就是抓住了人们的消费心理；另外一点就是扎扎实实地做好了销售渠道。这两点保证"小糊涂仙"取得了奇迹。小糊涂仙在当时很多酒水经销商看不到出路的情况下，系统地提出并率先大胆地运用上面这些营销套路，无疑是具有开创性的。买店模式、消费终端模式、酒文化营销模式都深刻地影响了酒水行业的发展。小糊涂仙作为一个行业奇迹，成为白酒营销史上一个永远的丰碑，其大胆的营销观念和魄力，营销破局的战略战术的实施和速度，至今都是白酒界津津乐道和学习的榜样，真实地了解小糊涂仙的运作背景，学习小糊涂仙的先进运作手法，正确地看待小糊涂仙的过去和今天，对于参与今天的白酒市场竞争，将是十分有意义的一件事情。

## 1.1 品牌

经过多方意见征求和商讨以后，云峰酒业决定将自己的产品取名为"小糊涂仙"，"小"是聪明可爱的意思，"糊涂"是借意扬州八怪之一的郑板桥的"难得糊涂"，"仙"是人生的境界，由此就构成了一个在酒水界比较奇怪的一个名字，虽然怪，但是很有意味，一眼难忘。"糊涂"这两个字不仅仅是"难得糊涂"这个所谓的糊涂文化，之所以取这个名字是有着消费者背景寓意的，很多人不了解这个背后的渊源，仅仅以为小糊涂仙就是靠所谓的"糊涂文化"开创了酒文化营销的先河，这就未免低看了小糊涂仙的品牌开发能力。小糊涂仙进入白酒业的初衷是看准了政务应酬和商务应酬的巨大的消费能力，对这些具有巨大消费能力人群的消费价格和心理十分清楚：人在江湖，身不由己。对社会上的一些事情能看开一点就看开一点，不要太认真，难得糊涂，这就是糊涂文化的用处，而不是那种虚无、毫无根基，甚至是莫名其妙的"糊涂酒文化"，所以小糊涂仙酒定位："官员酒"。但仅仅是这样还远远不够，这只是解决了心理共鸣感的问题，酒水的质量还没有体现出来。政务消费不可能喝没有来历的、低劣质量的酒水。所以，在茅台镇注册了贵州茅台镇云峰酒业有限公司，在酒水界打出了第一个强势地域概念：茅台镇传世佳酿。在今天，这算不了什么，但我们应该看到：这是在1997年、1998年，在当时大多数中国人的心目中毫无理由地认定，茅台镇就是最好的白酒的代名词。这样一来，就解决了两个问题：最好的酒质量和最有目标人群共鸣感的名称和品位。

### 1.2　价格

当时全国性的餐饮中高档消费价格中，70—80 元是一个较为主流的价位，而且操作空间较大，一方面具有主流消费价位效应；另一方面也符合这些人群的高档消费之外的第一价位选择。因此，小糊涂仙酒的餐饮终端价格定在 80 元左右，事实证明，这一点很准确。

## 2　渠道策略

### 2.1　招商

小糊涂仙酒的市场攻坚战选择从北京、广州、上海三大城市启动。这三大城市，是中国市场的三个制高点。攻下北京，华北市场唾手可得；取下广州，华南市场则兵不血刃；拿下上海，华东市场如探囊取物。三个市场启动得好，便可波及全国市场。小糊涂仙第一个市场选择的是广州，首批 19 个人，经过艰难的开拓，3 个月以后市场迅猛增长，开始抽出一部分骨干人员移师北京，用同样的招数进行复制，效果非常明显，很快北京市场发展迅猛。但小糊涂仙酒虽然也杀入了上海这块市场，但不如北京、广州市场做得好，这是区域板块文化差异使然。这个时候才开始正式向全国招商。由于黄维崧先生人品出众，口碑极好，为人宽厚，他原有做家电时候全国各地经销商中的相当一部分人跟随他做起了白酒，也同时因为跟随他做白酒又造就了一批白酒界的大款，这个现象震动了白酒界。除了少数难啃的骨头市场以外，小糊涂仙在短期内快速地在全国市场的大多数地区提升了销量，出现了一批重点市场和样板市场。

后来，由于一些内外多重因素的变化和影响，再加上在 2002 年前后一些终端政策的误导失策，小糊涂仙在全国的市场出现了很大波动，销量受到了较大影响。

### 2.2　买店模式

在中国，白酒的买店模式是由小糊涂仙开创的，而且后来普及到了整个白酒行业，深刻地影响了整个白酒行业甚至是中国营销的发展。前面提到过，黄维崧先生原本是音响家电商，自然对当时已经十分成熟和白热化的家电终端竞争非常熟悉，恰恰白酒界在当时对终端运作基本上是空白。于是在充分肯定家电业的终端运作模式和威力的前提下，小糊涂仙开始了大规模运作酒店的终端销售战略。选择样板酒店买店、给服务员开瓶费提成、上品牌形象小姐推介酒水（就是今天到处都能见到的酒水促销员）、买断吧台专柜陈列、酒店服务员联谊会等措施，都是小糊涂仙在白酒业第一个正式启用并且大规模运用的。这一点对小糊涂仙的市场成长起到了十分显性的作用。

小糊涂仙的终端营销首站选择了广东市场。它效仿舒蕾的终端拦截方式，不走商超、批发市场等渠道，而是直接出击餐饮、酒店终端，通过大量的业务促销人员将产品"推"向消费者。在广东成功后，小糊涂仙迅速将这种模式通过自己密集的网络复制到各个区域市场，在每个市场，业务经理首先把酒铺进餐饮、酒楼，再帮助其卖出去。促销人员训练有素地在酒楼向客人推荐、介绍产品，于是白酒行业一个新的营销模式诞生了——终端营销。

虽然小糊涂仙采用的方式在现在看来并不神秘，但在当时的影响力却是巨大的。特别是对餐饮终端的掌控及对酒楼终端的维护方面做得很到位。对于酒楼终端的客情维护主要是给酒楼铺货，派驻促销人员，送给酒楼喜欢的各类促销品等，在酒楼不用花费大量人力物力的情况下，帮助酒楼把酒卖出去。这就是小糊涂仙在1999—2001年间迅速崛起的"秘籍"。简单来说，小糊涂仙在酒店餐饮终端的操作模式是，先把货铺到酒楼，再派驻人员帮酒楼把酒卖出去，这就是顾客服务中的最高层次——顾客成功。

企业在实施该策略时，首先遇到的困难是解决酒楼的铺货问题。当时，很多品牌与酒店的关系是代销，需要现金交易。酒店在进货时一般会考虑其可能承担的风险，在无法确定货是否能卖得出去之前，是不会轻易选择现金结算这一方式的，而小糊涂仙则技巧性地解决了这个问题。在与餐饮终端的老板的接触过程中，小糊涂仙采用了一种人性化的进攻策略，例如在酒店老板生日的时候送去生日卡，帮助他们解决一些实际困难等，感情有了之后，谈起生意来自然顺利很多。同时，小糊涂仙大胆地对酒店赊销、赠酒等，依靠这种方式首先将货铺进餐饮终端，取得了第一步的成功。

接下来就是要促使酒店连续进货。在首次铺货成功后，小糊涂仙通过派驻促销人员、向服务员回收瓶盖、变化促销品等有力的促销方式，让货快速消化，然后使酒楼再次大量进货，当酒楼有较大的资金压力时，这种压力再一次刺激酒店全力推广小糊涂仙。

当然，在选择促销员方面，小糊涂仙也自有一套。他们大多选择有餐饮业工作经验的人员，"她们长期在酒楼里面做，可以拉熟客来喝，打开了小糊涂仙的销路，还可以发动以前的同事帮自己向客人推销酒"。在2000年前后，酒楼服务员平均工资并不高，而做了小糊涂仙品牌代表后，底薪加上提成，与以前的工资相比，收入大大提高。当时，服务员只推销小糊涂仙系列产品的现象在酒楼屡见不鲜，久而久之，消费者对小糊涂仙的认可也大大加强。

但是"成也萧何，败也萧何"，依靠终端崛起的小糊涂仙最终还是在终端沉寂了。究其原因，大量派驻业务员和促销员耗费了大量的人力财力；过多依赖终端推力而忽略了品牌塑造；随着后继者的跟进，终端门槛被迅速抬高等都成了小糊涂仙衰落的原因。

### 2.3 发烧友

今天白酒界开始流行"后备箱时代"，其实早在1998年小糊涂仙就开始了。

小糊涂仙选择政务渠道突破，并带动区域市场的消费热潮，除了上面看得见的措施以外，还有一个在背后起作用的招数：小糊涂仙发烧友，这是一群刚离职的老干部们，影响还在，又不受在职的限制。这些"品酒"顾问们四处活动，发挥影响，让"局级以上"领导的小轿车后备箱常备有一箱小糊涂仙酒，逐渐在每一个城市成为一道奇特的风景线：很多有实权的领导们车后备箱都备有两箱酒，一箱五粮液，一箱小糊涂仙。

"发烧友们"奠定了每一个城市主力消费人群的基础，在走向酒店终端聚餐应酬时，又往往只有小糊涂仙一家促销员在积极推荐酒水，这又是来自茅台镇传世佳酿的优质白酒，品牌形象又是别具一格的古典美女，洋人在电视上说上几句虽不标准但绝对有记忆点的"聪明难、糊涂更难"，人生在世难得糊涂，这几点共同形成立体的、全方位的消费引导和刺激，销量直线上升，短短几年就成就了一个行业巨头，年销售过15亿元的大型白酒企业。时至今日，只要是打假控制得当的区域市场，小糊涂仙仍然是非常强势的白酒品牌。

在酒店销售终端开始受到关注的时候，小糊涂仙已经非常有远见地预见并启动了"消费终端"这一特通渠道，就是后来小糊涂仙攻城略地的秘密武器：发烧友。这一措施在今天又重新开始成为热流，有的营销专家开始标榜自己开创了这个特通渠道营销模式，殊不知，只要是全国各地出身于小糊涂仙或者经销过小糊涂仙的经销商，在多年以前就已经开始了这一招。

## 3　后续

### 3.1　窜货之痛

做过云峰酒业经销商的人都知道，云峰酒业对经销商的掌控是非常松散和随意的，没有什么明显和固定的经销商管理模式，甚至对经销商奖励的发放也是看老板的心情而定，心情好就多发一点，心情不好就少发一点。这种随意性在市场开发初期，尤其是与小经销商合作阶段确实能够调动经销商的积极性，因为利润的刺激经销商会亡命去拼。但随着经销商的一步步做大，由于缺乏良好的管理和激励机制经销商的积极性也受到影响。云峰酒业对经销商的掌控还停留在原始的一对一的老板文化里，与其年销售数十亿元的企业规模格格不入，当市场下滑、产品稍有滞销时，对立的情绪就会在经销商处表露无遗。

由于对经销商管理不善的问题，不可避免地让小糊涂仙系列酒饱受窜货之痛，如抛开周边的湖南、江西市场不说，广东本省很多地区的货都是从广州、佛山、南海的几大副食品批发市场窜过去的，把周边的市场搞得一团雾水。窜货使得局部市场出现虚假的繁荣，又打击了另一个地方批发商销售的积极性，影响市场成长，有的甚至是灾难。

公司虽出台了一些政策，即在外包装箱上做上暗记，如果抓到哪个经销商窜货到其他市场，每箱罚款 200 元，但是在实际工作中，并没有有力地执行，笔者所在区域市场就曾将所窜之货全部拿到证据，报给总公司，公司也曾派人下来亲自查看，证据确凿，但后来都不了了之，酒照卖，货照窜。窜货在新品入市期间或许有一定积极意义，但在已经进入成长期的市场，姑息的后果只能是使市场越来越乱。由于窜货，在广东很多地方，小糊涂仙的利润空间越来越低，一些经销商和分销商已经没有推广积极性，只寄希望从小糊涂神等新品种上找到钱路，小糊涂仙面临出局危机。

### 3.2　终端之弊

1997 年底小糊涂仙上市，1998 年春交会上，小糊涂仙备受冷落，面对经销商的不支持，云峰酒业掌门人黄维崧确立了直营销售的模式，19 人组成的销售队伍首闯广州市场，逐个攻破，在白酒行业开拓代销模式，开创"开瓶费"之说等，改变了中国白酒终端运作的重心，也是这5元开瓶费使小糊涂仙迅速成为市场的"宠儿"。小糊涂仙成为中国白酒"终端营销"的开创者。

然而，有了开创者就有跟进者。跟进者将小糊涂仙开创的所谓"终端模式"推向了极致，开瓶费甚至超过100元，而随之进店费、买断终端等形式也出现，整个白酒营销陷入了恶性循环之中，终端营销成本的急剧上升，也让小糊涂仙尝到了自己种下的苦果。面对这种恶劣的终端环境，小糊涂仙束手无策，衰落之势也就成了自然的事情。

## 4　未来

近年来，市场竞争激烈，小糊涂仙一直在苦练内功，积蓄力量。实际上，云峰酒业2005年5月推出小糊涂仙珍藏品，主打高端，可以视为其"二次建设"的发端。经过一年左右的市场推广，小糊涂仙珍藏品目前已经在全国市场铺开。

而在2005年，云峰企业总裁黄维崧在全国白酒经销商会议上已经明确提出了"二次建设"的方针，并公布了相关的系列政策，并进行内部管理变革和市场渠道调整。云峰酒业经过近一年时间的改革与调整，产品线基本丰富，市场定位更加清晰，干部队伍重新焕发活力，渠道网络建设更加优化，经销商的积极性大大提高。

云峰酒业副总经理杨林对记者说："去年是一个探索阶段，从今年起，云峰酒业已经全面吹响二次建设的号角。二次建设的目标，就是让小糊涂仙的品牌迈上新台阶。"

## 思考与讨论

1. 小糊涂仙的渠道策略对于小糊涂仙的成功有何作用？
2. 小糊涂仙渠道策略存在哪些问题？
3. 试评述小糊涂仙的终端策略。
4. 小糊涂仙窜货的根源及治理办法如何？
5. 面对未来小糊涂仙应该如何调整其渠道策略？

# 参考文献

［1］http：//guide. ppsj. com. cn/art/3624/12504164/。

［2］《小糊涂仙的品牌营销密码》，http：//brand. iwxo. com/info/2008 - 11 - 17/
195121 - 1. htm。

［3］吴英：《小糊涂仙：白酒终端营销的奠基者》，16—17。

［4］铭万网，2008，12。

［5］陈尚希：《高价小糊涂仙成也终端败也终端，难现品牌神话》，中国营销咨
询网，2006 - 01。

［6］云峰酒业网站。

# 云南红的渠道管理

## 冯　旭

**摘　要**　分析现在中国葡萄酒行业，除张裕、长城、王朝等几个大品牌外，一些新秀如新天、西夏王、云南红等都各有特色。其中"云南红"凭借独特的市场营销策略，在短短的几年里迅速成长为业内的知名品牌。云南红主动出击，渡江作战，北出巴蜀，东进黔桂，连续攻克了四川、贵州等地。成为"西南王"之后，又直逼广州、福建沿海，以迅猛之势连续摧城拔寨，一举成为业内的新贵，但是在2005年后云南红的高速发展开始放缓。云南红的成功得益于其独到的渠道策略，但是在受到竞争对手的打压后其渠道策略也进行了调整。本案例就探讨了"云南红"的渠道策略的发展和变革。

**关键词**　云南红渠道　终端　风云计划

## 1　行业背景

20世纪90年代初开始的"干红热"以每年20%的增长率增长，2005年达到37%的高增长率，销售额突破102亿元，呈现一个梯级递增的增长态势，葡萄酒的"井喷"时代到来了。中国红酒企业风起云涌，600余家红酒厂、1000余个葡萄酒品牌此起彼伏，群雄割据。而当时的春城昆明红酒市场却正酝酿着一场"虎"战。投资数百万、数千万元，在媒体上炒得十分火暴的几支中国葡萄名酒，犹如猛虎出山，从北方雄心勃勃扑进大西南。一些新崛起的葡萄酒品牌也蜂拥入滇，争夺云南市场。当时云南葡萄酒市场是长城和王朝的天下。长城占了云南葡萄酒市场70%—80%的份额，王朝也占有10%—20%的份额。两大巨头和其他几个牌子并行不悖，长城、王朝占据了高档酒的主流市场，古井系列、通化山葡萄酒以及一些本地产的红酒在中低档层面自由发展。随着市场各大品牌日趋成熟，云南的红酒市场的竞争也越来越激烈了。

众多业外资本也涉足葡萄酒行业，原本想在行业的高速发展期分一杯羹，但却事与愿违，绝大多数艰难经营，根本无法和长城、张裕、王朝、威龙等巨头高歌猛进的市场表现相比，除云南红站稳脚跟，取得葡萄酒"西南王"桂冠，2005 年销售额超过 2 亿元外，被业内寄予厚望的莫高、长白山、通化等企业年销售额仅约 6000 万—8000 万元，而号称业内"普及者"的新天经过巨额资金宣传、频繁换将、"花样"推广（但不实用）的折腾，也不过 1.5 亿元左右的销售额（自有品牌），尚不及长城葡萄酒 2—3 个大经销商的销售额。

云南红又是凭借什么从竞争激烈的云南市场突围进而席卷西南甚至挺进闽浙赣的呢？

## 2 云南红发展历程

1997 年，云南红高原酒厂诞生。云南红开始的几年中经历了一个高速稳健的发展历程。从 1997 年的年生产不足 700 吨，销售额不到 500 万元，利润不到 50 万元，到 2003 年的年产 1 万吨，销售额约 2 亿元，利润约 2800 万元，跻身于中国红酒品牌的前列。2000 年 10 月，"云南红"成为钓鱼台国宾馆国宴用酒；2001 年 7 月被评为"全国食品行业质量信得过产品"；2002 年 12 月，"云南红"获"原产地标记产品注册证"；2003 年 9 月，"云南红"系列葡萄酒获国家安全饮品认证；2004 年，"云南红"被评为中国酒业百强企业和国家级农业观光示范园区，并成为由国家八部委认定的农业产业化龙头企业。

云南红在 2000 年前后迅速壮大，继在云南当地取得了较大优势后，开始发力攻打周边的贵州、四川、重庆市场，并掀起了当地葡萄酒市场的进店、促销热潮，市场份额急剧提升，"云南红"也占据昆明绝对第一品牌，成都、重庆等市场的前三强品牌。在构筑起了以整个大西南为战略基地的市场布局模型后，云南红开始谋求更大的发展，坚定了走外埠区域发展之路的决心，并瞄准了张裕有着传统优势的福建市场。而与新天等二线品牌在扩张初期把市场全面铺开的做法不同，云南红采取的是集中资源攻克一点的循序渐进策略，这也是云南红在深入拓展福建市场上受阻，但仍站稳了脚跟的根本原因。

　　但是在 2005 年以后云南红利润空间缩水，市场销售情况开始下滑，运作力度也要小于前几年。在福建、江浙、广东等市场都受到竞争对手影响，同时在其根据地西南地区成都、重庆等业务也受到影响。2007 年年产 1.5 万吨，销售额约 2 亿元，利润约 2000 万元。

　　云南红在市场上的下滑，其中很重要的一点是来自于竞争对手买店风潮的冲击。在广东、浙江等后期开拓的市场，云南红的促销力度很弱，甚至退出了部分区域。即使在其重点销售区域西南市场和福建市场，云南红也因为自身的投入力度有限，在三家长城（沙城长城、华夏长城、烟台长城）互相竞争的买店热潮下，出现了不同程度的市场份额下滑。

## 3　云南红的渠道管理

### 3.1　糖酒会

　　糖酒会是中国酒业的第一大会，商家云集，自然是当时最大的新闻热点，"云南红"特别借助媒体新闻热点进行宣传。1998 年秋全国糖酒展销会，"云南红"打扮得妖娆夺目。广东人来问："云南红"是哪家公司设计的？许多人丢弃了大量广告画页，却带走了"云南红"的广告画页，许多人纷纷在"云南红"展厅里留影。2000 年秋季大连糖酒展销会上，"云南红"首创使用的铁花装饰帖，已被大江南北的红酒厂商们纷纷仿效使用。在 2002 年长沙秋季糖酒会上，云南红庄园式的展位设计，布置鲜花簇拥，1 万多枝玫瑰绕柱而成，尤显其高雅品位，也引来了媒体和经销商的关注。

　　在糖酒会上的高调表现让云南红从众多葡萄酒二三线品牌中脱颖而出，获得了众多经销商的注意，也就成为经销商追逐的对象。

### 3.2　餐饮渠道

　　由于葡萄酒市场的复杂性和渠道特殊性，尤其以现饮场所（夜场、酒店）占据整体销售份额 60% 以上，因此云南红在上市时便把重点放在了夜场、餐饮渠道。

　　但是夜场餐饮渠道也是竞争最为激烈的渠道，面对巨大的竞争压力，许多红酒厂家想出了一个新的促销办法——回收酒瓶上的橡木塞（当时被业内称为"橡木塞之战"）。餐厅每交回一只橡木塞，厂家便支付 5 元、6 元、8 元、10 元不等的回收费。这样，酒店、餐厅服务员便殷勤向客人推荐橡木塞回收费高的葡萄酒。在此"橡木塞之战"猛烈的促销攻势中，"云南红"把注意力对准了终端，在西南市场占尽地利因素的云南红在云南、成都、重庆采取了买断酒店和卖场，控制终端渠道的做法，过年过节主动给酒店、卖场几万块钱，但条件就是只能卖"云南红"。在此基础上，通过开展开瓶有奖、送各种礼品、"云南红"之旅等形式新颖的一连串的优惠打动了消费者的心，使云南红在西南地区的销量直线上升。在获得西南市场的认同后，云南红开始进军闽浙赣。

但好景不长，国内三大葡萄酒企业长城、张裕、王朝在其优势市场采取"坚壁清野"的策略，不惜重金购买夜场、餐饮场所专销权，将对手挤出市场，区域化开始呈现明显的趋势，例如，在南方，华夏长城在广东拥有绝对优势，张裕以福建为据点，而王朝则以江浙一带为其主要根据地，而之前攻势凌厉，在江浙、福建一带有良好表现的云南红，逐渐收缩战线，退守到西南地区。即使在云南红的根据地——西南市场，云南红也受到了国内几大葡萄酒企业的挤压，在重庆、成都、昆明市场销量都受到了较大影响。例如，在 2005 年华夏长城与云南红在昆明展开了买断夜场的竞争进入白热化阶段。在 2004 年以前，由于重庆 A 类店数量有限，进场费用只有 5000—10000 元左右，买店风还未形成，因此云南红能够在餐饮店进行有效的大面积铺货。但随着重庆北滨路和滨江路两条餐饮街的建成，各大品牌纷纷加快买店步伐，云南红虽然也一度介入竞争，但随着买断费用越来越高，其重心不得不向商超和流通渠道转移。

### 3.3 细分市场

自 2004 年下半年开始，云南红开始逐步摆脱老产品的困扰，丰富产品线，推出了几款中高档新品：云南红珍酿木盒磨砂装、老树葡萄 1968 和 Rosehoney（玫瑰蜜）干红，供应价格分别在 100 元、80 元和 30 元左右，商超售价则达到了 150 元、108 元和 46 元。不少经销商认为，云南红所推出的几款新品都定位在中高端，其中老树 1968 更是第一款上 100 元的常规主流产品。由于对利润空间作了比较大的调整，几款新品的成长都比较好。

同时，云南红在 2004 年年底以来，加强了对区域定制酒的开发，其中仅为福建市场进行区域定制的就有十来种，并且根据包装和价格，分别面向商务、政府公关、庆典等用酒市场。这些区域定制酒的价格操作空间比较大，利润回报也比较丰厚。其中面向厦门市场专供的"金玉璀璨"

商务用酒，终端定价在 60 元左右，受到了经销商的欢迎。此外，婚宴作为红酒的另一个细分市场，也具有非常广阔的发展前景，云南红在婚宴市场上的份额已经占到了云南红厦门市场总额的 20%—30%。

### 3.4　向二级市场渗透

面临核心市场激烈的竞争，云南红决定绕开核心市场，寻求向二级市场渗透，这也是云南红近来的运作重点。云南红为开发二、三级市场，开始重视在批发市场的投入。云南红并不单纯依靠商品的自然走量，而是有意识地协助批发商建立起分销网络，重点向二、三级市场渗透。以泉州周边的石狮、南安等地为例，红酒在这些地区一年的消费量能达到 2000 吨的水平。根据这个特点，在泉州的市区市场达到基本饱和的状况下，云南红在泉州附近闽南地区的县乡市场上，主推 40 元左右的普通干红，以做流通为主，对一些分销商、二批商进行了较大幅度的让利。在这些地区，云南红重视铺货率，以实现深度分销、全面提高市场占有率为主。现在，云南红的分销网络已经深入到了泉州地区的每一个乡，市场份额仅略低于张裕。

### 3.5　加强商超运作

云南红在云南外市场的餐饮渠道受到的冲击比较明显，但在商超渠道，云南红凭借以往的市场建设，还是有比较稳固的网络。在谈到目前市场的特点时，云南红的某区域经理表示，目前葡萄酒倚重的 K/A 类大卖场比较多，具有代表性的零售商超就有家乐福、沃尔玛、麦德龙以及各地的连锁超市企业。这些零售终端大多是以连锁的形式渗透到了城市的各个角落，对红酒的走量影响非常大。由于投入的限制，云南红目前也将有限的资源主要用在了这一渠道的运作上。

国内多数城市的大卖场对于市场上主流品牌的进店限制并不高，但云南红并没有因此降低营销费用预算，而是加大力度地投入到了堆头陈列、长期促销之中，以加强对商超渠道的控制。在强势终端较为密集的地方，云南红还投放了比较多的户外广告和路牌，在这些店的特殊节假日有针对性进行品牌推广，并利用一些新品上市的契机，进行捆绑性的买赠活动。

对于云南红比较注重商超渠道的原因，该经理表示："由于葡萄酒市场的竞争越来越激烈，营销成本不断加剧，要想实现全面铺货走量不太可能。云南红已经缺失了餐饮渠道的支持，要对消费进行引导，就只有商超了。因此，云南红下一步的市场计划，还是立足于对重点地区、重点商超的控制，以点带面，依靠一个个大卖场去实现对一个区域大市场的影响。"

### 3.6 风云计划

自称被 TPG（风投）绑上了企业高速运行战车后，云南红开始考虑与实力经销商形成战略联盟，确保联盟合作者充分享受到上市红利，急速提升经营业绩。将销售商业绩与公司股权结构相结合，产销一体捆绑进行上市。2007 年下半年，武汉人人大、成都武侯酒业已经纷纷登上了这趟"风云战车"。左手卖酒，右手资本，经营话语权并不高的渠道商们，似乎看到了改变的机会。

在云南红负责销售以及"风云计划"推进的副总经理林雨看来，云南红"风云计划"是一个为期三年的合作计划，其中详细规定了合作双方的权利义务，并为这些问题作了最好的注解。云南红与合作者共同成立一个注册资金 1000 万元的销售公司，云南红方面 51% 的股份全部以现金投入，渠道商占 49% 的股份。云南红负责在三年之中上市，上市后按照股票发行定价收购分公司股权，渠道商能享受到丰厚的上市股权溢价。如不能上市，云南红则按照合同对合作方股权按照 1：1 收购，使得经营者无任何风险。由于条件优惠，云南红"风云计划"对于渠道商方面的要求主要体现在进入门槛而非经营上。云南红方面要求渠道合作者的云南红产品年销售额，以及注入风云酒行中的其他非云南红产品销售额，有几百万元到 1000 多万元的销售底限。

## 4 后续

近年，虽然葡萄酒整体的市场份额在不断增长，2005 年已经突破 102 亿元，年增长率 37%，中国葡萄酒市场蕴涵着巨大的能量，这种能量伴随着中国经济的增长，伴随着中国与世界经济的一体化、文化的逐渐交融，同时伴随着中产阶级以上消费人群的消费观念的改变而逐步地释放。

### 思考与讨论

1. 试评述"云南红"在前期快速稳定发展阶段的渠道策略。
2. "云南红"在后期渠道策略的调整是否合理？应该采取怎样的

策略?

　　3. 你如何看待云南红的"风云计划"。

## 参考文献

　　[1] 纪春礼:《对"云南红"营销战略的探讨》,《郑州航空工业管理学院学报》(社会科学版) 2007 年第 4 期。

　　[2] 杨镇宇、和艳秀:《五问云南红》,《企业管理》2006 年第 7 期。

　　[3] 张韧、孔君:《"云南红"为什么这样红》,《中国农垦》2005 年第 2 期。

　　[4] http://www. redwinelife. com/new/viewnews. asp? id = 20999。

　　[5] 杨镇宇、和艳秀:《云南红还能"红"多久?》,《中国市场》2006 年第 7 期。

　　[6] http://www. etobacco. cn/twth/2007623/400d826d – 2646 – f4195a9a. Html。

　　[7] 郭晓霜、郭斌:《云南红航迹》,《新食品》2006 年第 6 期。

　　[8]《云南红:真情酿就葡萄酒自主创新香自流》,《中国民营科技与经济》2006 年第 6 期。

　　[9]"云南红"葡萄酒市场营销案例,文档在线。

# 市场研究

# "掌上政府"占领宁波外来务工人员市场

## 刘 卉

**摘 要** 浙江移动宁波分公司通过调查，发现大量的宁波外来务工人员是一个巨大的增量和存量市场，开发了为外来务工人员提供个性化的或政策信息公开服务的"掌上政府"，掌上政府平台推出仅一个月，用户就超过1万户，为政府与外来务工人员之间架起沟通的桥梁，并为宁波分公司持续经营好企业存量和增量市场开辟了新的空间。

**关键词** 浙江移动宁波分公司 调查 宁波外来务工人员 "掌上政府"

## 1 企业背景

中国移动通信集团浙江有限公司隶属于中国移动通信集团公司，是中国移动（香港）有限公司的全资内地运营子公司，也是1997年最早在美国和中国香港同步上市的国内通信公司。

公司拥有11家市分公司，统一经营浙江省的中国移动通信网络，是全省移动通信服务的主要提供者，并始终保持领先地位：网络容量超过5800万门，实现100%覆盖及200多个国家和地区的自动漫游；提供移动通信业务（包括话音、数据、多媒体）、IP电话及互联网接入等业务和技术服务，拥有"全球通"、"神州行"、"动感地带"等著名客户品牌；立足"移动信息专家"，大力发展政府、企业和农村信息化，以移动信息化推动国民经济和社会信息化；构建客户导向的卓越服务体系，始终保持服务的领先优势。公司目前客户总数突破3000万，企业规模连续11年居集团第二，累计上缴利税超过220亿元，是浙江省第二纳税大户。近年来，公司获得"全国质量奖"、"全国质量效益型先进企业"、"全国客户满意企业"、"全国五一劳动奖状"等国家级荣誉数十项,并连续六年获得中国移动集团和通信行业管理创新成果一等奖,连获两届"国家级企业管理创新成果一等奖"。秉承中国移动"正德厚生、臻于至善"的核心价值观,以"创无限通信世界,做信息社会栋梁"为使命,面向未来,公司将全面实施"做世界一流企业,实现从优秀到卓越的新跨越"战略,善尽责任、追求卓越。

宁波位于东海之滨长江三角洲东南隅,现辖五区六县,是浙江省经济最发达的城市和 14 个中央计划单列市(副省级)之一,人均收入居全国第四位,消费水平居全国第二位。是中国第四大港,素有"东方大港,河姆文化,名人故居,儒商摇篮,佛教圣地"之美誉。中国移动宁波分公司,是中国移动通信集团浙江有限公司的下属的一类分公司,下辖甬城、慈溪、余姚、北仑、镇海、奉化、象山、宁海、鄞州九个县(市)分公司。目前在网用户数已突破 600 万户,信息化创新等业务均处于全国领先水平。

## 2　案例事件

截至 2007 年年底,全球约有 30 亿人使用手机,其中,中国移动电话用户就有 6 亿多户,全国大约平均每两个人就有一部手机,可以说,手机正在成为人们工作、生活不可分割的组成部分,并且深远的影响着我们的生活方式。浙江移动宁波分公司认为,手机化与手机文化是一脉相承的,2007 年以来,公司通过以外来务工人员"掌上政府"的推广、建设为切入点,以文化营销为手段,也在实践中不断体会、验证和拓展"手机化"的发展趋势。

### 2.1　"掌上政府"的出台背景

根据《宁波市人口发展报告》,宁波外来流动人口总体规模 10 年来增长 4 倍多,尤其是近 5 年,增长了 2.67 倍。这些人中绝大部分是外来从业人员。至 2006 年年底,在本地人口 560 万的宁波,外来流动人口达到 331 万人,与户籍人口比为 100∶59,占全市企业员工总数的 56%,总量居浙江省首位,已成为宁波经济社会发展的重要力量。据测算,至2020 年宁波市外来流动人口将超过 600 万人。

在此情况下,如何管理好、服务好外来务工人员,在鼓励他们为城市建设作出贡献的同时,解决好宁波市外来务工人员的基本需求,对于推进社会稳定，构建和谐宁波具有重大意义。为此，政府、社会各界始终高度重视外来务工群体，通过一系列举措营造关爱外来务工人员的社会氛围。但是，由于外来务工人员管理不纳入社会经济发展指标，缺少相应的资源配置，在外来务工人员与政府之间的信息沟通上也仍然缺乏更有力、更方便的平台。尽管有暂住人口管理条例，但主要侧重外来人口的"管"和"控"，在"保障"和"服务"上相对薄弱。

根据调查统计数据显示，目前宁波的外来务工人员中，有96.73%表示希望了解较为详细的有关自身利益的政策信息，但是73.77%的外来务工人员对自己有哪些劳动保障权利仅仅是了解一点或是不了解，63.93%的外来务工人员不了解当遇到欠薪事件时该通过哪些部门、以怎样的程序讨取薪水，其中有66.67%的外来务工人员连到哪里去获取这些信息都不知道。

而从外来务工人员的需求来看，最希望得到的是六方面的基本需求。一是劳动保障需要，包括求职就业，技能培训，劳动保险，劳动争议调解，政府法律援助等；二是医疗卫生需要，包括计生管理，心理与生理健康，艾滋病、禽流感等预防知识等；三是子女教育需要，包括流动子女入托入学，留守儿童、无根少年教育等；四是社会救助需要，包括重大疾病、人身意外等情况下的紧急救助等；五是生活服务需要，包括房屋出租、交通票务、社会治安、家乡新闻等；六是情感交流需要，包括社交信息，与父母、子女的情感沟通等。

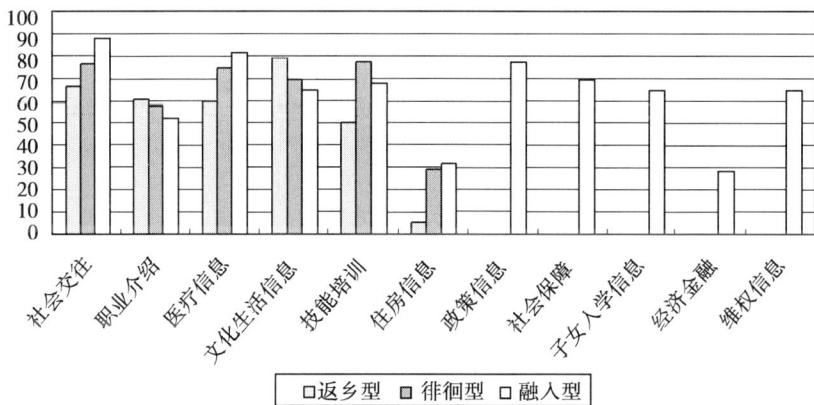

图1 宁波市外来务工人员对信息的需求

　　就浙江移动宁波分公司而言，大量的外来务工人员不仅关系到巨大的增量和存量市场，同时，从承担社会责任的角度，也一直十分关注这方面的动向。

　　那么，为什么是手机化？宁波分公司通过调查发现，外来务工人员既没有电脑，也没有固定电话，但在他们手上，手机普及率却高达85%。手机的高普及率、低使用门槛，使得"手机化"拥有了最广泛的使用基础。它不仅能使各类服务信息快速、准确地到达外来务工人员手上，而且手机使用简便，双向沟通容易，使政府和社会各界对外来务工人员的关爱活动也能够迅速到达、快速落实。加上宁波各级政府都已经实现了上网工程，只需将有关外来务工人员的信息进行加工和整理，就可转化或链接到手机上。通信运营商和管理部门也都具有承载上述各类信息的网络条件，具有完善、成熟的信息服务平台，完全能够为外来务工人员提供有效的服务保障。

## 2.2　"掌上政府"的实施

　　通过周密考虑，在2007年的市人大十三届会议上，宁波分公司总经理王文生领衔提交《关于建设外来务工人员"掌上政府"信息平台的建议》，提出整合政府与社会对外来务工人员服务的信息资源，以手机为载体，打造"掌上服务门户"，实施信息服务"关爱工程"，使其成为外来务工人员依靠的"掌上政府"，以服务促管理，促进外来务工人员政策的有效落实。

　　对这一建议，宁波市市长毛光烈十分重视，为此专门批示指出："为外来务工人员提供个性化的或政策信息公开服务的'掌上政府'服务问题，请市府办、信息产业局研究。这个思路甚至可以延伸扩展到规模以上企业。"在市政府起草的《宁波市关于加强和改进外来务工人员服务管理工作的意见》，其中，关于配套建设"建立统一的外来务工人员信息统计管理制度"（外来务工人员信息网络）中，专门增加了外来务工人员"掌上政府"信息平台的功能。

　　在此基础上，宁波分公司迅速行动，围绕掌上政府建设加速推进。在2007年12月2日举行的宁波市第四届"外来务工者节"上，外来务工人员"掌上政府"信息平台正式投入试运行。该平台致力于成为四大平台为一体的具有政府权威性的综合平台，率先吹响了"新宁波人"的号角。

　　信息服务平台：以政府为主导，整合外来务工信息服务资源，指导和推进外来务工人员"掌上服务门户"建设，将分散在各部门的政府资源进行整合，同时广泛吸纳社会资源，为服务门户提供充足的内容。通过整合政府部门提供的权威可靠信息，进行集中统一发布，使外来务工人员可以免费获得相关信息。如：由劳动保障部门发布外来务工人员招工、劳动保险、合同签订、争议调解等信息；由医疗卫生及防疫部门发布健康保健、预防艾滋病、禽流感等知识；由教育部门发布外来务工人员子女入托、入学信息，等等。政府可通过奖励等方式，鼓励外来务工人员填写个人信息，有关部门进行收集整理，建立一个数据库，方便对其管理。

亲情沟通平台：在特定时段，为外来务工人员提供免费电话等方式，促进外来务工人员与家人，尤其是与留守儿童的沟通；建立网上虚拟社区，使外来务工人员通过手机上网、发短信等方式寻找老乡，进行交友，缓解他们的思乡之情、思亲之情。建立外来务工人员网站、短信通道和热线电话等，加强移动通信的优惠普及，同时也是加强外来人口同家人沟通，消除情感孤岛的一个重要手段。

综合援助平台：由政府动员社会力量，提供相应的支持。如青年志愿者、大学、企事业单位，为外来务工人员提供社会救助支持。大学、医院、电台、报社，组建心理咨询热线、健康咨询热线；劳动部门、司法部门、大学法律院校，设立法律援助热线；民政部门、各类基金会设立紧急救助热线。在外来务工人员权益受到侵害、生活遇到困难、心理和情感遇到危机的情况下，他们通过热线电话、发送短信等方式，就能快速获得社会的援助。

个人发展平台：由劳动部门组织开展"外来务工人员技能提升培训计划"，定期发布就业指导、技能资格认证、技能培训信息，提供技能培训知识等，帮助外来务工人员提高个人素质与能力。同时，加强政策、务工人员等信息服务。在外来务工者生活工作较集中的地区设立联合的政务公开栏，发布政府提供的权威可靠信息，同时通过短信等多种形式发布政务信息。

### 2.3 "掌上政府"的延伸

"掌上政府"平台的建设，为"手机化"尝试开启了一个好头。在此基础上，宁波分公司又成功收编了政府服务百姓热线平台——"81890（拨一拨就灵）"。通过掌上政府信息平台和服务热线81890的整合，使得投诉一条龙服务、咨询一条龙服务、救助一条龙服务，成为众多外来务工人员不可或缺的信息和生活的界面。既有效应对了竞争对手的"商务领航",也为经营好存量和新增的外来务工客户市场打下了坚实的基础。

不仅如此,宁波分公司还鲜明地提出,"老宁波人,新宁波人,都是宁波人;第一故乡,第二故乡,都是咱家乡",推出"新宁波人社区",倡导共建、共享、共融,在为新宁波人提供全方位的信息服务的同时,为他们提供创业、生活、文化的沟通平台。具体包括亲情惠、亲情会、亲情汇和亲情慧四大内容。其中,"亲情惠"讲究优惠、实惠,以信息资讯创造价值;"亲情会"为同乡会、老乡网提供老乡聚会和信息服务的一揽子平台;"亲情汇"倡导亲情汇款,手机实现便捷安全;"亲情慧",搭建新宁波人文化节,共筑和谐大港。一系列亲情牌让广大新宁波人真真切切感受到了幸福快乐在宁波、舒适生活在宁波、事业有成在宁波的同时,也感受到了企业的各种各样的服务。

由宁波分公司主导的"掌上政府"平台、81890 服务热线、亲情会等一系列工作的推进,使"手机化"的生活方式不再只是一个口号,而是通过文化领航,转化为了实际的生产力。"掌上政府"平台推出仅一个月,用户就超过 1 万户,为政府与外来务工人员之间架起沟通的桥梁,"亲情会"和 81890 服务热线也在逐渐成长为大众化的信息扶助平台,这些,都为宁波公司持续经营好企业存量和增量市场开辟了新的空间。

## 3　作者观点

市场营销调研(marketing research),就是运用科学的方法,有目的、有计划地系统地收集、整理和分析研究有关市场营销方面的信息。市场调研有利于制定科学的营销规划;有利于优化营销组合;有利于开拓新的市场。市场调研的任务是明确营销中的经营决策问题;详细规定研究这些问题所需的信息;设计信息收集的方法;管理并实施数据收集过程;分析调查结果;报告调查结果和解释结果的含义。营销调研有探测性调研、描述性调研和因果关系调研三种类型。

## 思考与讨论

1. 浙江移动宁波分公司开发"掌上政府平台"的决策是在什么基础上进行的?

2. 请你为中国移动通信公司开发一个项目。

## 参考文献

[1] http：//www. zj. chinamobile. com。

# 肯德基在中国的选址调查

## 刘　卉

**摘　要**　肯德基是世界最大的炸鸡快餐连锁企业，1987 年，肯德基通过认真细致的市场调查，选择北京作为进入中国的首选城市，至今已在中国 200 多座城市开设了 2000 多家餐厅，已成为中国最大、发展最快的快餐企业，在中国餐饮业遥遥领先，并且中国肯德基一直保持着良好的经营业绩，其成功和它周密细致的选址调查密不可分，其选址调查分为划分商圈和选择商圈两个步骤。

**关键词**　肯德基　北京　选址调查　中国　商圈

## 1　企业背景

肯德基公司属于世界上最大的餐厅集团——百胜全球餐饮集团，集团内有包括分布在超过 100 个国家和地区的近 3 万家连锁的世界著名的肯德基餐厅、必胜客餐厅、Taco Bell 餐厅。

肯德基是世界最大的炸鸡快餐连锁企业，肯德基的标记 KFC 是英文 Kentucky Fried Chicken（肯德基炸鸡）的缩写，它已在全球范围内成为有口皆碑的著名品牌。1930 年，肯德基的创始人哈兰·山德士上校在家乡美国肯塔基州开了一家餐厅。在此期间，山德士潜心研究炸鸡的新方法，终于成功地发明了有 11 种香料和特有烹调技术合成的秘方，其独特的口味深受顾客的欢迎，餐厅生意日趋兴隆，秘方沿袭至今。美味的炸鸡虽然吸引了众多慕名而来的顾客，然而，传统的炸鸡方法却使顾客必须等待 30 分钟才可享用美食。到了 1939 年，这个难题在上校参观一个压力锅展示时得到解答。上校购买一个压力锅回家，做了各项有关烹煮时间、压力和加油的实验后，终于发现一种独特的炸鸡方法。这种在压力下所炸出来的炸鸡是他所尝过的最美味的炸鸡，至今肯德基炸鸡仍维持这项使用压力锅的妙方。上校的事业在 20 世纪 50 年代中期曾面临一个危机，他的 Sanders Cafe 餐厅所在地旁边的道路要有新建的高速公路通过，他不得不售出这个餐厅。当时的上校已经 66 岁，但他自觉尚年轻，不需靠社会福利金过日子，而这反而成了他事业的转机。上校用他那 1946 年出品的福特老车，载着他的 11 种香料配方及他的得力助手——压力锅开始上路。他到印第安纳州、俄亥俄州及肯塔基州各地的餐厅，将炸鸡的配方及方法出售给有兴趣的餐厅。1952 年，设立在盐湖城的首家被授权经营的肯德基餐厅建立。令人惊讶的是，在短短五年内，上校在美国及加拿大已发展有 400 家的连锁店，这便是世界上餐饮加盟特许经营的开始。肯塔基州为了表彰其为家乡作出的贡献，授予山德士上校荣誉称号。山德士上校一身西装、满头白发及山羊胡子的形象，已成为肯德基国际品牌的最佳象征。

肯德基是世界最大的炸鸡快餐连锁企业，在世界各地拥有超过 11000 家的餐厅。这些餐厅遍及 80 多个国家，从中国的长城至巴黎繁华的闹市区、风景如画的索菲亚市中心以及阳光明媚的波多黎各，都可以见到以肯德基为标志的快餐厅。世界上每天有 1000 多万顾客在各个肯德基餐厅品尝着由山德士上校近半世纪前开创的肯德基原味鸡，顾客还可在世界各地的肯德基餐厅内品尝到近 400 多种其他食品，例如科威特的鸡肉饼和日本的鲑鱼三明治。肯德基为满足消费者不同层面的需要，对顾客服务的方式也在不断变化，除了店内用餐、外卖，从奥克兰到阿尔布克尔克，在美国已有超过 300 家在其他国家越来越多的城市已开展送餐到家的业务。而且在美国的一些城市中，肯德基餐厅还与集团内的姐妹餐厅必胜客和 TacoBell 合作，在设在繁忙街区同一餐厅网点同时为顾客提供餐点。现在，从波多黎各到加利福尼亚州，大学生们已将肯德基快餐列入了日常食谱。

肯德基于 1987 年进入具有悠久饮食文化的古都北京，从而开始了它在这个拥有世界最多人口的国家的发展史。1987 年 11 月 12 日，肯德基在中国的第一家餐厅在北京前门繁华地带正式开业。随着公司管理经验的逐渐丰富、员工队伍的不断壮大和经营体系的日趋完善，肯德基在进入 21 世纪后大大加快了成长速度。2000 年 11 月，肯德基在中国连锁餐饮企业中第一个突破 400 家餐厅规模。2001 年 10 月发展到 500 家，2002 年 2 月达到 600 家，11 个月以后的总数是 800 家。至今肯德基已在中国 200 多个城市开设了 2000 多家餐厅，肯德基已成为中国最大、发展最快的快餐企业，在中国餐饮业遥遥领先。不仅如此，中国肯德基还一直保持着良好的经营业绩。肯德基的中国总部中国百胜餐饮集团连续三年居中国餐饮百强之首，其中绝大部分来自肯德基。

## 2　案例事件

1986 年 9 月下旬，肯德基公司开始考虑如何打入人口最多的中国市场，发掘这个巨大市场中所蕴涵的巨大潜力。虽然前景乐观，但是诸多难题也使肯德基的决策者们倍感头痛，犹豫不决。对这家世界最大的鸡肉餐馆公司来说，面前的中国市场是完全陌生的：肯德基的纯西方风味是否能为中国消费者所接受？开发中国市场，不但需要技术资源，更重要的是还需要宝贵的管理资源。此外，从中国不能汇出大量的硬通货利润，即使是中等水平的汇出也不大可能。最为关键的是，要打入中国市场就必须选择一个特定的投资地点。而这又带有很大的不确定性。在情况并不明朗时，肯德基决定对中国市场进行更全面、更彻底的调查。面临的首要问题是：第一家肯德基店址应当选在何处？这一决策将对今后的盈利、对在中国其他地区的进一步开拓以及对投入管理资源时的决心等产生戏剧性的影响。他们对中国的四个城市进行了调查、分析和比较（参见下表）。

| 城市 | 优势 | 劣势 |
|---|---|---|
| 北京 | 是中国政治文化中心；北京的外来人口数量众多，有潜在的顾客群体；北京还是中国的教育中心，是高等学府聚集地。所有这些因素都造成人口大量涌入和人们智力启蒙，这对肯德基销售部分是极为重要的；是旅游胜地，将会有一个稳定的外汇收入；如果从北京搞起，无疑将更大地吸引人们的注意力，并且不言而喻地表明当权人的赞同态度。这将有助于今后往其他城市的进一步发展 | 选择北京可能比选择其他几处城市更具有冒险性。一个成功的引人注目的买卖会增加政府干预的可能性 |
| 上海 | 中国最大的市场，中国最繁荣的商业中心。工业总产值占全国的 11%，外贸出口占全国的 17%，是直辖市之一；上海与西方的交流历史悠久；上海的明显优势是在这里容易获得合乎质量的充足的肉鸡供应 | 噪声和污染令旅游者感到沮丧，没有足够的外汇收入 |
| 广州 | 是经济特区，在批准外资项目、减免税收和鼓励技术开发方面被授予更多的自主权；西方商人经常光顾，同时也是旅游者从香港出发作一日游的好地方 | 离内地远 |
| 天津 | KFC 已同天津市政府建立了非常友好的关系；另外天津是政府直接领导的三个直辖市之一 | 天津缺乏供应方便的谷物饲养的肉鸡；另一个问题是西方旅游者一般不经常光顾该城市，最后最重要的是该城市不具备这项宏伟计划所需的形象和影响力 |

肯德基通过把降低风险的可能性与通过投资可能得到的潜在的收益加以比较，且考虑到当时在中国没有其他竞争者是进入的最佳时机，于是在平衡了可能的风险和收益后，决定暂时把北京作为一个起点。1987年11月12日，肯德基在中国的第一家餐厅在北京前门繁华地带正式开业。把北京作为肯德基进入中国的首选城市为肯德基在中国的成功奠定了坚实的基础。

肯德基对快餐店选址是非常重视的，选址决策一般是两级审批制，通过两个委员会的同意，一个是地方公司，另一个是总部。其选址成功率几乎是百分之百，是肯德基的核心竞争力之一。通常肯德基选址按以下两步骤进行。

（1）划分商圈

肯德基计划进入某城市，首先通过有关部门或专业调查公司收集这个地区的资料。商圈规划采取的是记分的方法，例如，这个地区有一个大型商场，商场营业额在1000万元算1分，5000万元算5分，有一条公交线路加多少分，有一条地铁线路加多少分。这些分值标准是多年平均下来的一个较准确经验值。通过打分把商圈分成好几大类，有市级商业型、区级商业型、定点（目标）消费型，还有社区型，社、商务两用型，旅游型，等等。

（2）选择商圈

首先确定目前重点在哪个商圈开店，主要目标是哪些。在商圈选择的标准上，一方面要考虑餐馆自身的市场定位；另一方面要考虑商圈的稳定度和成熟度。餐馆的市场定位不同，吸引的顾客群不一样，商圈的选择也就不同。肯德基与麦当劳市场定位相似，顾客群基本上重合，所以在商圈选择方面也是一样的。可以看到，有些地方同一条街的两边，一边是麦当劳，另一边是肯德基。商圈的成熟度和稳定度也非常重要。比如规划局说某条路要开，在什么地方设立地址，将来这里有可能成为成熟商圈，但肯德基一定要等到商圈成熟稳定后才进入。例如说这家店三年以后效益会多好，对现今没有帮助，这三年难道要亏损？肯德基投入一家店要花费好几百万，当然不冒这种险，一定是比较稳健的原则，保证开一家成功一家。

其次要确定这个商圈内，最主要的聚客点在哪儿。例如，成都春熙路是很成熟的商圈，但不可能春熙路任何位置都是聚客点，肯定有最主要的聚集客人的位置。肯德基开店的原则是：努力争取在最聚客的地方和其附近开店。肯德基选址人员将采集来的人流数据输入专用的计算机软件，就可以测算出，在此地投资额不能超过多少，超过多少这家店就不能开。选址时一定要考虑人流的主要动线会不会被竞争对手截住。聚客点的选择也影响到商圈的选择。因为一个商圈有没有主要聚客点是这个商圈成熟度的重要标志。比如成都某新兴的居民小区，居民非常多，人口素质也很高，但据调查显示，找不到该小区哪里是主要聚客点，这时就可能先不去开店，等什么时候这个社区成熟了或比较成熟了，知道其中某个地方确实是主要聚客点才开。

为了规划好商圈，肯德基开发部门投入了巨大的努力。以北京肯德基公司而言，其开发部人员常年跑遍北京各个角落，对这个每年建筑和道路变化极大、当地人都易迷路的地方了如指掌。经常发生这种情况，北京肯德基公司接到某顾客电话，建议肯德基在他所在地方设点，开发人员一听地址就能随口说出当地的商业环境特征，是否适合开店。在北京，肯德基已经根据自己的调查划分出的商圈，成功开了 56 家餐厅。

## 3 作者观点

商圈即各种店铺最密集的经营场所。最常见的商圈类型有市级商业型、区级商业型、定点消费型、服务消费型、社区消费型及旅游消费型等。根据经营的项目确定商圈的类型后，接下来就需要用百分制的打分方法对商圈的等级、交通及前景三个方面进行评估、论证，看在这个商圈内适合不适合开店、能开多大规模的店。

商圈等级的高低直接代表着含金量的多少。可以用打分的办法来确定是黄金商圈还是白银商圈，或是黄铜商圈。如果商圈的等级评定占总分的65%，可从城市人口、收入水平、消费能力及商圈的年营业额四个方面来评估。如这个城市非农业人口为 30 万，年人均收入在 1.5 万元，年平均消费大于 5000 元，商圈的年销售额在 2 亿—3 亿元，就可以把它定为具有 65 分值含金量的黄金商圈。一般来说，城市人口分值为 10 分，经济收入为 15 分，消费能力为 15 分，商圈年销售额为 25 分（如，这个地区有一个大型商场，商场营业额在 1000 万元算 1 分，5000 万元算 5 分等等）。当采用以上每项规定的分值进行评估时，总分为 50 分的便可确定为白银商圈，如果仅有 30 分则定为黄铜商圈。

| | 城市人口 | 年人均收入水平 | 消费能力 | 商圈年营业额 |
|---|---|---|---|---|
| 黄金商圈 | >30万人 | >1.5万元 | >5000元 | >2亿元 |
| 白银商圈 | 20—30万人 | 1—1.5万元 | 4000—5000元 | 1—2亿元 |
| 黄铜商圈 | <20万人 | <1万元 | <4000元 | <1亿元 |

对商圈的交通评估打分主要是看这个商圈辐射功能的大小，能否通过方便快捷的公路、铁路及水路运输，把周边的购买力吸引过来，使商品实现跨市、跨区甚至跨省的大流通。如果给交通评估的总分值定为20分，那么在这个商圈内有一条公交线路通过应算1分，有一条地铁线路通过应算3分，有一条长途汽车线路通过应算6分，有一条火车线路通过应算8分，线路延伸的区域越远定的分值就越高。如在商圈的附近有大型停车场、宾馆等应算2分。

| 参　数 | 分值 | 备　注 |
|---|---|---|
| 公交路线 | 1分 | 有一条公交线路即可算1分 |
| 地铁 | 3分 | 有一条地铁即可算3分 |
| 长途汽车路线 | 6分 | 有一条长途汽车站线路通过应算6分，分值的大小还可以根据路线延伸区域的远近来确定，越远分越高 |
| 火车路线通过 | 8分 | 有一条火车线路通过应算8分，分值的大小还可以根据路线延伸区域的远近来确定，越远分越高 |
| 大型停车场、宾馆 | 2分 | |

对商圈的前景预测可以从权属优势、传统优势、品牌优势及产业优势四个方面来评估打分。如果总分为15分的话，就权属优势而言，政府牵头进行规划开发的商圈可以算4分，对传统集市加以改造而成的商圈应算5分，当这个商圈内的知名品牌店铺能达到30％时应算3分，这个商圈周围有密集的工业品或农产品生产基地可定为3分。这种打分办法，基本可以对这个商圈的发展快慢、前景好坏作出初步判断。即确定目前重点在哪个商圈开店，主要目标是哪些。在商圈选择的标准上，一方面要考虑餐馆自身的市场定位；另一方面要考虑商圈的稳定度和成熟度。餐馆的市场定位不同，吸引的顾客群不一样，商圈的选择也就不同。商圈的成熟度和稳定度也非常重要。比如规划局说某条路要开，在什么地方设立地址，将来这里有可能成为成熟商圈。

评估商圈后，就是选择商圈了。这需要对聚客点进行测算和选择。比如，在店门前人流量的测定，是在计划开店的地点掐表记录经过的人流，测算单位时间内多少人经过该位置。除了该位置所在人行道上的人流外，还要测马路中间的和马路对面的人流量。马路中间的只算骑自行车的，开车的不算。是否算马路对面的人流量要看马路宽度，路较窄就算，路宽超过一定标准，一般就是隔离带，顾客就不可能再过来消费，就不算对面的人流量。

| 人流量评估 | 行走习惯评估 | 马路隔离带影响 | 车流评估 | 人群主体评估 | 不可预见因素评估 |
|---|---|---|---|---|---|
| 本地人流外地人流等 | 包括气候、交通规划、习俗等 | | 私家车自行车等 | 职业、年龄、性别比例等 | 天气影响、未来规划发展 |

## 思考与讨论

1. 以下是肯德基在成都的店址，请你选择其中一家来评估其选址的合理性。

双桥店地址：成华区经华北路 2 号一楼

大世界店地址：成都市新光路大世界商业广场中心商厦一层

蜀汉店地址：蜀汉路 100 号（欧尚超市一层）

建设店地址：成都市建设路 47 号华联商厦超市 1 楼

人民路店地址：成都市人民商场

会展店地址：成都市沙湾路 258 号会展中心一层

春禧店地址：大科甲巷 1—21 号春禧大厦

罗马假日店地址：成都市武侯区高升桥东路 2—2 号罗马假日广场 C 座

华达店地址：成都市武侯大街 266 号华达商厦一楼，二楼

少城店地址：成都市少城路 69—90 号少城大厦一楼

棕北店地址：锦绣路 37 号（原鑫泽大酒店）一层

汇龙湾店地址：沙湾路 1 号汇龙湾广场一层

天府汇城店地址：成都市科华中路 9 号

总府店地址：成都市总府路 21—27 号二楼

八宝街店地址：成都市八宝街新城市广场 2 楼

欧尚店地址：成都市蜀汉路欧尚超市一楼

逸都店地址：二环路西二段同辉国际购物广场 C 座一楼

新世界店地址：锦江区盐市口顺城大街 8 号

城市广场店地址：西大街 1 号新城市广场二楼

跳伞塔店地址：一环路南二段 17 号世界资讯广场负一楼东侧

交大店地址：金牛区交大路 183 号

机场店地址：双流机场候机楼 A – YC – 2

财富店地址：锦江区青石桥南街大业路 6 号 1—2 层

2. 2008 年，百胜餐饮集团中国事业部肯德基川渝黔滇市场总经理俞铮青与成都市成华区签下了投资建设西南地区首个肯德基汽车穿梭餐厅的协议，这家选址双林路的汽车穿梭餐厅总投资超过 3000 万元。请你进行实地考察，运用相关理论分析该汽车穿梭餐厅的选址。

## 参考文献

［1］ http：//www. 163. com。

［2］ http：//www. 17xie. com。

# 王老吉与万科的危机公关

## 刘　卉

**摘　要**　汶川大地震是对企业和企业家面对突发事件危机公关能力的一次严峻的考验。王老吉积极主动,第一时间捐出 1 亿元善款,让消费者看到了一个负责任企业的形象,短时间里得到市场更多关注和追捧,品牌价值不断提升;而万科因为"捐款门"事件,品牌价值比上年缩水了 12.31 亿元。

**关键词**　王老吉　万科　危机公关　品牌价值

## 1　企业背景

### 1.1　王老吉

王老吉最早是 19 世纪王泽邦(乳名阿吉)在广州开设的王老吉凉茶铺。新中国成立后,广州中药九厂按原来的处方,继续生产"王老吉"凉茶。而中药九厂就是后来的广州羊城药业股份有限公司、现在的广州王老吉药业股份有限公司的前身。凉茶是广东、广西地区的一种由中草药熬制,具有清热去湿等功效的"药茶"。在众多老字号凉茶中,又以王老吉最为著名。王老吉凉茶发明于清道光年间,至今已有 175 年,被公认为凉茶始祖,有"药茶王"之称。到了近代,王老吉凉茶更随着华人的足迹遍及世界各地。

20 世纪 50 年代初,由于政治原因,王老吉凉茶铺分成两支:一支完成公有化改造,发展为今天的王老吉药业股份有限公司,生产王老吉凉茶颗粒(国药准字);另一支由王氏家族的后人带到香港。在中国内地,王老吉的品牌归王老吉药业股份有限公司所有;在中国大陆以外的国家和地区,王老吉品牌为王氏后人所注册。加多宝是位于东莞的一家港资公司,经王老吉药业特许,由香港王氏后人提供配方,在中国内地独家生产、经营王老吉牌罐装凉茶（食字号）。该公司提炼出了"怕上火，喝王老吉"的核心卖点，而一举走红，使其从2002年的年销售额1.8亿元，迅速发展到了2007年年销售额近90亿元（含盒装），其赚钱之快，几近"蒙牛速度"！加多宝集团已经在广东、福建、浙江、北京与武汉分别设立了罐装工厂，并在周边地区形成强大的销售网络。

### 1.2 万科

万科企业股份有限公司成立于1984年5月，是目前中国最大的专业住宅开发企业，是目前中国最大的房地产上市公司。早在20世纪90年代中后期，万科集团已成为国内地产界的翘楚，以珠三角、长三角和环渤海区域为经营重点，坚持普通住宅为主的开发方向。目前已进入全国27个城市。2007年公司完成新开工面积776.7万平方米，竣工面积445.3万平方米，实现销售金额523.6亿元，结算收入351.8亿元，净利润48.4亿元，纳税53.2亿元。公司连续五年入选"中国最受尊敬企业"，连续第四年获得"中国最佳企业公民"称号。

王石，万科创始人，1984年组建万科前身深圳现代科技仪器展销中心，任总经理，1988年起出任经股份化改组之深圳万科企业股份有限公司董事长兼总经理，公司法人代表。现兼任中国房地产协会常务理事、中国房地产协会城市住宅开发委员会副主任委员、深圳市房地产协会副会长以及深圳市总商会副会长等职务。被称为中国地产教父，是中国新经济的主要代表人之一。王石提出过"反对暴利"，并且具体到"利润超过25%的不做"；王石提出过"公益事业无止境"，并且把公益与他的公司和他的探险等个人行为结合起来，形成了一连串关于他的津津乐道的案例。

## 2 案例事件

### 2.1 汶川大地震在企业界的"余震"

2008年5月12日14时28分，四川汶川发生了8.0级特大地震，伤亡严重。京沪等20个省市和地区都有震感；据民政部报告，截至2008年7月24日12时，汶川地震已确认69197人遇难，374176人受伤，失踪18209人。汶川大地震是新中国成立以来破坏性最强、涉及范围最广、救灾难度最大的一次地震。截至2008年6月28日，"5·12"汶川大地震致四川省直接经济损失超过1万亿元人民币。

一场突如其来的地震，不仅给灾区人民带来了巨大的灾难，给全国人民带来了巨大的哀痛，同时也给中国的知名企业和企业家们带来了一场剧烈的公信"余震"和经济"余震"。它是对企业和企业家面对突发事件危机公关能力的一次严峻的考验。在这场企业"余震"中，分化出两种结果：有些企业很积极主动，纷纷捐赠财物，派出专业队伍支援灾区，其善行得到了公众、媒体的极大关注和好评，企业的美誉度普遍得到提升；有的企业一捐成名，留名青史；有的企业由此获得"脱壳"新生，甚至会由此"拐点"腾飞。而有些反应迟钝或反应麻木、捐赠吝啬的企业，形象大为受损，将来一旦标榜"社会责任"、"企业责任"、"员工责任"、"客户责任"……极有可能被对手当作把柄。

据中国社科院经济学部企业社会责任研究中心钟宏武开展的《"5·12"大地震企业捐赠大众评价调查》的调查结果显示，消费者力挺慷慨企业，79%的消费者会优先选择公益企业的产品。在此次救灾中，有些企业很积极主动，另一些企业很吝啬，42.4%的受访者表示，在购物时，肯定会优先选择慷慨企业的产品或服务；37%可能会优先选择慷慨企业的产品或服务；7.1%可能不会；4.2%肯定不会；9.3%没有考虑过这个问题。67.4%的消费者谴责不捐赠的企业，对于那类不积极支持灾区的企业，15.4%的受访者表示会谴责它们，还要抵制它们的产品；17.2%表示不仅自己抵制这类企业的产品，还要号召周围朋友来抵制它们的产品；34.9%表示会谴责它们，但如果其产品好还是会用；32.6%表示如果企业产品没有问题，就继续使用。投资者严重关注上市企业捐赠，95.9%的股民认为捐赠对企业是利好，如果受访者购买了一家公司的股票，这家企业对灾区做了不少的捐赠，受访者如何看待？58.3%的受访者表示支持，认为在大灾大难面前，所有的企业应该做好事，不能计较个别得失；37.6%表示支持，认为这能提升企业形象，对企业的长期回报有好处，但要加强管理，注意成效；2.5%表示反对，捐赠不是企业应该干的事，要捐赠也应该由股东来做；1.6%持有其他观点；没有人因为企业捐赠可能影响到股东分红而反对捐赠。70%的受访者考虑购买公益企业的股票，如果某个上市企业积极捐赠，受访者是否会考虑购买其股票？18.7%的受访者表示肯定会购买；51.2%表示可能会购买；2.9%表示肯定不购买；27.2%表示没有想过这个问题。65%的受访者考虑抛售吝啬企业的股票。如果受访者持有某个企业的股票，它在抗震救灾中很吝啬，受到公众的谴责，受访者是否会卖掉这只股票？17%的受访者表示肯定会抛售；48.5%表示可能会抛售；7.5%表示肯定不会抛售；27%表示没有想过这个问题。

**2.2 王老吉、万科表现不同，结局大异**

在这次地震捐款中，王老吉和万科也榜上有名，但是由于在捐款活动中的表现不同而引发了不同的结局。

2008年5月18日晚，中央电视台播出"《爱的奉献》——2008抗震救灾大型募捐活动"。该活动由中宣部、中央外宣办、文化部、国家广电总局、国家新闻出版总署、总政治部、中国文联、中国作协、中国记协主办。在这次活动中，加多宝集团王老吉地震捐款1亿元，成为国内单笔最高捐款企业。他们的善举顿时成为人们关注的焦点。有人提出口号："要捐就捐一个义（亿），要喝就喝王老吉。"紧接着，王老吉的"慈善"广告开始播出。"王老吉"凉茶的大手笔爱心义举恰当其时，顿时拉近了与公众的心理距离。爱人者人爱之，加上商品本身的价廉物美，王老吉获得了消费者的青睐追捧，纷纷对其作出"感情投资"。5月20日，当《第一财经日报》记者采访广州某高职中学校内小卖部老板时，老板说"4月份整一个月才卖了两三箱王老吉，但单5月19、20日这两天，王老吉就卖断货了。""我们的订货计划是一个星期为周期，由于5月份进入销售旺季存货量较多，目前还能应付。"某市从事副食品批发的某经销商说，近日王老吉的批发有增长，一方面是由于天气慢慢变热，一方面是加多宝的亿元捐款刺激了消费者对王老吉的热情。以前王老吉24罐/箱规格的货品，每件批发价30元，以前客户总要在这个基础上问有没有什么赠品之类的，但近两日明显下订单爽快得多。这正是王老吉成功公关活动的积极效果。王老吉的大笔捐赠恰到好处地与公众的心理达成了共鸣。不仅保留住了自己的知晓及行动公众，还挖掘了一大批潜在公众和非公众，为其产品打开了广阔的潜在市场。年轻消费者有可能成为王老吉今后新增的消费群。

一直以来，有"好公民"之称的万科董事长王石在中国地产界享有很高声誉，他领导的万科连续多年被评为"中国最佳企业公民"。然而，因为给地震灾区捐款事件，王石和万科站在了舆论的风口浪尖上，几乎成为众矢之的。地震发生后，万科便向地震灾区捐款200万元。按道理说万科的反应还是很迅速的，但问题就出在了这个数字200万上，由于此前万科公布的2007年年报显示，万科销售额排名内地房地产企业第一，已超过 523 亿元，净利超过 48 亿元，网友们认为，万科此次捐赠的善款不足其净利润的万分之四，而一直以来，房地产行业都被看做牟取暴利的行业，而万科作为此行业的龙头老大，捐出利润的万分之四，实在与其形象不相称，因此很多网友对万科的做法产生了质疑，并表示出了对万科的失望！此时的万科，已经隐藏出了一种潜在的危机！

5 月 15 日，王石对于网友质疑在其博客上进行了回答，他说道"万科捐出的 200 万是合适的。中国是个灾害频发的国家，赈灾慈善活动是个常态，企业的捐赠活动应该可持续，而不成为负担"。并指出万科普通员工的捐款以 10 元为限。至此，万科集团的真正危机爆发了。究其原因，就在于王石这番在不适当的时机所发表的不适当的言论。王石这番言论令其个人和万科品牌形象跌至谷底。

万科的股价从 5 月 15 日即王石发表博客言论当天的 22.57 元，连续下跌 6 个交易日，一直下滑到 5 月 23 日的 19.6 元。

5 月 20 日 20 点 30 分万科发布公告：将在 3—5 年内，投入 1 亿元，参与四川地震灾区的临时安置、灾后恢复与重建工作。该工作为纯公益性质，净支出额度为人民币 1 亿元。但公众舆论并不领情。多数人认为他只不过是迫于压力而作出的妥协，甚至有人说追捐的 1 亿元只是"一种公关技巧"。有传闻猜测万科有意在遵道镇投资商品住宅、旅游开发业务，或在四川地震灾后重建中寻找业务机会。不少公众开始自发组织"抵制购买万科住宅、抵制持有万科股票"的活动。公众认为，一个"冷血、麻木、丑陋的地产商人"是不值得信赖和选择的。

5 月 21 日 19 点 43 分，王石通过凤凰卫视表示，"随着时间推移来反省这件事情，感到非常非常不安"，并正式向网友道歉。"这段时间，我也为我这句话感到相当不安！主要基于三方面原因，一是引起了全国网民的分心，伤害了网民的感情。二是造成了万科员工的心理压力。三是对万科的公司形象造成了一定的影响。在这里对广大网友表示歉意！"此时，距离汶川地震已过去 221 个小时。

5 月 24 日针对"万科有意在遵道镇投资商品住宅、旅游开发业务，或在四川地震灾后重建中寻找业务机会"的传言，万科发表声明称，公司参与四川地震灾区的临时安置、灾后恢复与重建工作是完全无偿的，不收取任何直接与间接经济回报，不回收任何成本的纯公益性质，万科在本次地震灾后重建的全过程中，不承揽任何有回报的重建业务。此外，万科不考虑在遵道镇乃至整个绵竹市开展商品住宅、旅游开发或其他任何内容的商业投资活动。

6 月 5 日，万科召开 2008 年第一次临时股东大会，王石致辞时，首先向股东表达歉意。并表示，"会用时间来证明一切"，强调万科不会在灾区进行任何商业性的开发。万科管理层还将个人向灾区捐款 1000 万元。

根据世界品牌实验室发布的报告，万科因为"捐款门"事件，品牌价值比去年缩水了 12. 31 亿元。

## 3  作者观点

危机从字面上来讲蕴涵着"危险与机遇"两层意思，按照英文韦氏辞典的定义便是"有可能变好或变坏的转折点或关键时刻"。罗森塔尔（Rosenthal）等人认为：危机就是对一个社会系统的基本价值和行为准则架构产生严重威胁，并且在时间压力和不确定性极高的情况下，必须对其作出关键决策的事件。因此，企业危机的出现总是以一定的组织的危机事件为标志的。

危机具有三个特点：突发性、严重性、关注性。

企业危机公关的基本框架是：危机事件的预警和预防、危机处理的原则和危机处理的策略。在危机事件的预警和预防中，应建立预警性监测系统和快速反应机制以及进行危机应急计划的训练。当危机发生后，应本着速度、态度、力度的三原则，在危机处理中充分发挥媒介的作用，建立发言人制度、提供访问的在线工具，利用搜索引擎等。

一个企业，难免会遇到各种危机，但是在危机面前，企业的管理者绝对不能忽视 24 小时原则，应该在第一时间就果断作出决定，切断危机扩散和传播的途径。同时还要及时和媒体加强沟通，在危机发生的时候，沉默不是金，反而有可能成为炸弹。而媒体则是企业向外界展现自己的媒介，很好地利用了这一媒介，不但可以化解危机，还能够帮企业做有利的宣传。在地震发生后的 48 小时之内，万科就已经采取了一系列援助的活动。但可惜的是，万科过于沉默了。万科正面所做出的努力并没有让媒体和网友知道，只是在危机发生了之后，搬出自己曾经的努力，当然信服度就大打折扣了。王石的公开道歉是在危机发生后的第 6 天，而在这六天中，王石或者万科的高层管理人员并没有出面对此事件作出合理的解释，直接导致的后果就是不良影响越传越广。而生产王老吉饮料的香港加多宝集团在第一时间捐出 1 亿元善款，甚至有人建议王老吉把原来的广告词"怕上火，喝王老吉"改为"要捐就捐一个亿（义），要喝就喝王老吉"，王老吉赈灾慈善大手笔，让消费者看到了一个负责任企业的形象，短时间里得到了市场更多的关注和追捧，品牌价值不断提升。

## 思考与讨论

1. 如何认识公关危机对企业的影响？
2. 结合本案例分析，企业在处理危机事件时，应注意哪些事项？
3. 试分析网络在企业危机公关中的作用。

## 参考文献

[1] http：//www. vanke. com。

# 西安旅游关中客栈的市场定位

## 刘　卉

**摘　要**　关中客栈原本是一家以住宿为主的中低档饭店，基本没有其他配套服务设施，经营业务单一，设施设备陈旧，经营产品同质化，缺乏特色，资源严重浪费。2005 年通过对周边环境、目标顾客和竞争者的分析，关中客栈进行了重新定位，将关中客栈打造成为西安首家具有关中历史文化民俗特色、既复古又时尚且符合时代发展的一家三星级标准的经济型商旅酒店，当年便扭亏为盈，且各项经济指标较前成倍增长。

**关键词**　关中客栈　市场定位　经济型酒店　关中历史文化民俗特色

## 1　企业背景

关中客栈位于西安市南新街集贤巷 10 号，是西安旅游股份有限公司下属的一家经营酒店业务的分公司，是西安旅游（集团）股份公司在西安市精心打造的首家具有关中民居特色 E 概念涉外三星级标准酒店。关中客栈前身为关中饭店，总营业面积 5001 平方米，楼高 11 层，原有客房 85 间（其中套房 6 间，标准间 54 间，简易客房 25 间，其中 2—4 层不带独立卫生间），是一家以住宿为主的中低档饭店，基本没有其他配套服务设施，经营业务单一，设施设备陈旧，经营产品同质化，缺乏特色，资源严重浪费。2005 年以来，关中客栈周围竞争环境日趋激烈，关中饭店经营面临着许多困难。为了使这样一家地理位置优越、交通便捷、周边商业圈成熟、闹中取静等行业优势的企业焕发生机，在激烈的市场竞争中准确定位；同时挖掘、宣传并利用西安的城市资源，让历史文化为现代企业服务，打破产品同质化，形成独特的风格，打造西安首家具有关中历史文化民俗特色、既复古又时尚且符合时代发展的一家三星级标准的经济型商旅酒店，股份公司于 2006 年投资 1134 万元，对关中客栈进行了全面的装修改造。2006 年经过西安旅游股份有限公司装修改造，关中客栈现有客房102 间，房型有 5 种，分别为特色套房 5 间，家庭间 6 间，商务标准间 40 间，标准间 37 间，大床间 14 间，可满足不同宾客的需求，现设有关中风味中餐厅、商务中心、康乐中心、多功能会议室、棋牌室、停车场等多项服务设施。客栈风格传统独特，保持了原汁原味的明清古建筑风貌，精美的雕刻及彩绘；古色古香的明清家具……走进客栈，仿佛走进了历史中，整个客栈古朴而豪华，典雅而舒适，传统而时尚，既与古城相融，又以格调独特设施高档而冠绝古城。

通过一年的运营，2007 年全年完成收入 610 万元，仅客房收入就完成 557 万元，创利 10 万元，平均周转达 85%，平均单价 176 元，当年便扭亏为盈，且各项经济指标较前成倍增长。

## 2　案例事件

### 2.1　关中客栈的周边环境分析

关中客栈地处西安市钟楼周围，西安市政府批准了"以南门为中心建设西安中心旅游区"的规划，经学者、专家、各级政协委员多方论证，肯定了南门地区作为西安中心旅游区的独特优势。西安市政府将加快中心商务旅游区建设，以东大街、南大街为轴心，辐射和平路、骡马市、端履门，建成中心商务区，以销售高中档服装、国际名表、名牌文化体育用品为主。同时建设高标准的骡马市周边商业步行街，建成后的商业步行街东起南北柳巷路西，西至骡马市道路东侧，南起东木头市，北至东大街，采取仿古和现代相融合的建筑风格，回廊、天井、下沉广场、屋顶花园等，集旅游、休闲、购物、娱乐等功能为一体，景观营造尽现西安人文特色，成为一条西安城市旅游观光特色风景线。

以骡马市为中心商业步行街的建设，将使钟楼的商业中心地位进一步得到提升，这对于吸引外地喜欢特色旅游的游客具有很大的吸引力，因此也必将带动钟楼附近的酒店行业。关中客栈因位于东大街，处于钟楼商业中心的黄金地段，毗邻西安市最著名的几大商业大厦和写字楼，对来西安旅游及商务客人具有较强的吸引力。

## 2.2 关中客栈的目标顾客分析

一般可以将住店的客人区分为两大类，即公务客人和度假客人，与之对应的市场称之为公务旅游市场和休闲观光市场。

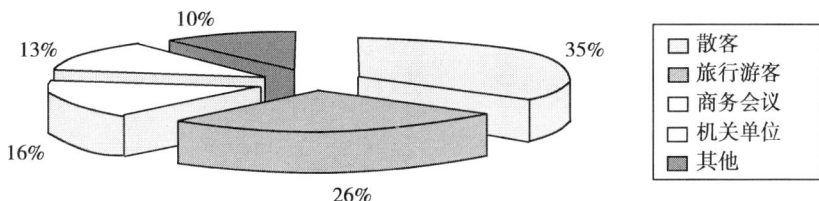

**图1 关中客栈的客源分布状况**
资料来源：关中客栈客房部。

公务旅游市场中有政府官员、企业高级管理层（董事长、总经理、销售总监、区域经理等），也有一般的工作人员（企业普通的销售人员、技术人员、客户服务人员等）。出于这些人的工作性质，他们一般要求入住的酒店具备交通便利、安全，办事效果和方便程度是他们的要求。公务客户在选择酒店时会根据个人经验、朋友推荐、业务要求等确定，也有企业直接预订的情况。

休闲观光市场的旅游者多以休闲度假、观光游览为主。近年来，随着人们旅游意识的增强以及公费奖励旅游的增多，这个市场越来越重要。休闲观光市场的旅游者不太关心酒店的位置是否优越，一般来说价格、交通费用和安全等是其考虑因素。其中，价格是关键甚至决定性因素，由于对价格的高度敏感，酒店的价格优惠政策成为吸引这部分游客的关键。与公务市场另外一点不同的是，观光市场的游客很少在酒店内用餐，更多的是在酒店外用餐或自备食品，有条件甚至可能自己动手解决。休闲观光市场的旅游者选择酒店时根据自身经历或他人推荐作出决定。旅行社推荐、媒体广告、酒店宣传册等也是这些客人的重要参考。

西安关中客栈因为客房数量有限，因此不能接待大型的团队，价格低而且会影响到团队离开后散客的入住，总体计算下来效益较低。而接待小型商务团队却是现实可行的。许多路边的旅馆，虽然价格低廉，但是它的房间基本设施、服务、卫生条件较差；而三星级以上的宾馆在硬件配套设施上虽然达到了标准，价格又很难让普通的消费者接受。随着社会经济的不断发展，消费者的层次也在不断细化。现在，因商务、公务出差的人越来越多，而自助旅游者的队伍也是一天天在壮大。他们在住宿时也许根本不需要豪华的大堂和温泉式游泳池，但是对于房间的要求很高，希望可以享受干净整洁的卧房，雪白的床单；希望服务员有良好的服务意识，在任何时候都有客户至上的理念。经济型酒店正是"摸"准了绝大多数消费者的脾气，在价格远远低于星级酒店的同时，向客人提供一个安全舒适的环境。而关中客栈的客房基本都有星级酒店的配置设施，消费层次的细化造就了关中客栈的市场机遇。

因此关中客栈的目标顾客确定为以散客和小型商务团队为主，一般不接待大型团队。从整体利润考虑，散客接待可以保证大约 70% 的住宿率，整体利润较高，且符合酒店战略定位。

20 世纪 70 年代，随着大众营销时代的到来，由福特公司最先采用并证明有效的标准化概念在各行各业广泛运用开来。酒店业也同样发现标准化的客房具有易于维护和易于复制的优点，它能使酒店集团通过连锁化经营获得规模经济，因此，标准化的酒店产品和服务成为当时酒店业流行的做法。到了 20 世纪 80 年代，酒店市场供过于求以及顾客的需求出现了多样化的趋势，物有所值成为顾客选择酒店的主要依据。酒店开始专注于某个或者某些十分狭小的细分市场，关注个人服务，让顾客在酒店产品的设计与传递中扮演积极的角色，创造独特的消费经历。例如，体验回归自然感受的"绿色酒店"（在这种酒店里，没有任何电子设备，顾客可以真正脱离现代社会的压抑，充分体验回归大自然的乐趣）、体验皇家贵族感受的"园林式酒店"、体验民俗风情的"窑洞客房"以及体验特殊经历的"监狱旅馆"等陆续出现。与星级酒店相比，小酒店最为关键的竞争优势体现在其文化上，关中客栈打造了西安首家具有关中历史文化民俗特色、既复古又时尚且符合时代发展的一家三星级标准的经济型商旅酒店，客栈风格传统独特，保持了原汁原味的明清古建筑风貌，精美的雕刻及彩绘，古色古香的明清家具……走进客栈，仿佛走进了历史中，整个客栈古朴而豪华，典雅而舒适，传统而时尚，创造出了一种独特的氛围。

### 2.3　竞争者分析

西安钟楼附近，不仅商场林立，而且星级酒店星罗棋布，方圆一公里左右，大约汇聚了 40 家星级的酒店，钟楼附近比较有影响力的酒店如下表所示。

表 1　　　　　　　　　西安钟楼附近各大酒店分布情况

| 酒 店 | 位 置 | 星 级 | 价 格 |
|---|---|---|---|
| 西北大酒店 | 东大街 | 三星 | 标准间 300 元左右 |
| 西安五一饭店 | 东大街 | 三星 | 标准间 200 元左右 |
| 西安皇城宾馆 | 东大街 | 四星 | 标准间 350 元左右 |
| 钟楼青年旅舍 | 北大街 | 二星 | 标准间 200 元左右 |
| 都市春天商务酒店 | 北大街 | 三星 | 标准间 180 元左右 |
| 钟楼邮政酒店 | 东大街 | 三星 | 标准间 180 元左右 |
| 德发长酒店 | 案板街 | 三星 | 标准间 280 元左右 |
| 西安饭庄 | 北大街 | 三星 | 标准间 250 元左右 |
| 西安青年会宾馆 | 北大街 | 三星 | 标准间 240 元左右 |
| 王府商务酒店 | 东大街 | 三星 | 标准间 200 元左右 |
| 文物大厦宾馆 | 南大街 | 三星 | 标准间 160 元左右 |
| 海大商务酒店 | 南大街 | 三星 | 标准间 360 元左右 |
| 西安商业大酒店 | 南大街 | 三星 | 标准间 180 元左右 |
| 西安钟楼饭店 | 钟楼东 | 四星 | 标准间 500 元左右 |
| 博泰商务酒店 | 南大街 | 三星 | 标准间 230 元左右 |
| 西安城市酒店 | 南大街 | 三星 | 标准间 260 元左右 |
| 西安有色金属宾馆 | 南大街 | 三星 | 标准间 200 元左右 |
| 书院青年旅舍 | 南大街 | 二星 | 标准间 200 元左右 |

　　面临周围众多的星级酒店，关中客栈将改造后的酒店定位为经济型酒店，所谓经济型酒店，英文名为"budget hotel"或"economy hotel"，其概念源于美国，它是在传统星级酒店基础上发展出来的 种强化客房功能、弱化附属设施及服务项目的新型有限服务酒店。所谓经济型酒店就是经济、简约、酒店规模较小（客房在 100 间左右）；设施相对简单，但装饰布置考究：注重住宿功能，力求在住宿和早餐上精益求精；其特点是清洁、舒适、实惠、方便、安全。由于经济型酒店减免了大型辅助设施，摒弃了星级饭店的豪华大堂、宴会设施，同时也取消了游泳池、康乐中心等娱乐设施，因此使投入的运营成本大幅降低。

　　我国经济型酒店才刚刚起步，真正引起社会的广泛重视是开始于 2004 年。也许是由于"非典"的原因，人们对出行的卫生要求越来越严了。但从根本上讲，经济型酒店之所以日益受到追捧主要还是因为它摸准了时代的脉搏。随着经济的发展人们外出对居住的要求有了明显的提高，以前那些普通的社会旅馆已经无法满足人们的需求了，而经济型酒店正好填补了星级饭店与社会旅馆之间的空白。随着我国经济的发展，经济型酒店的发展将有很大的空间。

随着人们精神生活和物质生活水平的提高，对经济型酒店的信任度和依赖度会越来越高，讨价还价能力相对的减弱，对经济型酒店的发展有利。随着中国经济的快速发展，旅游市场的格局发生了较大的变化，旅游发展从海外市场的外生变量的拉动转化为内外市场的驱动，中国旅游正面临着一个前所未有的新时期。随着商务活动和城乡居民休闲、自助旅游的增多，人们出门在外时更加关注于选择合适的住宿地落脚，由于目前旅游消费在国人消费中所占比例较大，因此消费者对于酒店环境、价格、卫生、安全、舒适程度的要求在提高，要求压低价格。根据经济型酒店网站调查显示，住客最为关注和对经济性酒店最为满意的内容如图 2 所示。

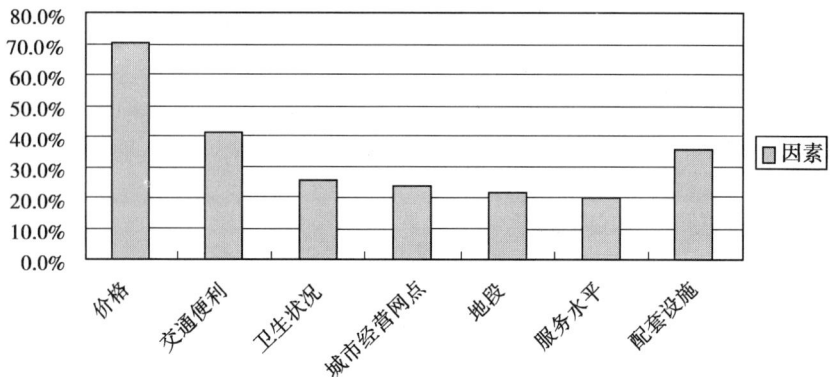

**图 2　消费者对经济性酒店最满意最关注的因素**
资料来源：经济性酒店网。

调查显示，因私外出对住宿价格的选择多集中在 100—224 元之间（略低于因公外出的住宿要求），其选择 150—174 元的比例最高；其中，深圳、成都消费者选择 100—124 元的比例高于其他城市，上海消费者选择 150—174 元的比例高于其他城市，北京消费者选择 200—224 元的比例又高于其他所有城市。由此看来，经济型酒店对于当前国内住客的中等水平花费，还是具有较为广阔的适应性的。

下表是西安市经济型酒店和其他星级酒店的比较。

表2 西安主要类别酒店状况比较

| 酒店类别 | 价格/日 | 主要基本设施 | 主要消费群体 |
|---|---|---|---|
| 经济型酒店 | 100 – 200 元 | 前台接待、24 小时热水、电视、宽带 | 自助旅行者、"旋风式"商务旅行者 |
| 三星级酒店 | 200 – 350 元 | 大堂、24 小时热水、电视、部分宽带、部分餐饮娱乐 | 国内旅行团、商务客人 |
| 四星级及以上酒店 | 350 元以上 | 宽敞明亮的大厅、24 小时热水、数字电视、宽带、商务中心、餐饮酒吧娱乐设施 | 高端商务客人、国外旅行团 |

资料来源：西安市旅游局网。

由此，确定关中客栈的市场定位：具有关中特色民俗文化的商务经济型酒店。平均单价176元，满足以中低档消费为主的需求，目标顾客为中小商务客人，基本设施齐备，价格实惠；同时，减免一些大型辅助设施如豪华宴会厅、复杂的健身中心、游泳池等的建设投入，大幅降低了成本，从而使房价低廉。

### 2.4 关中客栈近两年的财务分析

以2005年为例，年营业收入为280万元，年亏损60万元，周转达90%，已近饱和，但客房平均单价仅为92元，明显低于周边酒店的平均水平。

表3 关中客栈近两年销售和盈利能力状况表 （人民币万元）

| 项目 | 2005 年 | 2007 年 | 升降幅度 |
|---|---|---|---|
| 营业收入 | 368.35 | 961.02 | 160.90% |
| 营业成本费用 | 178.99 | 579.25 | 223.62% |
| 净利润 | 169.37 | 325.66 | 92.28% |
| 经营毛收益（GOP） | 368.35 | 871.73 | 136.66% |
| 经营毛收益率 | 100% | 91% | |

资料来源：关中客栈酒店2005—2007年财务报表。

通过一年的运营，2007年全年完成收入610万元，仅客房收入就完成557万元，创利10万元，平均周转达85%，平均单价176元，当年便扭亏为盈，且各项经济指标较前成倍增长。由于2006年关中客栈全面改造，表3是关中客栈近两年的销售和盈利能力状况。

在经营策略上，打破同质化，追求个性化、差异化、特色化，确立了

"明韵清风，印象关中"的营销主题，开展了一系列有效的营销宣传，从而使改建后的关中客栈，无论是外在形象、业务拓展还是其文化内涵、知名度的提升与宣传等方面都发生了全新的改变，在激烈的同行业竞争中，独树一帜，脱颖而出，取得了较好的业绩。

## 3　作者观点

STP 营销是现代战略营销的核心，S 指市场细分，T 指目标市场选择，P 指市场定位。市场细分就是以消费需求的某些特征或变量为依据，区分具有不同需求的顾客群体的过程。目标市场的选择战略有无差异性营销战略、差异性营销战略和集中性营销战略。无差异性营销战略是企业把整体市场看作一个大的目标市场，不进行细分，用一种产品、统一的市场营销组合对待整体市场。它的最大的优点是成本的经济性；最大的缺点是顾客的满意度低，适用范围有限。差异性营销战略是企业在市场细分的基础上，根据自身的资源及实力选择若干个细分市场作为目标市场，并为此制定不同的市场营销计划。最大优点是可以有针对性地满足不同顾客群体的需求，提高产品的竞争能力，能够树立起良好的市场形象，吸引更多的购买者；最大缺点是市场营销费用大幅度增加。集中性营销战略是企业在市场细分的基础上，根据自身的资源及实力选择某一个细分市场作为目标市场，并为此制订市场营销计划。专业化经营，能满足特定顾客的需求。集中资源，节省费用。经营者承担风险较大，它适合资源薄弱的小企业。影响目标市场战略的因素有企业能力、产品同质性、产品寿命周期阶段、市场的类同性和竞争者战略。市场定位是根据竞争者现有产品在市场上所处的地位和顾客对产品某些属性的重视程度，勾画与传递本企业产品、形象的活动过程。"定位"是由广告经理艾尔·列斯（Al Ries）和杰克·特劳特（Jack Trout）提出的。他们把定位看成对现有产品的创造性实践。定位是以产品为出发点，如一种商品、一项服务、一家公司、一所机构，甚至一个人……但定位的对象不是产品，而是针对潜在顾客的思想。就是说，要为产品在潜在顾客的大脑中确定一个合适的位置。市场定位的步骤是明确竞争优势、选择竞争优势和显示竞争优势。市场定位的方法有特色定位、利益定位、使用定位、使用人定位、竞争定位、类别定位、比附定位、对抗定位、产品目录定位、避强定位和文化定位等。

## 思考与讨论

1. 评论关中客栈的目标市场营销战略。

2. 关中客栈经过重新改造和定位于经济型酒店以后，取得了很好的经济效益，应该说关中客栈的经济型定位是准确的。但是，2007 年 10 月左右，在关中客栈周围雨后春笋般建立了不少经济型酒店，对关中客栈的市场形成了很大的竞争和威胁，使关中客栈的入住率从 2007 年的平均85% 左右，2008 年开始入住率逐步下降到 75% 左右。请你为它想办法解决这个问题。

# 中国移动的顾客满意度调查

## 刘 卉

**摘 要** 顾客满意度反映的是顾客的一种心理状态，它来源于顾客对企业的某种产品服务消费所产生的感受与自己的期望所进行的对比。集团客户是中国移动公司相对稳定的大客户群体和业务收入的主要来源，具有丰富的、个性化和颇具规模的需求。集团客户往往不仅重视移动通信服务本身，还更看重服务的价值。良好的集团客户服务，不但可以增加服务价值，还可以拓展客户群，从而有效避免单纯的价格竞争，在严峻的价格战形势面前尤为重要。做好集团客户服务工作，提高集团客户的忠诚度和满意度，并引导、激发其消费，可以有效地稳定和拓展高价值客户群，增加市场收入份额，提升企业核心竞争力，在激烈的市场竞争中立于不败之地，需开展顾客满意度调查。

**关键词** 中国移动通信集团公司 集团客户 顾客满意度调查

## 1 企业背景

中国移动通信集团公司（简称"中国移动"）于2000年4月20日成立，注册资本为518亿元人民币，资产规模超过7000亿元。中国移动是我国唯一专注于移动通信运营的运营商，拥有全球第一的网络和客户规模，是北京2008年奥运会合作伙伴。

中国移动通信集团公司全资拥有中国移动（香港）集团有限公司，由其控股的中国移动有限公司在国内31个省（自治区、直辖市）设立全资子公司，并在香港和纽约上市。目前，中国移动有限公司是中国在境外上市公司中市值最大的公司之一。中国移动主要经营移动话音、数据、IP电话和多媒体业务，并具有计算机互联网国际联网单位经营权和国际出入口局业务经营权。除提供基本话音业务外，还提供传真、数据、IP 电话等多种增值业务，拥有"全球通"、"神州行"、"动感地带"等著名服务品牌，用户号码段包括"139"、"138"、"137"、"136"、"135"、"134（0 至 8 号段）"和"150"、"151"、"158"、"159"。

中国移动在中国移动通信大发展的进程中，始终发挥着主导作用，并在国际移动通信领域占有重要地位。经过十多年的建设与发展，中国移动已建成一个覆盖范围广、通信质量高、业务品种丰富、服务水平一流的移动通信网络。网络规模和客户规模列全球第一。目前，网络已经 100% 覆盖全国县（市），主要交通干线实现连续覆盖，城市内重点地区基本实现室内覆盖，客户总数超过 3.7 亿户。截至 2007 年 12 月 31 日，中国移动与 231 个国家和地区的 350 个运营公司开通了 GSM 国际漫游业务，并与 161 个国家和地区的 187 个运营商开通了 GPRS 国际漫游，国际短信共通达 110 个国家和地区的 262 家运营商，彩信通达 44 个国家和地区的 74 家运营商，同时，中国移动还将不断扩大国际漫游通达范围。

中国移动已经成功进入国际资本市场，良好的经营业绩和巨大的发展潜力吸引了众多国际投资。中国移动已连续 7 年被美国《财富》杂志评为世界 500 强，最新排名第 180 位。上市公司成为连续四年入榜《福布斯》"全球 400 家 A 级最佳大公司"的唯一中国企业。中国移动通信的品牌价值不断上升，连续第二年进入《金融时报》全球最强势品牌排名，品牌价值（412 亿美元）列第五位；再次入选世界品牌实验室编制的《世界品牌 500 强》，名次大幅提升至 66 位；债信评级随国家主权评级继续得到标准普尔和穆迪公司同步调升。

中国移动既是一个财务稳健、能够产生稳定现金流的赢利性公司，又是一个充满发展潜力、具有发展前景的持续成长性公司。面向未来，中国移动确立了"做世界一流企业，实现从优秀到卓越的新跨越"的发展战略目标。围绕这一目标，中国移动通信将秉承"正德厚生、臻于至善"的企业核心价值观，深入贯彻科学发展观，努力提升核心竞争力，通过打造卓越的运营体系，建设卓越的组织，培育卓越的人才，打造"一个中国移动（One CM）"，努力成为移动信息专家和卓越品质的创造者。

## 2　案例事件

　　集团客户是中国移动公司相对稳定的大客户群体和业务收入的主要来源，具有丰富的、个性化和颇具规模的需求。集团客户服务是集团客户工作中最重要的一个方面。集团客户往往不仅重视移动通信服务本身，还更看重服务的价值。良好的集团客户服务，不但可以增加服务价值，还可以拓展客户群。集团客户服务有利于提高深层次价值服务的水平和能力，创造与客户共赢的局面，从而有效避免单纯的价格竞争，在严峻的价格战形势面前尤为重要。做好集团客户服务工作，提高集团客户的忠诚度和满意度，并引导、激发其消费，可以有效地稳定和拓展高价值客户群，增加市场收入份额，提升企业核心竞争力，在激烈的市场竞争中立于不败之地，需开展顾客满意度调查。以下问卷就是中国移动通信公司针对集团客户制作的顾客满意度问卷。

### 中国移动公司集团客户满意度调查问卷

　　您好，我是市场调研公司的访问员。我们是一间独立的研究公司，现在我们受中国移动的委托，进行一项满意度调查，希望了解贵公司对中国移动提供的通讯产品和服务的一些意见和建议。我们将对您提供的信息进行严格的保密处理。

**过滤问卷**

A1 请考虑一下，以下哪句话最能描述您日常与移动网络服务商的关系？

1. 我是我公司中通信事务部门的主要负责人
2. 我是我公司中联系网络服务商的主要人员
3. 我是我公司中联系网络服务商的人员之一
4. 我很少会为集团事务联系网络服务商
5. 我从来不会为集团事务联系网络服务商（结束并记录在联系记录单上）
6. 拒绝（结束并记录在联系记录单上）

A2 贵公司是中国移动的集团用户吗？那贵公司是中国联通的集团用户吗？

1. 中国移动　　2. 中国联通（结束并记录在联系记录单上）

3. 没有（结束并记录在联系记录单上）　　4. 拒绝（结束并记录在联系记录单上）

A3 此次访问需要大约 30 分钟，请问您现在能抽空参加吗？

1. 可以现在开始（开始主问卷）

2. 重新安排访问时间（记录预约时间，重新访问）

3. 拒绝（终止访问。在接触表中记录结果）


**主问卷**

在下面的访问中，我们将问您一些有关中国移动提供给贵公司的产品和服务的意见。请您以一个集团用户的角度来回答。如果您在某些问题不知道答案，或者您认为不适用的，您可以直接告诉我，我会继续其他的问题。

B1 整体来说，作为中国移动的集团用户，您会如何评价中国移动这家公司的整体质量呢？

1. 非常好　　2. 很好　　3. 好　　4. 一般　　5. 差

B2 请综合考虑中国移动向贵公司提供的产品及服务，相对于他的价格，您觉得中国移动提供的整体价值是……（单选）

1. 非常物有所值　　2. 很物有所值　　3. 物有所值　　4. 一般

5. 物非所值

B3 贵公司使用中国移动提供的集团用户服务，给贵公司带来的综合成本如何呢？

1. 非常好　　2. 很好　　3. 好　　4. 一般　　5. 差

B4 具体来说，您怎样评价中国移动公司的移动电话服务和产品在以下各方面的费用呢？

| | 价格很低 | 价格低 | 价格一般 | 价格高 | 价格很高 |
|---|---|---|---|---|---|
| 虚拟网外通话费用 | 5 | 4 | 3 | 2 | 1 |
| 虚拟网内通话费用 | 5 | 4 | 3 | 2 | 1 |
| 数据业务使用费用（包括短信群发、GPRS 上网等） | 5 | 4 | 3 | 2 | 1 |

| 语音专线接入使用费用<br>（包括 IP 长途等） | 5 | 4 | 3 | 2 | 1 |
|---|---|---|---|---|---|
| 互联网专线接入使用费用 | 5 | 4 | 3 | 2 | 1 |

B5 下面我将会读出一些形容中国移动这家公司的句子。请您就每句话，告诉我您是非常同意、同意、无所谓、不同意、还是非常不同意。

| | 非常同意 | 同意 | 无所谓 | 不同意 | 非常不同意 |
|---|---|---|---|---|---|
| 帮助客户畅想移动通信带来的新生活 | 5 | 4 | 3 | 2 | 1 |
| 技术领先 | 5 | 4 | 3 | 2 | 1 |
| 是移动电话服务的领导者 | 5 | 4 | 3 | 2 | 1 |
| 是可信赖的 | 5 | 4 | 3 | 2 | 1 |
| 拥有全面的营销/服务网络 | 5 | 4 | 3 | 2 | 1 |
| 有庞大的用户群 | 5 | 4 | 3 | 2 | 1 |
| 它的客户是较高档次的 | 5 | 4 | 3 | 2 | 1 |
| 是不断创新的 | 5 | 4 | 3 | 2 | 1 |
| 能够按照客户需要提供满意体贴的业务和服务 | 5 | 4 | 3 | 2 | 1 |
| 服务领先 | 5 | 4 | 3 | 2 | 1 |
| 专注于移动通信领域的专家 | 5 | 4 | 3 | 2 | 1 |
| 营造放心消费的环境 | 5 | 4 | 3 | 2 | 1 |
| 网络领先 | 5 | 4 | 3 | 2 | 1 |
| 服务精益求精 | 5 | 4 | 3 | 2 | 1 |

B6 我会读出一些您认识的移动网络，请您告诉我您对每个网络的整体看法。您可以用 1 至 10 分来表示，1 分表示"非常差"，10 分表示"非常好"，您可以用 1—10 分中的任何一个分数来表达您的看法。

| | 非常差 | | | | | | | | | 非常好 |
|---|---|---|---|---|---|---|---|---|---|---|
| 中国移动 | 1 | 2 | 3 | 4 | 5 | 6 | 7 | 8 | 9 | 10 |
| 中国联通 130/131 | 1 | 2 | 3 | 4 | 5 | 6 | 7 | 8 | 9 | 10 |
| 中国联通 CDMA133 | 1 | 2 | 3 | 4 | 5 | 6 | 7 | 8 | 9 | 10 |
| 中国电信 | 1 | 2 | 3 | 4 | 5 | 6 | 7 | 8 | 9 | 10 |

B7 整体来说，您如何评价贵公司现在使用的中国移动的表现？请用 1—10 分来表示，10 分表示"完全满足了贵公司的需要"，1 分表示"完

全没有满足贵公司的需要"。您可以使用1—10分中任一分数来表达贵公司的看法。（单选）

中国移动　　　　1　2　3　4　5　6　7　8　9　10

B8 假如贵公司要更换移动电话网络，贵公司有多大可能使用以下的网络？请用1—10分来表示，1分表示"完全不可能使用该网络"，10分表示"非常有可能使用该网络"。您可以选择1—10分中的任一分数来表达贵公司的看法。

| | 完全不可能 | | | | | | | | | 非常有可能 |
|---|---|---|---|---|---|---|---|---|---|---|
| 中国移动 | 1 | 2 | 3 | 4 | 5 | 6 | 7 | 8 | 9 | 10 |
| 中国联通 130/131 | 1 | 2 | 3 | 4 | 5 | 6 | 7 | 8 | 9 | 10 |
| 中国联通 CDMA133 | 1 | 2 | 3 | 4 | 5 | 6 | 7 | 8 | 9 | 10 |
| 中国电信 | 1 | 2 | 3 | 4 | 5 | 6 | 7 | 8 | 9 | 10 |

B9 整体来说，您如何评价中国移动公司提供给贵公司的移动电话网络的整体质量呢？

1. 非常好　　2. 很好　　3. 好　　4. 一般　　5. 差

B10 中国移动有没有一位客户经理负责处理贵公司的通讯需要呢？（单选）

1. 有（跳问11题）　　2. 没有（跳问16题）

B11 请问您知道这位客户经理的姓名吗？（单选）

1. 知道　　2. 不知道

B12 请问以下哪一句话，最能描述您对您客户经理联系方式的熟悉程度？（单选）

1. 自己已经记住号码　　2. 手机电话本中有记录

3. 查找手机通话记录查找邮件　　4. 需要查看名片/记录

5. 拨打热线查询　　6. 查找手机短信　　7. 其他

8. 没有联络方式

B13 最近半年内，您是否与这位客户经理联系过呢？

1. 有　　2. 没有（跳问20题）

B14 那么，最近半年内，客户经理联系您的频率是……？（单选）

1. 每星期一次或以上　　2. 每2—3星期一次　　3. 每个月一次

4. 每2—3个月一次　　5.3个月以上一次　　6. 不固定

7. 没有　　8. 不知道

B15 通常，客户经理会为贵公司提供哪些服务呢？（复选）

1. 普通业务办理，如开通服务、补卡、新用户入网等

2. 对您疑问的解答

3. 提供手机使用和维护的信息

4. 针对贵公司的通信需求提供建议

5. 为贵公司推荐合适的新产品和服务

6. 通知有关的活动（如积分奖励）/办理优惠

7. 对特殊/紧急情况的处理（如：欠费不停机等）

8. 陪同办理业务

9. 上门收费

10. 递送账单/发票/清单

11. 其他，是（　　　　　　　　）

B16 您如何评价您的客户经理在以下各方面的表现呢？

| | 非常好 | 很好 | 好 | 一般 | 差 |
|---|---|---|---|---|---|
| 与他联络的方便程度 | 5 | 4 | 3 | 2 | 1 |
| 解决问题的能力 | 5 | 4 | 3 | 2 | 1 |
| 对承诺落实处理 | 5 | 4 | 3 | 2 | 1 |
| 在安装/维护过程中的帮助 | 5 | 4 | 3 | 2 | 1 |
| 提出要求后，服务响应的速度 | 5 | 4 | 3 | 2 | 1 |
| 介绍新产品和服务清楚、易懂 | 5 | 4 | 3 | 2 | 1 |
| 服务态度 | 5 | 4 | 3 | 2 | 1 |
| 对移动公司集团客户产品和服务的认识 | 5 | 4 | 3 | 2 | 1 |
| 提供新产品/服务资料的主动性 | 5 | 4 | 3 | 2 | 1 |
| 对贵单位所属行业的了解 | 5 | 4 | 3 | 2 | 1 |
| 及时通知贵公司移动公司的新产品和服务 | 5 | 4 | 3 | 2 | 1 |
| 通知活动/优惠的及时性 | 5 | 4 | 3 | 2 | 1 |

B17 中国移动有没有为贵公司提供一些安装和维护服务呢？如：设备安装和维护。（单选）

1. 有　　2. 没有（跳问 21 题）

B18 中国移动曾经为贵公司提供过哪些安装服务呢？（复选）

1. 设备安装（如交换机、定位设备等）　　2. 互联网专线接入

3. 解决方案软件的安装和设置　　4. 语音专线接入

5. 其他

B19 最近一年内，在贵公司使用的那些产品中，中国移动提供过哪些维护服务呢？

1. 完善网络覆盖（优化虚拟网）软件的维护与升级

2. 语音专线接入线路维护　　3. 交换机等设备的维护

4. 互联网专线接入线路和设备维护　　5. 其他

B20 根据贵公司的经验，您觉得中国移动提供给贵公司的安装和维护服务的整体质量如何？

1. 非常好　　2. 很好　　3. 好　　4. 一般　　5. 差

B21 贵公司通常使用哪种渠道进行费用的缴付？（复选）

1. 到移动营业厅缴付费用　　2. 移动公司上门收费

3. 银行/邮政自动托收　　4. 银行/邮政转账　　5. 其他

B22 整体来说，您如何评价中国移动公司提供给贵公司的付款服务的整体质量呢？

1. 非常好　　2. 很好　　3. 好　　4. 一般　　5. 差

B23. 贵公司通常是通过哪一渠道来获得账单呢？

1. 收到邮寄话费账单　　2. 到营业网点要求职员打印话费账单/发票

3. 通过因特网查询　　4. 到银行/邮局打印话费账单

5. 大客户经理送达　　6. 收到 Email　7. 其他（　　　　　）

B24. 具体来说，您如何评价中国移动提供给贵公司的账单服务在以下方面的表现呢？

|  | 非常好 | 很好 | 好 | 一般 | 差 |
|---|---|---|---|---|---|
| 账单项目清楚易懂 | 5 | 4 | 3 | 2 | 1 |
| 准时收到各项账单 | 5 | 4 | 3 | 2 | 1 |
| 账单明细列有各类费用 | 5 | 4 | 3 | 2 | 1 |
| 集团大客户享受的优惠在账单上有明确的说明 | 5 | 4 | 3 | 2 | 1 |
| 提供充足的时间给您核实账单 | 5 | 4 | 3 | 2 | 1 |
| 计费的准确性 | 5 | 4 | 3 | 2 | 1 |
| 对账单有疑问时给您的回复 | 5 | 4 | 3 | 2 | 1 |
| 就账单疑问给您回复的速度 | 5 | 4 | 3 | 2 | 1 |

B25 在贵公司加入中国移动集团用户时，或在平时的服务过程中，中国移动是否向贵公司提供过任何的优惠活动？

1. 有　　2. 没有（跳问28题）

B26 根据贵公司的使用经验，您如何评价中国移动提供给贵公司的集团大客户的优惠呢？

1. 非常好　　2. 很好　　3. 好　　4. 一般　　5. 差

B27 具体来说，您觉得中国移动向贵公司提供的优惠在以下各方面的表现如何？

|  | 非常好 | 很好 | 好 | 一般 | 差 |
|---|---|---|---|---|---|
| 优惠活动/政策的灵活性 | 5 | 4 | 3 | 2 | 1 |
| 优惠的幅度 | 5 | 4 | 3 | 2 | 1 |
| 优惠政策的吸引力 | 5 | 4 | 3 | 2 | 1 |
| 提供的优惠内容实用 | 5 | 4 | 3 | 2 | 1 |
| 优惠政策的透明程度 | 5 | 4 | 3 | 2 | 1 |
| 优惠内容的兑现和执行 | 5 | 4 | 3 | 2 | 1 |

B28 在将来，贵公司希望中国移动能提供哪些其他的产品和服务，以便进一步满足贵公司作为集团用户日后的需求呢？

B29 请问您还有什么其他关于中国移动的意见和建议吗？

**背景资料**

接下来，我们想了解一下贵公司的相关资料，仅作分析使用。

C1 请问以下哪一项最能代表贵公司所属的行业呢？

1. 政府/法律机构　　2. 公共事业　　3. 金融　　4. 媒体

5. 通讯　　6. IT 业　　7. 酒店　　8. 旅游　　9. 工业

10. 贸易　　11. 零售业　　12. 公共事业　　13. 商业服务

14. 资讯服务　　15. 军事机构　　16. 其他

C2 在过去 12 个月内，贵公司的通讯总费用（包括移动电话，固定电话和长途、互联网服务）最接近以下哪一项呢？请将其他使用的电信公司的费用也包括在内。

1. 少于 10000 元　　　　　　2. 10000—29999 元

3. 30000—49999 元　　　　　4. 50000—69999 元

5. 70000—89999 元　　　　　6. 90000—149999 元

7. 150000—199999 元　　　　8. 200000—249999 元

9. 250000—299999 元　　　　10. 300000 元或以上

11. 不知道

C3 那么，在您刚才提到的费用中，中国移动公司的费用大约占到多少呢？请您使用一个百分比来表示。（　　　）

## 3 作者观点

顾客满意度反映的是顾客的一种心理状态,它来源于顾客对企业的某种产品服务消费所产生的感受与自己的期望所进行的对比。也就是说,"满意"并不是一个绝对概念,而是一个相对概念。企业不能闭门造车,留恋于自己对服务、服务态度、产品质量、价格等指标是否优化的主观判断上,而应考察所提供的产品服务与顾客期望、要求等吻合的程度如何。

顾客满意是指顾客对其明示的、通常隐含的或必须履行的需求或期望已被满足的程度的感受。满意度是顾客满足情况的反馈,它是对产品或者服务性能,以及产品或者服务本身的评价;给出了(或者正在给出)一个与消费的满足感有关的快乐水平,包括低于或者超过满足感的水平,是一种心理体验。

顾客满意度是一个变动的目标,能够使一个顾客满意的东西,未必会使另外一个顾客满意,能使得顾客在一种情况下满意的东西,在另一种情况下未必能使其满意。只有对不同的顾客群体的满意度因素非常了解,才有可能实现100%的顾客满意。

"顾客满意"推进的产生是在20世纪80年代初。当时的美国市场竞争环境日趋恶劣,美国电话电报公司(AT&T)为了使自己处于有利的竞争优势,开始尝试性地了解顾客对目前企业所提供服务的满意情况,并以此作为服务质量改进的依据,取得了一定的效果。与此同时,日本本田汽车公司也开始应用顾客满意作为自己了解情况的一种手段,并且更加完善了这种经营战略。

近年来,顾客满意度调查在中国各大公司中得到迅速而广泛的应用。因为日趋激烈的竞争使优秀的服务成为企业获得并保持竞争优势的重要诉求,加之主管需要对员工的工作绩效进行量化评估,这需要来自顾客的评价。

顾客满意度调查的方法有入户访谈、街上拦截法、传统的电话调查、计算机辅助电话调查、留置问卷调查、邮寄调查等。调查问卷的设计遵循以下五个步骤:问卷设计准备、问卷问题设计、问卷总体设计、问卷的预测试和问卷的最后定稿。问卷的问题分为封闭式问题和开放式问题。封闭式问题即是在提出问题的同时，列出若干可能的答案供被访者进行选择。开放式问题是不向被访者提供回答选项的问题。测定人们心理活动的度量工具是量表，调查问卷的量表有十级量表，在商业服务业满意度测评问卷设计中，问题的答案均采用十级量表，即请顾客用 1—10 分来显示自己的满意度水平，1 分表示非常不满意，10 分表示非常满意，5 分表示一般偏下，6 分表示一般偏上。十级量表标准为受访者所熟悉，并且为相似的满意程度提供了足够的量表余地，也便于统计分析和对结果的描述。除了十级量表以外，还有若干量表可用于顾客满意度的调查问卷。如：二级量表：答案只有两个选项，"满意"与"不满意"。将顾客分为两个类别，可以用于顾客满意度测评的简单分类，但不能提供更多用于复杂分析的信息。三级量表：除"满意"与"不满意"外，答案选项中还包括中立项"一般"，允许顾客作出无倾向性的回答。五级量表：对三级量表的扩展，对称性五级量表的答案选项为"非常满意"、"满意"、"一般"、"不满意"与"非常不满意"，从而将顾客的满意感觉进一步细化。肯定倾向的五级量表的答案选项为"完全满意"、"很满意"、"满意"、"有点满意"与"不满意"，适用于如下情形：顾客的满意度评价显正向偏斜（顾客在无明显不满时倾向于打较高的分数），顾客的满意与不满意之间有质的差别（测评内容为顾客满意的不同程度，对不满意的顾客则必须探究原因并加以补救）。七级与九级量表：对五级量表的进一步扩展，使顾客满意程度的差异更为明显。

## 思考与讨论

1. 评论中国移动通信公司的这份顾客满意度问卷。
2. 请你为中国移动通信公司的这次顾客满意度调查选择适合的方法，并说明原因。
3. 设计三个开放式问题、三个封闭式问题和三个量表问题来测量顾客对奔驰汽车的态度。

## 参考文献

［1］ http：//www.chinamobile.com。

# 品牌与运营

# 企业 5S 现场管理的知易行难

## 王雨魂

**摘 要** 5S 管理（整理，seiri；整顿，seiton；清扫，seiso；清洁，seiketsu；素养，shitske）起源于日本，为日本产品走向世界立下了汗马功劳。5S 管理作为最基本、最有效的现场管理方法，它不仅能够改善生产环境，还能提高生产效率、产品品质、员工士气……金港公司在实施"环境整洁、工料定位、物料节约、物流有序、生产均衡、作业高效"的现场整改时，遇到了如何建立 5S 活动长效机制的问题。

**关键词** 现场管理　5S 管理长效机制

## 1　案例背景

成都金港东辉建筑装饰有限责任公司是一家建筑装饰工程专业承包二级企业，主要承接星级宾馆、餐饮娱乐中心、园林景观等室内外装饰工程的设计与施工，拥有员工数百人。公司徐总经理 40 多岁，大学文化，原成都科技大学建筑专业毕业，专业技术能力没有问题，但迫于市场竞争的压力，整天忙于结交朋友、维持关系、开拓业务。公司承建的项目往往又分散在成都及四川各地，甚至省外，所以尽管徐总精力充沛，对公司的日常管理特别是现场管理还是感到力不从心。最近，几个重要的甲方客户先后对他提出了批评意见，一个大客户甚至把他叫到施工现场，指着满地烟头要他承担整栋大楼的消防责任。看来，现场管理这个难题到了非解决不可的时候了。

## 2　存在的突出问题

回到公司，徐总立即召开公司领导层和各部门负责人参加的会议专门讨论这个问题。工程部的几个项目经理先后发言，大倒苦水，认为他们并不是不重视文明施工、安全生产，只是建筑装饰工程项目存在工期紧张、多工种交叉作业的特点，而且普遍使用临时工，农民工文化程度低、对企业的认同感淡薄，再加上各工地现场情况千差万别等客观原因，往往刚进场时还能做到工具、设备、材料定点定位，定期打扫清洁卫生等，但时间一长，工期一压，就顾不了那么多了。也有一些干部指出，虽然改进现场管理工作很烦琐，困难很大，但事关公司内部的基础管理和业界的口碑形象，必须下大力气加以解决。看来，对问题重要性的认识大家基本一致，但说到具体的解决途径和措施，大家却莫衷一是。公司行政部张经理，学管理出身，向大家介绍了"现场 5S 管理"的一些基本概念和效用，提出可否请这方面的专家朋友对公司进行初步的诊断和辅导，听听专家的意见再说。徐总对此大为赞同，拍板要求张经理负责前期准备，尽快拿出切实可行的措施。同时，决定由公司负责施工管理的甘副总经理重点抓贯彻落实。

很快，张经理出面邀请的两位专家朋友进入企业，接触各部门各级员工，深入现场了解情况。两位专家指出，金港公司近年来承接了多个大中型装饰施工项目，能做到工期保证、质量优良，确实有较强的市场开拓能力和一定的管理基础。但施工现场问题突出，主要体现为以下几点：

（1）现场"脏、乱、差"的情况比较严重。走进施工现场，映入眼帘的往往是工具、物料、半成品堆放凌乱，地面脏乱不堪，杂物堆积，通道堵塞，作业面狭窄。甚至电线乱牵，烟头满地，员工对此习以为常。

（2）作业流程较为混乱，影响工作效率。作业点、工具、材料之间缺乏定时、定位、定量、定品。工种之间的先后顺序和相互衔接比较随意。

（3）工人衣着不整，士气低落，时有牢骚。

（4）浪费现象随处可见。停工待料、大材小用、报废返工等现象时有发生。

## 3　解决问题的思路

受公司邀请，两位专家对中层以上干部和骨干员工进行了两场5S培训，系统介绍了"5S"管理的来历、原理、实施的主要方法等，指出，5S管理起源于日本，为日本产品走向世界立下了汗马功劳。5S管理作为最基本、最有效的现场管理方法，它不仅能够改善生产环境，还能提高生产效率、产品品质、员工士气……讲座获得了一致好评，特别是专家介绍了实施的效果和先进企业的成功经验后，在干部中更是产生了巨大的反响。随后，徐总下决心马上在全公司开展一次5S管理活动，力邀两位专家提供一个实施方案。在公司行政部张经理的全程协助下，两位专家编写了"金港公司现场5S管理总体指导书"，作为公司各部门制定5S活动具体方案并贯彻实施的指引。

"总体指导书"确立了"环境整洁、工料定位、物料节约、物流有序、生产均衡、作业高效"的现场整改提高基本思路。要点如下：

（1）处理好企业内部人际关系。5S作为现场管理的基础工作，必须与其他的管理机制和方法相结合。否则，"无人喝彩"自然"孤掌难鸣"。通过构建先进企业文化和实行人本管理，可以增强人际间的沟通和亲和力，从而在整个生产现场创造一种和谐的氛围。进而科学界定部门之间、员工之间的责、权、利关系，并使之标准化和制度化。因为牢骚满腹、心情郁闷的员工恐怕连基本的施工操作都无法完成，更别说自觉自愿地参与5S活动了。

（2）制订实施细则和激励措施，下大力气，做好推动工作。建筑装饰施工现场实施5S的关键点可以概括为"两改两减两不"，即：改善布局，改善物流，减少交叉作业，减少搬运，不闲置等待，不留无用物。

对物料的管理。不同的物料在性质上和使用价值上存在着较大的差异，必须进行分类管理。对施工现场一切易燃、易爆、有毒、容易造成污染的物料要实行隔离和特殊定置，划分警戒区并派专人严格管制，防止意外事故发生。同时，对留置在现场的其他物料要进行合理界定，将其划分为"有用之物"和"无用之物"。有用之物是即将参与生产过程的物料，这些物料是生产必需的，但也并非多多益善，要实行"零留置"管理。

不可回收的"无用之物"要及时清除。

对物与场所之间的管理。物料与生产工具要做到"物尽其用"，其中不仅包括使用价值的完全转移和发挥，更重要的在于使用价值转移和发挥的效率。如果物料的使用价值转移较慢，生产工具的作用迟迟难以发挥，就必然会延长作业的时间，从而提高了生产的"时间成本"或降低了产品的"时间价值"。

大力推行作业标准化和目视管理。对每个不同的作业方法加以研究后，将其中最好的方法设定为标准，这样技能、管理、技术等方面的目标水平将更加明确，以达到有组织地改善标准化的目的。目视管理是利用形象直观而又色彩适宜的各种视觉感知信息来组织现场生产活动。置于生产现场的物料和生产工具必须要进行科学的布置和摆放，并且有固定的地点和区域，对于常用的物料和生产工具要尽量做到"过目可见，触手可及"，至于不常用的物料和生产工具要到何处寻找则要做到员工"心中有数"。大量采用标准化的标牌，让管理人员和员工"一看便知，一目了然"。人员的着装上也可以做明显标志，方便管理。

（3）监督检查，奖优罚劣。通过监督，使企业的"5S"实施文件最终形成员工个人做事的习惯。实行有效的创优规划和编制严密的施工组织设计，对各种常见的现场通病制订相应的预防措施。

## 4  实施中出现的问题

活动一开始就产生了明显的效果，短时间内现场面貌焕然一新。但时间一长，员工产生了乏味的感觉，这样那样的问题随之产生。有的工人私下说："不就是打扫卫生嘛，搞那么烦琐干什么？"有的员工说："我们又不是什么大公司，也不是大规模生产企业，搞 5S 是不是有点费力不讨好哦！"就连负责抓方案实施的甘副总经理也找来行政部张经理问：5S 要搞多久才能见到效益！

张经理的热情受到了不小的打击，找机会向领导汇报，而依然那么忙碌的徐总只是说，再坚持一段时间吧，说完，又匆匆出门了。现在想来，当时专家朋友对制订方案一事颇为犹豫，似有一些道理。周末相约见面，到底是专家，不待张经理提问，对其疑惑已是了然于心。"看似简单的 5S 为日本企业带来了巨大的利益，为什么我们中国企业往往做不好？"专家从文化差异的角度出发开始了分析。

实施5S现场管理效果如何，其根本因素取决于人。日本，作为一个岛国，其文化特征可以概括为："努力才能求生存，这是天经地义的道理"，所以其危机意识、进取意识和团队意识相对较强。而中国这样自然条件相对利于生存的国度，容易形成"随遇而安，得过且过，差不多就行了"的"中庸"文化。我们长期以来所形成的一些文化在某种程度上是不利于5S活动开展的。5S活动注重细节，要求将小事做好做精。不下大工夫把基础工作做好，后面的环节自然根基不稳。

"这样说来，岂不是注定没有出路了？"张经理自语道。

专家朋友笑答："倒也没有必要那么悲观，至少，中国台湾的很多企业推行5S管理堪称卓有成效啊。"

"那我们下一步该怎么办？"张经理求教。

专家没有直接给出答案。不过，他提出了一些值得深入思考的问题：

在日韩企业里经常看到课长同下属一起搞整理、整顿，甚至一起打扫卫生、清除垃圾。而在中国的企业里，这样的场景几乎没有，干部在潜意识中认为自己是领导，5S是下属的事情，领导只要指挥一下、检查一下就可以了，还美其名曰"无为而治"。如此，员工自然"居下"、"不争"，曰"上善若水"。

"中庸"文化不务实，自然只有务虚。热衷于喊华而不实的口号，贴花花绿绿的标语，而不是脚踏实地、放下身段、狠抓落实。员工们抱着模糊笼统的概念去做，收到的效果也就因人而异，当然不会很好。

专家还提到一个例子。位于大阪的卡尔逊尼克公司的原木工厂，针对工厂内乱扔烟头的现象，由工厂的厂长挂帅，开展了一场绿色作战运动，利用每天中午饭的10分钟，各级干部和全体职工到厂区内，特别是草坪上捡烟头。刚开始的时候，有上千个烟头，后来逐渐减少，不到一个月就捡不到了。可能有人认为这样做太麻烦了，可以简单地规定一条，凡是在厂内吸烟，罚款100元就会解决问题，结果也许会如愿。但是，即使职工不在厂区乱扔烟头，也许还会在其他地方乱扔，采取这种简单的措施达不到培养良好习惯的目的。显然，光靠奖惩不能建立5S活动的长效机制。

## 思考与讨论

1. 你如何看待徐总、甘副总的想法?
2. 你如何看待专家的观点?
3. 5S 管理在中国的企业管理中应该居于什么地位?
4. 如何解决 5S 管理"知易行难"的问题?

# 从王石"捐款门"事件看互联网时代的品牌危机管理

刘德昌

**摘　要**　互联网彻底改变了企业传统的品牌生存环境，那些依靠权力、金钱等手段来"封杀"媒体报道企业"危机事件"的做法，不仅难度大，而且风险更大。从这个角度来讲，企业领导者和品牌管理者，认识互联网的传播属性、把品牌危机管理与互联网进行有机结合，已成为企业家必须面对的现实问题。

**关键词**　捐款门　王石　互联网　品牌危机管理

## 引言：今天，互联网媒体迫使我们改变

现代人每天都离不开手机和电脑，因为二者都是联系互联网最直接的终端设备。人们不仅从互联网上获取大量的信息，更是通过互联网发布与自己利益攸关的各种信息。在互联网世界里，人们不仅关注正面信息，更对具有负面特征的"问题事件"投入极大的热情。企业不能出大的差错，否则，"问题事件"将会招致直接利益攸关者、间接利益攸关者，乃至毫无利益关系的但拥有从众心理动机网民的高度参与，从而出现盛况空前的网络"品牌围攻"或"人肉搜索"等网络暴力事件，直接把企业品牌推向万劫不复的深渊。

从媒体角度表现出来的互联网，已经成为世界上最大的传播交流平台，不论是电视、广播还是杂志、报纸等传统媒体，都无法与互联网媒体相提并论。互联网彻底改变了企业传统的品牌生存环境，那些依靠权力、金钱等手段来"封杀"媒体报道企业"危机事件"的做法，不仅难度大，而且风险更大。从这个角度来讲，企业领导者和品牌管理者，认清互联网的传播属性，把品牌危机管理与互联网进行有机结合，已成为企业家必须

面对的现实问题。

# 1　万科简介

万科企业股份有限公司成立于 1984 年 5 月，是目前中国最大的专业住宅开发企业。2007 年公司完成新开工面积 776.7 万平方米，竣工面积445.3 万平方米，实现销售金额 523.6 亿元，结算收入 351.8 亿元，净利润 48.4 亿元，纳税 53.2 亿元。以理念奠基、视道德伦理重于商业利益，是万科的最大特色。万科认为，坚守价值底线、拒绝利益诱惑，坚持以专业能力从市场获取公平回报，是万科获得成功的基石。公司致力于通过规范、透明的企业文化和稳健、专注的发展模式，成为最受客户、最受投资者、最受员工欢迎，最受社会尊重的企业。凭借公司治理和道德准则上的表现，公司连续五年入选"中国最受尊敬企业"，连续第四年获得"中国最佳企业公民"称号。

正是基于这样的思路，万科将 2008 年的主题词确定为"虑远积厚·守正筑坚"。在住宅行业中耕耘了 20 年的万科，越来越意识到只有回到市场逻辑的起点，不断强化自身的能力，才是应对一切市场变动最简洁、也最有效的终极策略。有志于成为世界级优秀住宅企业的万科，越来越意识到，市场是最公平的游戏，在这里不存在取巧的捷径，只有脚踏实地、一步步前行，才是通往理想的康庄大道。

（http：//www. vanke. com/main/defaultAboutUs. aspx）

# 2　王石"捐款门"事件始末及其主要处理方法

## 2.1　王石汶川地震"捐款门"事件描述

### 2.1.1　事件起因

2008 年 5 月 12 日下午 2 时 28 分，四川汶川发生里氏 8.0 级特大地震。这一场持续 80 秒的特大地震夺去了数以万计的生命。当全国人民都在万分悲痛中伸出援手时，万科掌门人——王石也伸出了援手：在 5 月12 日地震当天，万科集团决定向灾区捐款 220 万元，其中，20 万是万科员工的"限额"捐款。网友从万科实力等角度认为王石捐助少了一些，提出了异议。

2.1.2 触怒网友，王石—万科品牌危机立现

为此，王石在 5 月 15 日发表博文《毕竟，生命是第一位的》，就关于万科捐出 200 万元人民币的事情说道："对捐出的款项超过 1000 万的企业，我当然表示敬佩。但作为董事长，我认为：万科捐出的 200 万是合适的。这不仅是董事会授权的最大单项捐款数额，即使授权大过这个金额，我仍认为 200 万是个适当的数额。中国是个灾害频发的国家，赈灾慈善活动是个常态，企业的捐赠活动应该可持续，而不成为负担。万科对集团内部慈善的募捐活动中，有一条提示：每次募捐，普通员工的捐款以 10 元为限。其意就是不要使慈善成为负担。"……

王石的言论很快掀起网络大波，招致网友一片声讨，5 月 20 日两则消息在数万 QQ 群中快速传播："以后喝王老吉，存钱到工商，还是用移动，买电器到苏宁，买保险选平安，喝白酒喝泸州老窖，DVD 买步步高，买药修正牌，上网用 QQ，运动服装买李宁，电脑买联想，洗衣机买海尔，空调买美的，开吉利车……王石不管你征服多少座高峰，你的心灵却高不过一座坟头。致王石，尊重你的决定，鄙视你的人格！"此刻是全国哀悼日第 2 天，13 亿中国人悲恸，情感力量将企业一分为二，一边是王老吉们，他们在这次地震中慷慨解囊，竭其所能，赢得国人尊重；另一边的代表是万科董事长王石因博客中"提出万科员工捐款以 10 元为限"之言成众矢之的。

2.1.3 股票狂跌与品牌价值的流失

在王石言论遭到网络舆论强大压力的同时，股票市场上万科 A 遭到以招商基金为带头大哥的基金经理们的抛售：从王石发表有关"200 万元合适论"的当天开始，万科股价连续狂泻，在 6 个交易日内公司市值蒸发了 204 亿元。6 月 2 日，世界品牌实验室发布 2008 年《中国 500 最具价值品牌排行榜》，指万科受"捐款门"事件影响，品牌价值比上年缩水 12.31 亿元。

2.1.4 挽回影响，真诚道歉

5 月 21 日，在潮水般的网络舆论压力下，王石本人也通过网络等媒体对其早前言论致歉，称："我现在认为在当时那种情况下，我所说的那句话值得反思。这段时间我为这句话感到相当不安！主要基于三方面原因：一是引起了全国网民的分心，伤害了网民感情。二是造成了万科员工的心理压力。三是对万科公司形象造成一定影响。在这里对广大网友表示

歉意!"

　　同一天,万科发布董事会决议公告,万科董事会批准公司在未来3—5年内支出1亿元参与四川地震灾区的临时安置、灾后恢复与重建工作,该项工作为纯公益性质,不涉及任何商业性(包括微利项目)的开发。该董事会决议将提请股东大会审议。这一公告被业界解读为万科对其一周以来受到大面积指责的一种补救。

　　6月5日,万科召开股东大会,表情严肃的王石一开场就作了深刻反思:"我的不适当言论,对万科的品牌形象造成了很大伤害,我向各位股东无条件道歉,不作任何辩解。""我向各位股东无条件道歉,不作任何辩解,我也会用时间来证明一切。""我虽然60多岁了,但对于大事情的处理还是显得很青涩。"面对台下两百多名股东代表,万科董事长王石表达了深深的歉意。万科临时股东大会高票通过1亿元援建四川灾区的议案。至此,持续20多天的"捐款门"事件暂告一段落。

　　面对王石的道歉,据说,某门户网站调查,有七成网友接受王石的道歉。

　　百度调查的数据则如下:

**万科深陷捐赠风波**

1.你是否接受王石的道歉?

| 接受 | 756 | (43.98%) |
|---|---|---|
| 不接受 | 854 | (49.68%) |
| 很难说 | 109 | (6.34%) |

2.你认为万科参与重建是否属于纯公益性质?

| 是 | 635 | (36.94%) |
|---|---|---|
| 不是 | 843 | (49.04%) |
| 无法判断 | 241 | (14.02%) |

3.你觉得万科此次危机公关是否成功?

| 成功 | 594 | (36.98%) |
|---|---|---|
| 不成功 | 702 | (43.6%) |
| 目前还难以评价 | 314 | (19.5%) |

### 2.2　王石"捐款门"品牌危机事件处理方法概括

王石本人的反复道歉,其中主要集中于5月21日和6月5日;

万科拿出1亿元参与纯公益事业的灾后重建,地点在绵竹市遵道镇;

关闭王石的个人博客;

设置王石语言过滤器;

建立赈灾网页，宣传万科员工在地震灾区的一切活动。

**2.3  王石"捐款门"是一场严重的品牌危机事件**

王石"捐款门"导致万科品牌危机事件的发生，已经是一个不争的事实。王石在处理这一场危机的过程中，走过了自我辩解、公开道歉和经济解围、反复道歉不解释等被动应对三个阶段，付出了远比预期大得多的经济成本，但是未必就得到了广大网民的完全认同。显然，王石和万科对于这场危机事件影响力的估计严重不足，对这一场网络危机的应对技术准备不足，这也反映出中国企业的品牌管理水平还处于相对较低的水平。比如，同样是在这场网络危机中被网民冠以"国际铁公鸡"的可口可乐、三星等著名品牌，都在第一时间进行了"品牌维护"，笔者的 QQ 里就多次收到有关可口可乐、三星等品牌的捐款情况的信息，网民们也在第一时间把他们从"铁公鸡"的名单中删除。而自始至终，笔者的 QQ 里就没有收到过来自万科企业发来的任何品牌维护的信息。

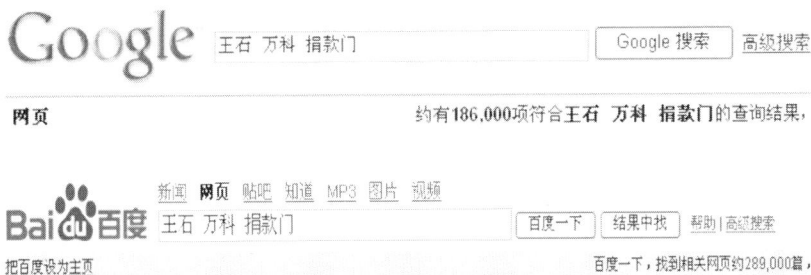

王石"捐款门"事件，还留下了严重的"网络长尾"信息。从上面的两个截图中我们看到，Google 上搜索的"王石  万科  捐款门"关键词信息，为 18.6 万条；而百度上搜索的"工石  万科  捐款门"的关键词信息，为 28.9 万条。

从本次"捐款门"事件中看出，万科在品牌危机管理中缺乏应对方略，对互联网资源利用存在严重不足的问题。显然，从利用互联网媒体传播平台为企业品牌服务的角度看，万科品牌管理危机的技术，同样稚嫩！万科尚且如此，相信更多的中国企业也会同样如此。

## 3  "捐款门"事件对互联网时代品牌危机管理的启示

王石"捐款门"事件从开始到结束，经历了一个月有余。关于造成本事件"强大影响力"的原因,有人说是王石错在忽略了中国人的传统感情,有人说是"网络推手"借机打压万科或王石,有人说是王石"嘴巴惹的祸"。关于这件事情的评价,褒贬不一,批评为主。

我们认为,王石"捐款门"事件发生的主要原因,是万科企业在品牌管理中的一次具有典型意义的失误。失误的主要原因是,万科品牌管理者和品牌规划中对互联网平台的人际交流特征的认识不足,忽略了互联网的强大影响力,是造成本次事件历时时间之长、影响力之大的主要原因。

### 3.1　互联网媒体的人际传播特征

#### 3.1.1　人际传播的互动性

互联网中,人际传播的显著特征就是互动性。即时通如 QQ、MSN 等都是交流者之间即时会话、文字交流、图文传播的重要工具。也许相互间远离重洋,但交流却在分秒之间完成。除了即时互动外,延时性互动工具同样让人际交流中处于更加从容交流的状态,比如 E-mail、博客、BBS、社区论坛等。人们通过发邮件、跟帖、讨论组、争论性发帖等方式,实现人际互动。

#### 3.1.2　人际传播的针对性

互联网人际传播的前提必须是交流的双方对于某些话题的"兴趣"。没有兴趣,人们就很难参与进来,交流的过程就会变得苍白无力。所以,如果某一件事情如"三鹿奶粉事件",激发出网民的"兴趣",那么网民之间的交流就会立即活跃起来,甚至引发网络事件。

#### 3.1.3　人际传播的跨时空性

跨越时间和空间,是互联网人际传播的显著特征。无论你身处何处,只要你懂得对方的语言或交流方式,互联网就给予了交流的空间和机会。所以,一个被网民全面关注的品牌危机事件,一旦上网,就被暴露在全世界的网民面前。

#### 3.1.4　人际传播的透明性

互联网的人际传播除了 QQ、MSN 等点对点传播时缺乏透明性外,以博客、论坛、BBS、QQ 群等为传播方式的交流工具,都具有显著的透明性。只要这些博客、BBS 及其跟帖、回复的信息不被删除,任何人都可以参与讨论和查看。

#### 3.1.5　人际传播的平等性与匿名性

在互联网中,既允许实名发言,也允许匿名发言。绝大多数网民在互联网的发言中，都会采取匿名发言的方式参与网络事件的讨论。匿名发言的好处在于没有人知道你的身份，发言者也不用顾及自己的身份，所以，发言人与阅读者都处于人人平等的平台上。

### 3.1.6　人际传播的广泛性

在互联网中，人们可以不断地变换交流的对象，这些交流对象的来源也更加广泛。在很多时候，人际传播成功地打破了地域、民族、文化、宗教的局限性，因而使得不同文化背景的人通过网络进行人际传播的可能性大大增加。

### 3.1.7　人际传播的角色多重性。

一个上网者可以同时与多个对象聊天，或者在不同时候与不同的对象交流。在不同的交流情境中，他扮演的角色可能是不同的。与某一些对象，他显示的是自己优秀的一面，与另外一些对象，他可能更多展示出阴暗面。

## 3.2　互联网媒体人际传播的主要路径

互联网本身就是一个信息传播平台。但是，点对点、即时交流、互动交流等人际传播的主体，则主要集中于以下几种常见形式：博客、电子邮件、短信、QQ 和 MSN 即时通、搜索引擎。

### 3.2.1　博客

据专家预测，目前，全球博客总数已超过 1.4 亿，博客数量正以每秒 10 个的惊人速度增加。近两年，博客以迅雷不及掩耳之势风行。2007 年，百度依托其超过 10 亿的庞大中文网页数据库，对中国 Blog 站点进行深入调查，截至 2008 年 11 月底，在中文互联网领域，博客站点达到 3682 万，博客人数达到 1600 万。博客者的知名度或博客内容决定博客的点击量，一些名人博客的点击率很高，高至百万以上，如老徐（徐静蕾）博客就是其中的代表之一。为了提高点击率，有的人不惜牺牲自己的个人形象，发表攻击、谩骂他人的语言或者公布别人隐私的文章，来引发网络口水战、提高博客的知晓度、点击率，如王朔、韩寒博客等。

### 3.2.2　电子邮件

电子邮件（E-mail）作为用户或用户组之间实现收发信息的网络工具，在收发文件、图片、发布信息方面，发挥重要的人际传播功能，是互联网用户之间快捷、简便、可靠而且成本低廉的通讯手段，是目前互联网上使用最为广泛、最受欢迎的沟通工具，也是互联网媒体人际传播的主要工具之一。E-mail 的人际传播，既可以在点对点之间实现，也可以通过群发来实现。

### 3.2.3 手机短信

来自市场研究公司 IEMR 的报告，我国手机用户 2007 年年底达到 5.4 亿户，并预测 2010 年将达到 7.38 亿户。手机自从产生了短信功能并与互联网实现有机结合之后，手机就不再是"无线电话"这么简单，而是成为互联网的主要"终端工具"的一种。手机短信在互联网媒体的人际传播中，主要起到发送短信、回复顾客提问、与电子邮件结合进行邮件发送的确认、与 QQ 等即时通工具实现捆绑进行移动聊天等。手机短信的人际传播，既可以点对点发送，也可以实现群发。

### 3.2.4 QQ（MSN）等即时通

QQ 名叫腾讯即时工具，是深圳腾讯公司于 1999 年 2 月推出的，可以即时传递和接收文字、图片信息，语音、视频聊天，自由选择聊天场景，为对方播放音乐、视频，并具有与手机聊天、点对点实现文件传送的功能。QQ 已经融入人们的生活，2007 年注册用户就达 2.26 亿户，号称中国最大的互联网注册用户群。

### 3.2.5 BBS 等互联网社区

互联网社区的主要形式是电子公告板（BBS）、聊天室、贴吧（如百度贴吧）等。社区参与者一般要通过注册成为会员才能进行在线交流，会员通过张贴信息或者回复信息达到信息沟通的目的。互联网社区，作为互联网媒体中人际传播的"公共场所"，其影响力之大，远远超过普通人博客的影响力。

### 3.2.6 搜索引擎

搜索引擎，作为互联网的引导工具，在互联网人际传播中，起到"指示牌"的作用。其主要的价值在于帮助互联网用户在最短的时间之内，通过"关键词"的搜索，达到快速找到所需信息的"链接资源"。尽管搜索引擎不能直接实现人与人之间的"人际传播"功能，但是基于"指示牌"的价值，在互联网实现人际传播的目标上，具有其特殊的地位。

### 3.3 研究启示：现代企业需要建立与互联网媒体同步的品牌危机管理机制

"捐款门"事件告诉我们，基于传统媒体的品牌管理方法，在互联网媒体时代，显然不能适应互联网媒体的人际传播特征。比如，在传统品牌管理方法中，企业遇到危机事件，可以采取通过强势媒体宣传的方法来控制信息传播，以达到引导公众"了解真相、缓和情绪、争取同情"的目标，达到化解品牌危机的目的。而互联网媒体时代，企业品牌危机事件则可能在互联网媒体上招致排山倒海似的围攻。这就需要建立与互联网媒体同步的品牌危机管理机制。这个品牌危机管理机制怎么建，不同企业应该有自己的特色机制。

## 附录：万科品牌之路 *

编者按：万科在传统品牌管理方面，还是做得不错的。为了让读者了解万科企业传统的品牌管理方法和在品牌管理方面所做的工作，我们附录了来自万科集团网站管理万科品牌管理的系统文件，供参考。

（1）消费者成为品牌的主导

近20年来，人们对"品牌"的认识有了很大提高。20世纪80年代，人们认为"品牌"只是知名度，有包装、有命名的产品容易被消费者记住。CIs的概念开始流行，主要的宣传方式是命名广告，媒体广告宣传成为品牌推广的主导手段。

到了20世纪90年代，商家们为了在琳琅满目的商品和浩瀚的广告中突围而出，开始在命名的基础上增加对产品利益点的描述，品牌演变成一种承诺，产品本身的特性成为品牌的主导因素。

进入21世纪，品牌的概念又上升了一层，因为人们发现，消费者根据品牌承诺购买产品之后，品牌过程还没有完成，而是要等消费者对产品和承诺有了切身的感受后，进行重复购买或其他反馈行为，才算进入另一轮品牌强化的过程。也就是说，品牌概念从"承诺"上升到"体验"，消费者成为品牌推广的主导。

同时，一个强而有力的品牌可以为企业带来更高的消费者忠诚度，排除竞争对手价格下降或新品上市带来的压力，以此带来更高的利润，支持产品延伸，同时使产品占据市场优势。只有当品牌具备一定的"资产"时，企业才有可能保持长期的增长。

---

* http://www.vanke.com/main/Web/Article/2005/09/01/1809170156C60575.aspx。

（2）房地产行业品牌时代的来临

独特的品牌个性，能使房地产开发产品在同类竞争对手中脱颖而出，形成强而有力的品牌诉求点。尤其是进行大规模开发的地产商，具有高知名度和偏好度的品牌，能够降低项目推广成本，有利于项目销售。

中国住宅市场经历了由福利分房、集体购买到个人购房的转变过程。当消费者直接与开发商进行交易接触时，住宅的商品特征才得到突显。

在个人消费品中，不动产的地域性最强，价格最为昂贵，交易过程、使用过程和增值过程都比较长，消费者的不安全感随之增加。同时，住宅与人们的日常生活息息相关，这就决定了消费者会对住宅的每一细节都提出诸多个性化的要求，并加以全面的考量。

随着行业集约化程度的越来越高，地产行业也同样存在产品同质化的趋势。城市化、市政建设、交通等因素逐渐弱化了土地位置的不可替代性，社会分工的细化逐渐使主流产品的功能趋于同质。

与此同时，随着房改政策的落实和生活水平的提高，消费者对住宅的消费意识和消费经验都有了显著的提高，对房地产产品功能之上的附加值形成了新的追求。房子不再仅仅是一个遮风避雨的场所，还意味着一种生活方式；买房子不仅仅是买一个建筑物，还是买一种环境和服务。

出于对交易安全的保障、对物业保值增值的期望，消费者发出对物业品牌乃至开发商品牌的呼声，将成为必然。

（3）中国房地产行业品牌的现状

2001 年，全国房地产开发投资总额达到了 6245 亿元，比上年增长 25.3%，增幅提高 5.8 个百分点。其他各项指标也出现了良好的势头：开发投资增势强劲，分物业投资全面增长，到位资金增长快于投资增长，土地开发面积稳步提升，施工面积继续扩大，商品房销售价格增速逐渐平稳，空置面积小幅回升……这些都清楚地表明，中国房地产行业正处在蓬勃发展的阶段。

在未来 5—10 年内，房地产业将进入一个飞速发展的新阶段，更激烈的市场竞争将随之而来：大规模资本及实力竞争者纷纷涌入，高度分散化经营带来无序竞争，主要对手展开规模化经营和异地扩张，行业水平迅速提高，产品趋于同质，消费者需求日趋个性化、选择多样化。规模、产品力的竞争将日趋激烈，品牌的影响力日渐凸显。

虽然规模化经营和竞争层面的提升为房地产企业的品牌建设创造了良

好的条件和契机，但从另一面来看，中国房地产开发市场仍处于初级阶段，消费者的品牌意识尚未完全形成。消费者更加关注项目，因为他们的基本居住需求及在此基础上加以改善的需求尚未得到充分满足。此时最吸引他们的，是功能性的利益点。

另一方面，在消费者头脑中，发展商不存在明显的品牌差异。他们对开发商的印象，基本上都来自于他们居住楼盘的体验、舆论报道甚至是发展商的名字联想，对发展商品牌的认知非常模糊。除了少数几个以公司品牌纳入项目名称的楼盘外，大多数消费者目前还不能完全把楼盘名称与其开发商相联结起来。

这一现状的形成，究其原因，主要有以下几点：

首先，国内开发企业普遍缺乏清晰连贯的品牌策略和完善的识别系统，未建立起有效的品牌管理架构及体制。大多数房地产商只注重具体项目的宣传，借助传统的营销手段名噪一时，却难以维持长期的品牌效应和领先地位。

其次，少数知名度高、有实力的发展商，已具备发展企业品牌的意识，但缺乏清晰的品牌内涵和完整的品牌策略，也不具备整合运用各种传播手段来统一进行品牌推广的能力，因此在消费者心目中的形象定位模糊不清。

最后，房地产开发具有明显的地域性特征，在不同的地区，从地理气候、历史风俗到消费心理、生活习惯、社会构成都有相对明显的区分。在这样的情况下，开发商各房地产项目之间，项目与开发商之间的品牌形象连接往往容易脱节。

顺应市场和行业的发展趋势，房地产企业之间的竞争从产品力层面上升到形象力层面，将成为必然。

（4）万科的品牌探索

万科1988年进入房地产开发领域，经过十几年的发展，集中资源创立了一系列地产开发项目品牌以及物业管理品牌，形成了较为突出的优势：文化品位、物业管理、企业形象、售前（售后）服务、社区规划、环境景观。无论是制度规范还是企业信誉，无论是产品还是服务，万科在业内和消费者心目中都具有良好的口碑。

但是，品牌不等于知名度。万科在进行异地扩张的过程中，逐渐体会到品牌的价值：通过品牌战略，可以在地域性很强的房地产开发行业中发挥规模效应，使跨地域开发成为优势。

2000 年，万科开始思考品牌整合的问题。2001 年 5 月，万科委托华南国际公司对上海、北京、深圳三地的房地产开发商品牌状况进行了调研。结果显示，与其他发展商品牌一样，消费者对万科品牌的认知主要来自以"万科"命名的系列楼盘。虽然万科一直以来偏重于项目品牌的建设，并以此带动万科企业品牌的资产积累，但由于各地项目在档次、形象上的不同，导致消费者对万科企业品牌定位的理解也出现差异。在个别城市，还出现以项目品牌代替企业品牌的现象。

调研结果告诉我们，万科的目标消费者是这样的人群：他们追求身心的平衡，生活在快速的社会里，每天工作繁忙，可是在下班之后，他们还是会找消遣，把自己放松出来，喜欢按照自己的理想来营造一个属于自己的生活，利用有限的财富去满足自己的要求，懂得用不同的方式去平衡自己的身心。他们努力工作，相信努力会带来成果，同时享受成果带来的好处。他们做任何事从不放弃对自己的要求，对自己的决定满怀信心，并努力地向着自己的理想前进。在充满压力与竞争的世界里，他们渴望拥有一个属于自己的净土，在那里能完全地放松，享受情感与精神的交流。

消费者对理想生活环境的表述，其实是他们对理想生活的描述。这一描述，与万科所倡导的健康丰盛人生是不谋而合的。但客户的品牌体验与我们的客户理念并没有一拍即合——万科住户认同万科文化和软件部分，忽略了硬件部分和质量的优势；非万科住户对万科的功能性认知胜于情感性认知，未能充分感受万科创造的小区文化。

可见，万科的品牌塑造还存在不足之处：品牌定位不够清晰明确，个性不够鲜明，和消费者之间的亲和力不够；而消费者对万科品牌的理解，仍停留在表面的产品、服务等功能层面。

在竞争日益激烈、产品日趋同质化的房地产开发行业中，万科要顺利开展跨地域经营，维持长期的高速增长，就需要对企业品牌战略进行进一步的总结和提升。

（5）制订和实施全国品牌管理策略

2001 年 5 月，万科与精信广告有限公司签订品牌合作协议，正式启动品牌整合。

整合的第一步是围绕品牌展开全面的调研。调研过程持续了 3 个月的时间，在集团内通过内部网对员工和管理层进行了问卷调查，并进行了两次高层访谈。外部则选择深圳、北京、上海进行了定量和定性调查。

通过调研，我们洞悉了消费者的内心需求：房子不仅是人性和温情的组合，它还必须体现"我"和"我所追求的生活"——家的概念和内涵都已经延伸。迎合消费者这一消费心理发展趋势，我们把万科品牌的利益点集中在"展现自我的理想生活"，以"以您的生活为本"为品牌核心，提出"建筑无限生活"这一品牌口号。

结合万科在消费者心目中的品牌形象和企业自身的特点，我们概括出万科品牌的个性：有创见的、有文化内涵的、关怀体贴的。具有如此个性的万科，将会如一位知心朋友，从懂得您的生活开始，以具有创见的眼光和无微不至的关怀，让您真切地体会到万科为您所提供的展现自我的理想生活。

建立品牌识别系统（VI）、品牌管理体系、传播策略及计划后，我们现正踏入整合营销传播阶段。

（6）"建筑无限生活"的三个层面

建筑你的生活，从懂得你的生活开始。万科注重进行消费者调查和研究，注重对城市文脉和地理环境的理解和尊重。万科相信，每个人都有不同的追求、品味、喜好、生活方式等。万科了解每个住户的个性，从生活细节出发，在家居生活的建筑和管理上满足他们的需要和追求。

筑一个更有深度的住宅，是万科追求的目标。目前房地产开发商对住宅功能方面的关注，还停留在比较表面的阶段，比如人车分流、绿地率、动静分离、干湿分离等。而决定一个住宅是否好用，有更多更细致、更深入的方面。例如窗户，除了关注它应该是塑钢的还是铝合金的之外，还有气密性、水密性、隔音能力、隔热能力、型材类型等一系列硬性指标，执手、铰链、密封胶条等一系列节点作法也值得开发商予以重视。

而住宅的性能是有别于功能的一个概念。在目前看来，多数开发商仅仅关注住宅的功能，而尚未对住宅性能给予足够的重视。万科将加强与客户的沟通，通过销售及物业管理服务工作的信息反馈、与客户面对面的访谈交流、总结过往经验等手段，在更深入的层面对住宅的使用功能、性能进行分析，并反映在万科的"住宅标准"之中，为顾客建筑更有深度的住宅。

万科致力于营造一种美好的生活过程，而不仅仅是住宅本身。人在一个特定住区的生活质量，和这个住区的位置、与城市的关系、住区规划、住宅质量、环境配套、管理模式、邻居、社区精神文化等一系列因素相关。因此，万科所关注的内容将超越建筑规划设计的范畴，而触及美学、建筑学、城市及社区规划、园艺、心理学、人体工程学甚至犯罪学等方面。在未来的开发过程中，万科会扩大自己的视野，从物质的和精神的层面上关注住户的体验与感受。万科的产品不仅仅应该是好用的、好看的、高质量的，同时也应该是舒适的、活跃的、文明的。

（7）万科如何建筑无限生活

第一，全国性思维，本土化运作。

万科的跨地域扩张经历了几个阶段。从 1991 年开始，万科在全国 13 个城市投资房地产项目，并确定了以房地产为核心的发展方向，但开发品种涉及住宅、写字楼、商铺、酒店和保税仓等。由于缺乏整体开发思路和发展战略，公司资源迅速分散。1993 年国家宏观调控，各地项目相继面临资金和市场困境。而在管理上，公司还处在对跨地域管理模式的探讨中，13 个城市的超长管理链条使管理面临捉襟见肘的局面，不同的开发品种和项目也不能形成规模效应和品牌效应。

从 1993 年起，万科走上了"减法"之路，投资重点集中至深圳、上海、北京、沈阳和天津，投资品种集中于住宅开发。经过 7 年的调整，万科选择了一个专业，建立了一个制度，培养了一支队伍，树立了一个品牌。

2000 年万科再度开始了稳健而有步骤的新城市扩张战略。在全国 10 个城市的开发，形成了"万科地产在中国"的开发格局。

在新一轮的扩张中，万科已形成了全国性思维模式，优势凸显，集团与开发城市之间已形成互动的资源网络，项目之间遥相呼应，理念、资金、人才的流动与共享，品牌效应呼之欲出。

在各地万科分支机构中，我们拥有共同的企业核心价值观、"以客户为导向"的服务理念、规范化的管理模式、严谨的业务流程以及万科所提倡的生活方式。

在各地项目中，我们遵循以大规模开发为主的原则，提供完善的配套和无微不至的物业管理服务，营造富有活力和魅力的社区文化。

在各种类型的产品中，我们已经形成了相对稳定的系列：万科城市花园、四季花城、花园新城。不同系列的产品各具特色，但始终保持清新、活泼、温馨、体贴的一致风格。

但是，作为一个有着丰富经验的开发商，我们深知房地产开发的地域性差异。南北的差异，城市发展的差异，地理环境的差异，历史文脉的差异，地区需求的差异，消费习惯的差异……决定了房地产开发必然是一个本地化运作的行业。无论是管理还是产品，都必须遵守本地相关政策，尊重本地客户喜好。

因此，万科提倡"与环境共生"，根据楼盘所处的城市、环境、市场细分，在户型设计、建材使用、采暖技术、社区配套等细节上加以变化。例如万科最早形成的"城市花园"系列，地块都处于城乡结合部，容积率相对较低，建筑风格以现代、欧陆为主。但北京城花采用德国民居的建筑风格，坡屋顶，红砖墙，整个建筑群与周围自然环境和谐统一；天津城市花园由中高层公寓和花园洋房组成，拥有大面积花园绿地；深圳景田城市花园引入围合式规划设计概念，重彩勾画景观环境；桂苑城市花园以鲜艳清丽的色彩、高低错落的建筑和独到的万科人文，组成了围合式景观社区。

对跨地域发展的房地产开发企业来说，"全国性思维"与"本地化运作"是密不可分的。为了更好地了解和利用当地资源，我们一直尝试实行"管理人员本地化"，而上海万科和沈阳万科均取得了显著的成效。我们在"管理人员本地化"方面所积累的经验，将促进万科"全国性思维"和"本地化运作"的融合。

第二，创新领先的产品开发。

万科进入房地产开发行业，是以市场环境为背景的，因此决定了万科的产品必须走市场化道路。刚刚涉足房地产开发时，万科以"物业管理"为突破点，在住宅市场上独树一帜。

随着对房地产行业了解的加深，万科逐渐认识到，开发商不等于设计单位，因为开发商提供的不仅仅是房子本身，还是一种生活方式。为了更好地把万科对消费者需求的理解融入到设计单位的作品中，1994 年 11月，万科设立了一个与设计单位密切沟通的平台——万创建筑设计顾问有限公司，开始从规划设计方面提炼更高的产品竞争力。万创一方面作为开发商与设计单位之间的桥梁，另一方面成为万科规划设计人才的宝库。

1992 年深圳荔景大厦的全复式住宅设计，配合首创的酒店式服务，标志着万科的住宅产品进入了一个新的层次。1994 年北京万科城市花园的德国式低层高密度设计，和上海万科城市花园的新加坡式设计，是万科在城郊结合部进行大规模开发的成功尝试。

1996 年，万科首次与外国规划设计机构全面合作，在深圳景田万科城市花园中引入了围合、人车分流的设计概念，并在采用欧式建筑设计的同时，着重进行景观环境设计。深圳万科城市花园获得国家建设部优秀工程设计一等奖，为万科奠定了在住宅规划设计方面的领先地位，同时标志着万科开始将规划设计摆在重要位置，住宅产品的综合品质得到了进一步提高。

1998 年，万科成立建筑研究中心，专责研究与建筑、住宅、生活密切相关的前瞻性课题。万科的注意力，开始集中于消费者的细节需求以及住宅产品本身。

世纪之交，住宅市场步入成熟发展阶段。这期间万科推出的楼盘充分表现了融环境、土地、住宅和人于一体的风格。深圳彩园、俊园、温馨家园，北京万科星园，上海优诗美地、华尔兹花园，沈阳万科花园新城延伸了万科精品楼盘的产品线，其中北京万科星园被联合国人类居住委员会评为 2000 年全国优秀社区环境金奖。

深圳万科四季花城的新市镇开发模式，标志着万科房地产开发业务进入了规模化发展阶段，也引领万科进一步探索住宅规划设计与人的日常生活之间的关系。2000 年 6 月，王石在"新住宅论坛"上发表了题为"面向新经济，关注普通人"的讲话，明确指出"商品住宅从面向少数群体的奢侈消费转向普通人的大众消费成为不可逆转的趋势"。

到目前为止，以多层住宅为主的大规模项目占万科总开发规模的 80% 左右。顺应规模化发展的趋势，万科正从流程和成果标准两个方面，建立跨地域设计工作的统一标准。涵盖住宅的合理功能、性能、可持续发展等方面的《万科住宅标准》即将出台，与《室外工程、环境工程标准化设计体系》、《规划设计、配套系统、物业管理的标准化设计体系》一起，构成万科设计标准化体系。

标准化设计能切实保证不同地区、不同系列产品的品质，提高设计、采购、施工的效率，从而使产品的个性与创新具有更坚实的基础。2002年 3 月 18 日，国家知识产权局受理了万科"户户带花园或露台的住宅"设计的实用新型专利申请，标志着万科住宅标准化与产品创新的成功结合。

第三，全程品质管理。

对开发商而言，品质是创新的基础；对客户而言，质量是满足居住需求的所有特性的总和。

万科曾获得许多奖项：

深圳荔景大厦：中国建筑工程鲁班奖（国家优质工程）

深圳万科俊园：中国建筑工程鲁班奖（国家优质工程）

上海万科城市花园：中国建筑工程鲁班奖（国家优质工程）

北京万科星园：2000 年全国长城杯建筑结构金奖

天津万科城市花园：国家工程建设质量银质奖

深圳威登别墅：广东省优质样板工程奖

上海优诗美地：上海白玉兰奖（市优质工程）

……

这些奖项充分说明，万科在产品品质方面一直获得权威机构的肯定。目前，万科正进一步完善全过程的质量管理体系，建立高质素的住宅建设合作网络和团队。

作为一个负责任的开发商，万科从 2001 年开始启动"合金计划"，把各地公司各个阶段比较优秀的开发操作经验熔合在一起，煅取出一套性能稳定、广泛覆盖的执行规范，提出"要做没有质量问题的房子"的目标。从 2002 年 3 月起，《项目设计流程》、《项目设计成果标准》等一系列设计规范文件陆续出台，为建造优质住宅产品打下了基础。

万科拥有一支经验丰富的工程管理队伍，并通过战略联盟、招投标等形式，在工程发包和监理发包环节，与具有一流资质的施工、监理单位建立了稳定的合作关系，以保证工程质量。

正如聂梅生教授所说，在住宅产业化中，住宅产品的品质和信誉构成了住宅品牌的主要内涵。一直以来，万科在物资采购方式上进行了各项改革，努力在流通环节保证住宅产品的品质和信誉。2000 年 12 月，www.a-housing.com 交易平台出世，万科各地地产公司的建材采购全部在网上进行，这一公开、透明、安全、高效的采购方式，直指国内房地产开发行业的痼疾，在同行中得到响应。

当住宅标准化设计使大批量采购成为可能，万科对住宅产品的严格要求有了更强的"议价力"。2001 年 6 月，万科利用"中城房网"和互联网平台，与美标洁具、广州日立电梯、ICI 涂料、宾士柴油发电机组、西门子和松本开关插座等多家优质部件供应商建立战略合作伙伴关系。这些著名品牌，因此也成为万科品牌的有机组成部分。

进入 2002 年，万科将继续重组、优化项目发展各环节业务流程，充分利用公司内外的专业资源，建立工程管理信息系统，通过专业化培训、业务考察、案例教学、专题研究等方式，建立一支有集体尊严和荣誉感的工程管理队伍，使产品品质成为企业品牌的有力支撑和保障。

第四，提供领先产品的同时，提供领先的服务。

截至 2001 年 9 月，万科物业管理公司辖下的 39 个住宅（办公）小区中，获得全国城市物业管理优秀示范小区称号的有 13 个，获得"省优"称号的 7 个，"市优"称号的 17 个。

1989 年刚刚涉足房地产行业时，万科以服务为突破点，借鉴 SONY 的客户服务理念，在全国首创"物业管理"概念，并形成了一套超前的物业管理模式。"地面没有纸屑烟头"、"游泳池的水可以喝"、"陈之平为住户提水"……万科物业为业主提供无微不至服务的故事，一直流传了十多年。

1991 年，万科打破物业管理者与住户之间传统的"对立关系"，率先提出"共管式管理"，并在深圳天景花园成立了全国第一个业主委员会，明确了"业主是主人，管理处是仆人"的新型关系。

1994 年，万科为高档精品住宅量身定造了又一崭新管理模式，在深圳荔景导入"酒店式服务"；1997 年，万科顺应业主对个人空间的需求，在深圳景田万科城市花园开创"无人化服务"，利用先进的保安监控系统，为住户提供一个既安全又宽松的居住环境；1999 年，随着住户对个性化服务的需求逐渐提高，万科进一步提升物业管理服务的层次，在深圳俊园推行"个性化"服务方式。

2001 年，万科在上海推出"同心圆服务计划"，为业主提供 360°全方位服务——"前期介入、过程监控"：早在万科假日风景立项之际，万科物业就已经介入项目的规划设计，站在业主的立场，从物业管理的角度提出意见和要求。在假日风景的整个建设过程中，万科物业的管理专家都以"物业质量督导员"的身份，全程参与项目施工的质量管理，充分保障未来住户的利益。

同时，万科继续提升物业管理服务的层次。"网络式安全管理模式"、"15 分钟快速反应维修"、"零打扰"等十大基础服务，以及全功能家庭服务中心，为住户提供舒适、便利的生活保障。

第五，技术领先是持续超越的根本。

"建筑无限生活"，需要无限的建筑技术和管理技术。多年来，万科已经形成了学习、研究、引进、发展国内外先进技术的传统。

投资4000万元的万科建筑研究中心大楼，于2002年1月落成。作为万科对建筑研究、新材料新技术应用研究的基地，这栋建筑物充分体现了万科对住宅性能的关注，对生态、环保、建筑技术的追求：研究中心周围的地面，铺设的是国产渗水砖、雨水收集和自动循环系统，安装了太阳能路灯和庭院灯；建筑物外墙是Low-E中空玻璃，楼顶安装了太阳能设施；在建筑物里，安装了管道直饮水系统；2002年5月，研究中心大楼的一楼展示大厅将解说万科对"自由空间"的理解……

研究中心的任务，是以市场需求为导向，深刻了解客户的需求，追踪行业发展的新亮点，关注住宅科技成果的转化和应用，确保万科在住宅开发领域的技术领先地位。至今，中心已经就复合式厨房、住宅卫生间设计、渗水地砖研究、室内空气质量标准等课题进行了详细的探讨，部分研究成果已经或即将应用于深圳大梅沙项目、武汉四季花城、沈阳四季花城、南京金色家园等项目。

研究中心依托有关政府主管部门、中国建筑设计研究院、中国建筑科学研究院以及各大高校建筑系和科研所，建立了专家库，同时与日本建筑中心、加拿大房屋署、香港理工大学、香港城市大学等境外科研机构建立了密切联系。美国麻省理工大学为深圳万科四季花城进行了节能设计；瑞士联邦高等工科大学的低能耗住宅概念在万科广泛流传；日中建筑住宅产业协议会向万科介绍了日本建材生产厂商情况和住宅产业化研究成果；东京筑波技术短期大学对老年住宅的研究令万科受益匪浅；针对深圳金域蓝湾项目，研究中心专门请教了香港建筑署对湿地环境设计的见解……以较低的成本，把外国的成熟技术引进到中国的房地产开发项目中来，以领先的技术持续满足和超越客户不断提高的需求，是万科的研究方向。

（8）新的品牌战略在公司战略发展目标中的价值

万科的企业愿景很明确：成为中国房地产行业的领跑者。2000—2005年，万科的发展规模将以年均30%—40%的速度增长，到2005年发展成为大型蓝筹上市公司，在15—25个城市发展业务。要实现这一发展目标，一要靠稳健的资本扩张，二要靠强大的品牌影响力。

通过品牌战略，实现与消费者的密切沟通，并与消费者建立起长期的、双向的、维系不散的关系，是万科对本次品牌整合所寄予的希望。新的万科品牌战略，短期目标是建立万科企业品牌鲜明的个性形象，增加消费者的偏爱度；中期目标是将万科发展成中国地产市场占有率第一的品牌；长期目标是建立万科超级强势企业品牌。万科品牌的中长期发展战略，与企业的中长期发展战略是吻合且互动的。

品牌整合的过程，也是在企业内部建立起对企业核心价值观及愿景的共识的过程。新的品牌战略将提高广大员工的使命感和凝聚力，有力地推动企业文化建设，从而提高企业的整体服务水平和市场竞争力。

"建筑无限生活"既是万科企业品牌的口号，也是万科企业的宗旨。对客户，这意味着万科了解你的生活，创造一个展现自我的理想空间；对投资者，这意味着万科了解你的期望，回报一份令人满意的理想收益；对员工，这意味着公司了解你的追求，提供一个成就自我的理想平台；对社会，这意味着万科了解时代需要，树立一个现代企业的理想形象。

万科的核心价值观是"创造健康丰盛的人生"。这一价值观，意味着我们将持续提供超越客户期望的产品和服务，让客户骄傲；意味着我们将持续提供超越投资者期望的回报，让投资者满意；意味着我们将持续提供超越员工期望的发展空间和报酬，让员工自豪。

2002 年是万科的客户微笑年，一系列以提高客户满意度为目标的举措和活动将相继推出。新的企业品牌形象与优质产品服务的结合，将更全面地诠释"以您的生活为本"的万科品牌理念，对客户微笑，让客户微笑。

## 思考与讨论

1. 为什么说互联网已经成为影响品牌发展方向的首要媒体？
2. 如果你所在的公司出现了以网络媒体为主流导向的品牌危机传播事件，你有何对策？

## 参考文献

[1] 王　敏：《试论博客营销传播在国内大企业中的适应性》，《今媒体》2007年第 4 期。

［2］郭国庆、杨学成：《互联网时代的口碑营销及应用策略》，《财贸经济》2006年第9期。

［3］赵高辉：《博客传播中传者浅析》，《当代传播》2005年第3期。

［4］彭　兰：《网络中的人际传播》，《国际新闻界》2001年第3期。

［5］毛亚萍：《浅析网络的匿名传播》，《当代传播》2003年第6期。

［6］吴正国：《虚拟社会中的人际交往特点初探》，《内蒙古社会科学》2001年第7期。

［7］姚劲松：《新媒体中人际传播的回归与超越》，《当代传播》2006年第6期。

［8］陈建南：《品牌危机及其防范策略》，《企业经济》2003年第11期。

［9］李光斗：《新媒体时代的品牌传播之道》，《连锁与特许》2008年第2期。

# 宜家家居在整合营销传播中的品牌塑造

## 赵新军

**摘 要** 本案例在简要阐述整合营销传播的含义与特点及与品牌塑造关系的基础上，着重介绍和分析了宜家家居公司如何利用整合营销传播进行品牌塑造与强化，以期为相关企业的品牌塑造提供一个比较翔实的案例参考。

**关键词** 宜家家居 整合营销传播 品牌塑造

## 引言

宜家公司在成立至今的 60 多年时间里，已经从一个瑞典的小型家居用品零售商发展成为一个在全世界 30 多个国家拥有 209 家连锁店的跨国经营公司。宜家家居在设计上极具创新能力，系统开发了自助组装家具，将消费者纳入其生产链的重要一环，创造了消费者在商场购买家具、在家组装的售后零服务的理念。宜家家居的透明营销和目录文化，造就了消费者的品牌忠诚。宜家家居独特的管理艺术和经营理念使宜家这个国际品牌成为成本领先、设计卓越、质量优异、健康环保的象征。

反观我国家居企业却将精力分散在设计开发、制造、销售、安装、服务等价值链的诸多环节，忽视了在价值链的各个环节利用整合营销传播的方式加强品牌塑造，至今只有区域性品牌，未形成全国性品牌，更不要说世界级品牌。因此，有必要通过对宜家家居公司品牌塑造方法的描述与经验总结，为我国家居零售企业的品牌培育提供借鉴。

# 1  整合营销传播与品牌塑造

## 1.1  整合营销传播的含义与特点

整合营销传播以一种强调整合所带来的附加价值的营销传播理念为指导，要求企业通过评价广告、直接营销、销售促进和公共关系等传播方式的战略运用，将不同的信息进行完美的组合，最终提供明确的、一致的和最有效的传播影响力，从而赢得消费者，赢得市场，取得高于竞争对手的收益。

整合营销传播与传统的营销理念最为不同的就是，它舍弃了4Ps，而以4Cs为理论中心，即忘掉产品，考虑消费者的需求和欲求（consumer wants and needs）；忘掉定价，考虑消费者为满足其需求愿意付出的成本（cost）；忘掉渠道，考虑如何让消费者方便（convinience）；忘掉促销，考虑如何同消费者进行双向沟通（communication）。这种理念真正地把消费者当作了营销思考的中心，它给了企业一种全新的思考角度，要求从消费者着手，努力找出其需求，然后再针对其需求找出他们所需要的产品和服务。在传播模式上，整合营销传播通过对消费者心理的研究，设定出改变、修正、强化消费者行为为主导的传播目标，然后依据此目标综合运用各种传播手段来完成它，这样便把营销转化为传播，将传播转化为营销，在企业和消费者之间形成循环沟通，使交互双方在交换中实现价值增值。

## 1.2  整合营销传播与品牌塑造的关系

整合营销传播的目标之一就是建立利害关系者之间的信赖感。而信赖感的产生主要来自于一个企业的产品和企业本身的美誉度和知名度。

品牌战略的发展历程反映了市场经济的演变历程。商品经济初期，生产力水平较低，卖方市场特征突出，消费者的消费行为简单，没有必要强调产品与服务的外在特征。因而，生产经营主导着企业管理，产品品牌化程度较低。买方市场的发展引发了消费革命，要求产品具有异质特征，品牌的文化标识功能得到彰显。由于市场发展的反复和不平衡性，早期的品牌仅仅是市场营销的基本工具，甚至仅仅出于营销策略层次。即使企业进入战略经营后，企业管理仍紧紧围绕营销的四大要素———产品、价格、地点、促销进行。现代生产力的发展推动了市场的信息化进程，市场的主动权从企业进一步转移到消费者手中，从而企业沦为市场第二主体。因而任何产品或服务，如果没有知名度和美誉度，短期内就会丧失生存的能力，而一旦把品牌战略贯彻进入整合营销传播的全过程，使其成为主要目标，品牌就能逐步建立信赖感、美誉度和知名度，从而在竞争中处于领先地位。

## 2　宜家家居公司背景介绍

瑞典宜家家居是 20 世纪少数几个令人炫目的商业奇迹之一，从 1943 年初创时期邮购业务开始，不到 60 年的时间就发展成一个在全球共有 180 家连锁商店，分布在 42 个国家，雇用了 7 万多名员工的全球最大家居用品零售商，还赢得了 Interbrand 发布的 TOP100 全球最有价值品牌中排名第 44 位的荣誉。宜家公司自从 1999 年进入中国市场以来，宜家的销售额每年都实现了两位数的增长。在激烈的家居市场竞争中，众多国内企业都为市场份额和价格争得头破血流，而来自瑞典的宜家公司销售额却以每年两位数的速度递增，原因何在？

## 3　宜家家居整合营销传播方式的特色

宜家家居进入中国市场后，其目标客户主要锁定了城市白领，因此它们在一系列整合营销传播中都充分考虑了目标消费者的需要与感受。具体表现在以下几个方面。

### 3.1　以提升消费者价值为导向

提升消费者价值最关键的一步就是降低消费者的购物成本、增加消费者效益。使消费者与企业之间的关系由"一方受损，一方受益"转变为"双方受益"。为达成"双赢"，宜家在设计产品之前就先确定好一个消费者能够接受的成本，然后在这个成本之内，尽可能地做到精美实用，以"模块"式方法设计家具，不同的模块根据不同的成本在不同地区生产，一模块在不同家具间也可以通用，这样一来不仅设计的成本得以降低，而且产品的总成本也能降低。宜家独特的平板包装，不仅能避免产品在运输过程中受到损害，也降低了储运成本。这些成本的降低在让宜家受益之余，也能让消费者受益。除此之外，宜家还把基本业务流程重新编排组织以满足消费者的需求，和其他家具商提供的整体家具不同，宜家的消费者需要自己组装家具，这样不仅能降低他们付出的成本，还可以让消费者根据自己的偏好来选择家具散件的配套与组合。

提高消费者满意度是提升消费者价值的基础。为了赢得消费者的芳心，宜家采取了一系列的措施。如鼓励消费者在选购时"拉开抽屉，打开柜门，在地毯上走走，或者试一试床垫和沙发是否坚固"，亲身体验宜家的产品给他们带来的美好享受。另外，针对消费者购买家具时可能会有的种种顾虑，如害怕不同的产品组合买到家之后不协调，或与环境风格不吻合，宜家设立了不同风格的样板间，把各种配套产品进行组合，充分展现每种产品的现场效果，甚至连灯光都展示出来，这样顾客们基本上就可以看出家具组合的感觉以及体现出的格调。这些都为宜家吸引了大批的回头客。

### 3.2　重视接触点管理

接触点管理是整合营销传播战略的一个新策略新措施，凡是能够将产品、品牌类别和任何与企业相关的讯息等资讯，传输给消费者或潜在消费者的过程与经验都应视为企业与消费者之间的接触点。在何时何地以及如何与消费者进行接触，是接触点管理的主要内容。它包括企业自身经营行为所产生的可控制性接触点，如产品展示、广告诉求、卖场设计、顾客服务等；消费者购买行为终止后的非控制性接触点，如消费者之间的人际传播等。所以企业不仅要在消费者购买行为产生前给其以好的体验，在购买行为完成后，也应该通过售后服务和消费者的社交传播，继续维持和扩大与消费者的关系。

宜家的服务理念是让购买家具更为快乐，因此在任何有可能会和消费者产生接触点的地方，不管是卖场设计、服务方式，宜家都尽量使其显得自然、和谐，让消费者感觉到温馨和满意。实际上，消费者从走进宜家卖场的时候起，就能感受到宜家的良苦用心。不仅地板上有箭头指引他们按照最佳顺序逛完整个商场，并且展示区按照他们的习惯制定顺序。在入口处，宜家为消费者提供铅笔、卷尺和纸张，以方便顾客进行测量和记录。在选购过程中，除非消费者提出需要帮助，否则宜家的店员不会上前打扰，以便让消费者有个最佳的购物氛围。为了让消费者掌握全面真实的产品信息，宜家还精心制作了详细的标签，告知产品的购买指南、保养方法和价格。如果消费者逛累了，可以在卖场内的宜家餐厅小憩一会，点上一杯咖啡或是一碟北欧风味的点心等。如果消费者在购买宜家的产品后觉得不合适，没有关系，宜家非常体贴地为消费者解除后顾之忧：在购物 14 天内可以无条件退货。细节的完美设计和完善的售后服务不仅为宜家赢得了口碑，更提升了宜家的品牌形象。

### 3.3　与消费者的循环沟通

与传统的营销模式不同，整合营销传播真正的价值在于其本身的循环沟通，即企业与消费者的连续双向的营销沟通。在营销沟通中，企业必须对沟通效果——受众的反应进行记录、统计和测量，并将信息输入数据库。根据受众的反应，计划和调整下一次的沟通，循环往复以求得最大沟通效果。其过程如下：数据库→沟通计划→执行→消费者回应→数据库→调整沟通计划→执行→消费者回应等，只有这样才能够使消费者与厂商达到双赢的境界。

宜家在每次销售完成后都会记录下消费者的资料，建立数据库。为了满足不同年龄层顾客的需要，宜家每隔三年就要展开一次全球市场调查活动，依据这些调查而来的数据制订经营决策。即使消费者没有明确提出要求或意见，宜家也会对自身的产品质量做出保障，当发现隐藏的问题时，宜家不是怀着侥幸心理，而是敢于向消费者说明问题，宜家向外界宣布他们将在全球范围内召回其产品法格拉德儿童椅，原因是工作人员通过检查后发现该产品的塑料脚垫可能会发生脱落，从而会被孩子吞食，进而导致发生梗塞窒息事故。在这之前也有过两款儿童家居被召回，一次是因为欧洲发生了一名儿童误食了一款儿童玩具所附带的圆球的事故；另一次是一款小熊布艺玩具，因宜家担心如其露出的填充物被儿童吞咽，进而危及儿童安全，所以予以召回。这几次的召回并没有影响宜家的企业形象，反而树立了宜家勇于承担责任的社会公民形象，赢得了消费者的理解和信赖。

### 3.4　成功的品牌形象战略

在整合营销传播中，真正决定传播效果的是其背后的品牌，对消费者发生效力的是品牌的影响力，因此建立清晰的品牌定位是整合营销传播的基础和前提，也是品牌成功的关键因素之一。宜家在创建伊始就给自己确立了一个清晰而又独特的品牌定位：深蓝的矩形框内接着鲜黄的椭圆，深蓝的黑体字母"IKEA"位于当中，这个敦厚、简洁的品牌标识象征了家具用品的可信任性和耐用性。几何图形的妙用塑造了"宜家"独特又蕴涵深意的品牌标识。矩形、圆形都是家具较常采用的图形，深蓝与鲜黄也是现代家具中常用的色调。由这些旧元素新组合成的品牌标识让人自然地联想到"宜家"的行业特点，同时也给人以稳重、朴实之感。

除了以鲜明的形象整合消费者的认知以外，宜家这个品牌之所以有如此大的号召力，是因为宜家所倡导的"娱乐购物"家居文化能够打动消费者，这种家居文化才是宜家独特的品牌形象。宜家在世界各地的分店都一如既往地保持着瑞典店的风格：宽敞明亮的大面积卖场、温馨而有人情味儿的卖场设计、周到而不烦琐的服务、透明真实的商品展示、美观整洁的餐厅等，正是通过这些坚持不懈的努力，宜家逐渐成为家居的代名词，不少消费者在选购家居用品时不仅将自己的人生主张、价值观和生活态度借由宜家的商品传达，还形成对宜家这一品牌的价值主张，很多来宜家的消费者都不是纯粹以购物为目的，因为他们已经习惯性地把它当作了一个休闲的地方，宜家不仅让消费者可以买到称心如意的商品，更重要的是能让他们学到许多生活常识和装饰的灵感，还能获得轻松愉快的购物体验。

### 3.5 与消费者、社会建立长远关系

整合营销传播的最高层次是企业成为世界级公民，这一层次的企业具有强烈的社会意识与环境意识，此时的整合是经营哲学和组织文化的整合，企业着重长远发展，其基本目标在于建立长期稳定的关系而不是短期销售目标。实际上这也是一种社会营销的表现形式，即企业在满足消费者需求的同时能够最大限度地兼顾社会总体利益，使企业提供的产品与服务达到社会福利最大化，把企业、消费者、社会利益三者有机地结合起来。这一点在资源日渐匮乏，环保问题日益白热化的今天显得尤为重要。

作为家居制造商，宜家不可避免地会涉及森林、环境保护及资源开发利用等问题，实际上，宜家一直以保护环境为己任，以实现所采用的木材全部来自经营良好的森林的长期目标。首先它在选择供应商时有着严格的质量标准，要求森林认证，以保证森林的可持续发展；其次在企业内部设置有益于生态的生产线，定期对生产情况进行检查；还开发了循环式产品系统，拆卸和循环使用旧的家居部件，以节约资源。比如，它禁止在产品生产过程中使用对大气臭氧层有害的 CFCs 和 HCFs；坚决禁止在漆料中加入甲醛成分和香型溶剂；拒绝在实木产品生产过程中使用来自原始天然林或其他应受保护林带的木材；要求包装材料均可以回收利用；宜家产品目录自 1993 年起，均采用完全不含氯，纸浆未采用氯成分漂白的纸张等。毫无疑问，在环保方面不遗余力的投入，已经成为宜家品牌魅力的另一个闪光点。

## 思考与讨论

1. 在整合营销传播中如何做到品牌塑造的统一性？
2. 在品牌塑造中如何协调整合营销传播与市场定位的关系？
3. 宜家家居"在休闲中购物，在购物中休闲"的营销传播是如何形成的？

## 参考文献

〔1〕〔美〕特伦斯·A. 辛普：《整合营销传播》（第 6 版），北京大学出版社 2005 年版。

〔2〕〔美〕菲利普·科特勒：《营销管理》，上海人民出版社 1990 年版。

〔3〕成雄：《论整合营销在品牌塑造中的作用》，《兰州商学院学报》2007 年第 10 期。

〔4〕姜莹、晋贵堂、李轶楠：《品牌资产的战略选择——整合营销传播》，《沈阳工程学院学报》（社会科学版）2007 年第 1 期。

〔5〕王佳、卢小雁：《宜家的整合传播战略及其启示》，《企业经济》2005 年第 4 期。

〔6〕杨明刚：《宜家：让家的感觉更好》，《品牌杂志》2006 年第 10 期。

〔7〕张金良、林志国：《超越比尔·盖茨——宜家王国的崛起》，京华出版社 2004 年版。

# 维珍的多元化经营与品牌营销

**摘　要**　多元化经营战略属于开拓发展型战略，是企业发展多品种或多种经营的长期谋划。在多元化战略中推行品牌营销，有利于企业赢得市场。案例介绍了维珍公司的多元经营和品牌战略，希望能对学习企业管理理论和市场营销理论有所借鉴。

**关键词**　维珍　多元化经营　品牌战略

## 1　公司背景

1968 年 1 月 26 日　《学生》杂志创刊问世。这是理查德·布兰森的第一个商业冒险。

1970 年　维珍邮购开始营业。

1971 年　第一间维珍唱片店在牛津街开张。

1973 年　维珍唱片成立。第一位签约歌手是迈克·奥德菲尔德，他的专辑《管钟》是畅销的唱片，它还是国际大片《驱魔人》的背景音乐。

1978 年　第一个维珍夜总会"场所"开业。

1980 年　维珍唱片拓展海外市场，一开始是特许经营，后来开始自建分公司。首先在法国，逐渐到所有主要地区。

1983 年　维珍传播的前身维珍影视成立，公司业务是分销影片和录像带，以及经营电视和广播。

维珍发展成立，寻找在英国零售、商业和住房房产的机会。

从事电脑游戏软件出版的维珍游戏成立。

维珍集团的营业额不过五千万英镑，但税前利润达到两百万英镑。

1984 年　维珍航空与维珍货运成立。

维珍影视开通 24 小时的卫星电视音乐频道。

1985 年　维珍度假成立。现在是英国最道德长途旅行经营者之一，专攻美国东西海岸。

1986 年　拥有音乐、零售、地产、传播四大分支的维珍集团在 11 月正式在伦敦股票市场挂牌上市。

1987 年　维珍唱片美国公司成立，这对进入世界音乐市场具有重要意义。日本分公司接着成立。

维珍集团与 Granada、Anglia、Pearson 等公司合作成立英国卫星广播公司，英国政府同意授予五个卫星电视频道执照，于 1989 年秋季开播。

维珍汽船公司与热气球公司成立。

1988 年　新的国际唱片公司——维珍古典乐成立，专注于高品质的古典乐节目。

出售英国小型唱片零售店（没有大卖场）给 WH 史密斯，价格为 2300 万英镑。

零售策略重点转移到大卖场。继在巴黎（11 月）和格拉斯哥（12 月）后，又将在英国、欧洲、美国、太平洋地区开设大卖场。

维珍广播成立，进一步发展广播与电视事业。

收购诺顿旅馆等旅馆后，成立维珍旅馆。

1989 年　维珍 Mastertronic 签下世家游戏在欧洲长期代理合同，世家随后成为欧洲电脑游戏第一品牌。

维珍航空的控股公司——航空者控股公司出售 10% 的股份给日本最大的旅行和零售集团之一的西武集团，获得 3600 万英镑的普通股和可转移资产。

1990 年　维珍零售集团与日本主要零售公司丸善集团宣布成立对等投资公司，经营日本大卖场。9 月第一家卖场在东京开业。

维珍灯塔船公司成立，建造和管理新型可做广告的空中氦气船。

1991 年　作为"维珍传播"分公司的维珍出版成立。

维珍传播以 3300 万英镑的价格售出 Mastertronic 公司的电脑游戏分销部门，保留出版部门，并且开始扩张维珍游戏公司。

维珍零售与 WH 史密斯宣布成立对等投资公司来经营英国大卖场，新公司计划在现有 12 家卖场的基础上，到 1997 年前再开设 20 家新卖场。

1992 年 3 月　宣布维珍唱片出售给索恩百代公司，交易金额达 10 亿美元。但维珍唱片仍然在百代保持独立性，而且理查德·布兰森还是独立董事。

广播管制协会同意授予维珍传播和晨空电视经营电台的执照，这个叫 INR2 的电台是英国首家全国性商业摇滚电台。

新控股公司维珍电视重新组织了制作权益，以期在全世界拓展这项业务。

维珍宣布与世界上最大家庭录像带零售商佛罗里达百事达公司进行重要合资计划。

维珍买下专营个人电脑消费配件的欧洲磁性产品公司 100% 的股权。

1993 年 4 月　英国第一家全国商业摇滚广播电台——维珍 1215 正式播音。维珍拥有 75% 的股份。

维珍游戏改名为维珍互动娱乐公司，世界上最大的玩具制造商哈斯布罗公司拥有其中 15% 的股份。

维珍欧洲磁性公司进入个人电脑市场，推出自有品牌的电脑。

1994 年　维珍零售收购了"我们的价格"公司英国与爱尔兰连锁店。WH 史密斯拥有这项新投资 75% 的股份，维珍则有 25%，但有相同的董事人数。维珍零售成为欧洲最大的音乐零售商。

维珍贸易公司成立，用维珍品牌销售快速消费品。这家公司计划建立许多独立的合资企业。维珍贸易与 Grant&Sons 宣布合作，共同建立英国维珍伏特加酒公司。

维珍集团宣布成立维珍可乐公司，来制造、营销和分销饮料，计划维珍品牌在世界上生产其他食品。一开始这家公司集中精力于可乐上。

1995 年　维珍个人理财公司成立，目标是通过电话进行理财服务，比传统财务投资公司收费低廉。出售的第一项产品是索引个人资产计划。

维珍宣布收购英国最大的影院经营商米高梅影院。

1996 年 5 月　维珍航空开通曼彻斯特到奥兰多航线，6 月开通希斯罗到华盛顿航线，接着 10 月开通约翰内斯堡的航线。维珍航空新添了五架飞机。

4 月　维珍旅游集团购买欧洲比利时航空重新改名为维珍捷运。维珍捷运总部在比利时的短途航空公司，提供低价无区别的服务。

维珍为主要股东的伦敦与欧陆火车公司赢得 3 亿英镑的合同，建造海底火车隧道，经营欧洲之星火车，往来于伦敦、布鲁塞尔与巴黎之间。

V2 音乐公司成立，包含 V2 唱片公司与 V2 音乐出版公司。

因特网服务提供商维珍网络成立，提供最新的技术让新老用户最大限度的使用万维网。

维珍新娘开张，许诺要革新英国的婚礼服务业。它是欧洲最大的新婚零售店。

维珍铁路公司取得横穿国家火车公司的特许运载权，连接英格兰、苏格兰与威尔士之间 130 多个车站。

1997 年    维珍铁路成功赢得西海岸经营权，并获得十五年特许。

理查德·布兰森买下伦敦野马队 55% 的股份。

维珍电台和首都电台宣布合并计划，维珍将收购首都电台 17% 的股份。

维珍电影院与全世界的维珍大卖场（英国除外）宣布合并成维珍娱乐集团。

维珍化妆品公司成立，是化妆品与美容保养的新公司，并且在英国开设了四个旗舰店。这家公司也对公众直销。

维珍直投开展首项金融产品"维珍一号"，这是与苏格兰的皇家银行合资出品。

1998 年    维珍太阳成立，维珍度假开始提供短程度假服务。

1999 年    维珍铁路集团完成了对西海岸和横穿全国的铁路线上新型高速列车的融资。

维珍集团宣布进入电信领域的计划。

维珍活力在普雷斯顿、利兹和斯多可利公园首次开张了一系列连锁的健康生活方式中心。

维珍在南非的首家游戏公园开张。

2000 年    维珍移动的合作者，One to One 公司获得了 3G 移动运营牌照，以提供更高技术的移动电话服务。

维珍铁路集团竞标东海岸铁路经营权。

维珍进入了一系列商业领域，包括维珍轿车、维珍酒业、维珍学生、维珍金钱在线、维珍能源和维珍旅行在线。

新的零售概念 V–shop 最终取代了在 1998 年从 WH 史密斯获得的"我们的价格"这一品牌。2000 年 9 月到 11 月间，过百的商店完成了转换，创造了历史上最快的零售转变纪录。

维珍和 Bear Stearns 建立了猞猁新媒体风险投资基金，对新媒体和技术的启动公司进行投资。

2001 年　Sprint 公司和维珍宣布成立一家新合资公司，将在美国市场提供通话即付费业务和手机。该公司使用维珍移动品牌，Spint 公司所有的 PCS 制式的数字设备和全国无线网络。

维珍活力完成了 1 亿英镑的融资，成为世界上第四大的健身集团。这笔资金将用来在英国和南非开设 17 家健身俱乐部。

2002 年　日本的维珍影院同蚂蚁工厂 KK 风险投资集团达成 1000 万美元的协议，在日本市场开设更多的影院。

维珍蓝航同 Patrick 公司签下 2.6 亿澳元的协议，以在澳大利亚和新西兰扩展新的低成本航空公司。

## 2　案例事件

行为艺术、事件营销、搞怪，这就是人们对于维珍的评价。维珍多元化的力量来自于它的品牌价值观：反叛、独立、自由思想等等。"维珍"就是这样用反传统思维诠释品牌个性，追求创新、自由、时尚、价值和富有情趣。

面对人们经常善变的消费需求和个性化消费时代，"维珍"正用一种"为顾客做得最早，做得最妙的罗宾汉"的创新哲理，不断创新，不断追求，满足消费者不断变化的需求。"维珍"在消费者心目中便成为一种追求自由，体验创新和乐趣，享受价值的象征。品牌营销沟通的哲学，我要首推维珍。

1968 年，维珍开始做杂志；1970 年，它开始做邮购生意；1971 年开始，它卖唱片；1984 年，它开始做航空运输；1998 年，铁路生意；1999 年，开始做软饮料；2001 年，电信；2003 年开始，数字音乐；2004 年开始，航空航天。看得出来这些业务中有什么关联吗？

谁是"处女"？当然是理查德·布兰森。他是维珍品牌的创始人和品牌所有者，但首先声明一句：他是个男的。天知道他当时怎么起了这么个品牌名字，多半是一时兴起，这也和这个家伙的性格是一致的。这个以打造疑似"处女"为乐的英国企业家从一间电话亭大小的办公室起家，当时的资金比大多数人去餐厅享受一夜良宵所花的钱还少。而现在维珍品牌旗下拥有两百家私有公司，其商业帝国跨越空运、服装、软性饮料、计算机游戏、电信运营、金融服务、唱片甚至包括安全套等各行各业。

理查德·布兰森究竟是谁？他是一个全英国最抢镜头的"嬉皮资本家"，他会搞出一些稀奇古怪的行为艺术，比如在百老汇大街上开战场，冒生命之险进行一些胆大、几近特技的行动，比如乘着热气球环球飞行。布兰森由此也成为一种文化图腾。就在这经商与冒险的过程中，布兰森使自己成为英国民众的宠儿，享有的爱戴非其他企业家所能望其项背。他奋战不懈，意图使全国乐透（National Lottery）彩票成为一项非营利事业，将彩票贩卖所得用于造福人群的善举；他主持一项政府环保运动；他甚至大力推广伴侣安全套，将维珍的品牌延伸到人们生活的每个角落。

布兰森自己几乎已经成为一个时尚人物，他的脸孔出现在全国性报纸首页与电视画面上的频率几乎不亚丁皇室成员。无论出现于任何地方，维珍的标志总是吸引着她独有的一群反传统、反建制的顾客。布兰森本人——加上他的一头长发、笑口常开与作风大胆的行径——也与他的公司一样著名。事实上，他的名气比他捧出的许多摇滚明星的名气还要响亮。

维珍多元化似乎从来就没有停止过，这一点已经让商学院的战略和营销学教授们头疼了很长时间了，因为他们纷纷批评维珍的多元化太没有章法，太不遵守商业规则，甚至根本就是蔑视商业规则。那些教授们反复在告诫企业家们不要做非相关多元化，他们说这样做是很危险的，容易破产。但是维珍从来就是通过多元化的开拓叩开一个又一个市场，有时候根本就是在创造新兴市场，比如布兰森的最新创意：太空旅游。现在就让我们看看这么多年来维珍都做了些什么。

维珍集团在英国的商业领域中是个独一无二的现象。它最重要的无形资产就是它的品牌——维珍。从金融服务业到航空业，从铁路运输业到饮料业，维珍时时刻刻是消费者心中公认的品牌。在他们脑海中，这个品牌代表了质量高、价格廉，而且时刻紧随时尚的消费趋势，这是其他品牌无法与之比拟的。这是建立在布兰森称之为"品牌信誉"的基础之上，完全不同于传统意义上的那种产品与服务性品牌。

维珍超越常规的一系列发展，完全打破了工业社会以来美国市场营销理论所倡导的品牌理论，用一种"在品牌与顾客之间建立罗曼史"的奇特手段，创立了自商业社会品牌诞生以来最不可思议的品牌，并成为全球品牌建立的典范。

英国维珍开始广泛为国人所知大概起源于著名的维珍大西洋航空公司。该公司 1999 年进入中国，开始独营"上海—伦敦"直飞航班，让中国旅客感受到了来自维珍独特的文化和优质的服务，同时以其极富个性的品牌风格引起了国内营销界的关注。自1970年创立以来，维珍的名字已经出现在了唱片、零售、软饮料、铁路、航空、电信等200多个领域。

目前它是英国最大的私营企业，旗下有全球200家分公司，总资产超过70亿美元，年销售额逾50亿美元。维珍创始人布兰森说过这样一段经典的话：如果有谁愿意的话，他可以这样度过一生。喝着维珍的可乐长大，到维珍唱片大卖场去买维珍电台放过的唱片，去维珍影院看电影，通过 virgin. net 交一个女朋友，和她坐维珍航空去度假，享受维珍假日无微不至的服务；然后由维珍新娘安排一场梦幻的婚礼。总之，是享受全维珍的生活。

商业评论家们还在指责着维珍的所谓谬误，商学院教授们依旧在重申着维珍必将失败的论点；一些行业的巨擘们依然对理查德·布兰森根之入骨。这个没能读到六年级的家伙开着"海盗船"、升起海盗旗，率领着他的维珍团队乘风破浪，一往无前。

一般品牌往往启用明星作为自己的品牌代言人，除了奢侈品品牌，很少直接使用企业领导人。一般来说，将一个品牌形象过度系于一个个人形象是危险的，因为这样太不稳定。但维珍就大胆地将自己的品牌和品牌创始人理查德·布兰森紧紧的自始至终地连在一起，并将这种策略发挥到极致。因为维珍这个品牌要的并非稳定，而是不稳定，这怎么理解呢？

想想看：自由、创新、乐趣、挑战，这哪一种价值观是稳定所能描述的呢？这个品牌的特征就是动感的。所以布兰森以其自身的品牌形象作为蓝本，亲手缔造了维珍大部分的品牌资产，并且自己已经成为维珍品牌资产不可或缺的部分。

当维珍婚纱开业时，理查德·布兰森亲自穿上结婚礼服出现在开业典礼上；当位于纽约时代广场的维珍商场开业时，理查德·布兰森驾驶着热气球从100英尺的高空降落；为充分表现维珍品牌创新、自由和反传统的个性，理查德·布兰森或以在英吉利海峡某浅滩处裸跑，双手遮挡着下身悠然自得地回到岸边为维珍拍摄形象广告、或只穿一条三角裤与著名影星帕梅拉·安德森合拍维珍饮料广告、或扮演成哥萨克族人，向消费者推荐维珍伏特加酒。

从这些出其不意的品牌创造与形形色色的广告创意中，布兰森将维珍不受拘束、富有情趣、追求卓越价值和挑战权威的品牌个性，展现得淋漓尽致。在具有反传统的品牌精髓里却彰显出理查德·布兰森个性化的创新思维和挑战魅力。个人品牌和商业品牌合而为一，这是维珍的品牌之道。

## 思考与讨论

1. 维珍多元化经营与其品牌核心价值观之间的关联是什么？
2. 为什么维珍的独特的品牌形象能支撑其超常的多元化经营？
3. 分析维珍的品牌营销的特点。

## 参考文献

［1］品牌世家网. http：//guide. ppsj. com. cn。
［2］中国营销传播网. www. emkt. com. cn。
［3］全球管理网. http：//management. bosslink. com。